现代农业与互联网

◎ 王宝地　秦树文　吴伟刚　刘　娟　主编

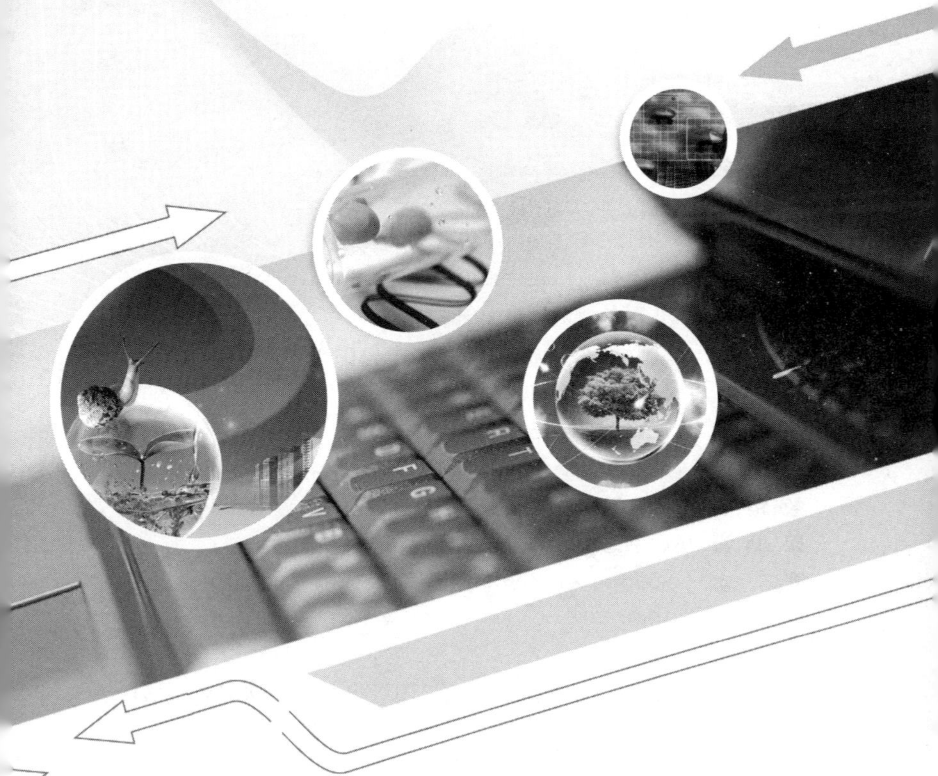

中国农业科学技术出版社

图书在版编目（CIP）数据

现代农业与互联网／王宝地等主编．—北京：中国农业科学技术出版社，2016.8

ISBN 978－7－5116－2695－0

Ⅰ.①现…　Ⅱ.①王…　Ⅲ.①互联网络－应用－现代农业－研究　Ⅳ.①F303.3－39

中国版本图书馆 CIP 数据核字（2016）第 179890 号

责任编辑　白姗姗
责任校对　马广洋

出 版 者　中国农业科学技术出版社
北京市中关村南大街 12 号　邮编：100081
电　　话　(010)82106638(编辑室)　(010)82109704(发行部)
(010)82109709(读者服务部)
传　　真　(010)82106650
网　　址　http://www.castp.cn
经 销 者　各地新华书店
印 刷 者　北京富泰印刷有限责任公司
开　　本　850mm×1 168mm　1/32
印　　张　10
字　　数　260 千字
版　　次　2016 年 8 月第 1 版　2016 年 8 月第 1 次印刷
定　　价　36.00 元

版权所有・翻印必究

《现代农业与互联网》
编 委 会

主　编　王宝地　秦树文　吴伟刚　刘　娟

副主编　姚太梅　沈凤英

编　委　（按姓氏笔画排序）

马福婷　王智宾　牛　斌　李庆军

武少元　罗永华　赵广阔　南　洁

赵立平　索炳玉　贾玉洁　贾宝芝

高海琴

前 言

2016年中共中央国务院一号文件提出，大力推进“互联网+”现代农业。《“互联网+”现代农业三年行动实施方案》提出，到2018年，农业在线化、数据化取得明显进展，管理高效化和服务便捷化基本实现，生产智能化和经营网络化迈上新台阶，城乡“数字鸿沟”进一步缩小，“大众创业、万众创新”的良好局面基本形成，有力支撑农业现代化水平明显提升。

本书从现代农业的形成和发展入笔，在详细阐述都市农业、生态农业、无公害农业、有机农业、循环农业的内涵、特征、模式的基础上，重点介绍运用互联网思维、电子商务模式、信息化手段来改造和提升传统农业，提供一个全新的现代农业发展思路。最后，以北京市为例，介绍“互联网+”现代农业的成功案例。

本书可以作为农业科技人员培训教材，也可以供农业农村管理部门及农业农村信息综合服务机构参考使用。

本书参考了大量的文献资料及实践案例，在此对诸位文献作者及案例实践者表示衷心的感谢！

由于编者的水平和能力有限，书中错误或不妥之处在所难免，恳请同行和读者批评指正。

编 者

2016年6月

目　录

第一章　现代农业的形成与发展 ………………………………（1）
　第一节　农业的起源与发展 ………………………………（1）
　第二节　现代农业的形成与发展 …………………………（12）
　第三节　现代农业的基本特征与发展重点 ………………（19）
第二章　都市农业 ……………………………………………（28）
　第一节　都市农业的基本特征 ……………………………（28）
　第二节　都市农业的功能定位 ……………………………（35）
　第三节　我国都市农业实践与发展 ………………………（38）
第三章　生态农业 ……………………………………………（51）
　第一节　生态农业的内涵及特征 …………………………（51）
　第二节　生态农业的基本理论、模式及技术体系 ………（58）
　第三节　我国生态农业旅游实践与发展 …………………（72）
第四章　无公害农业 …………………………………………（85）
　第一节　无公害农业的内涵及特征 ………………………（85）
　第二节　农产品质量安全和相关标准 ……………………（95）
　第三节　无公害农产品生产技术 …………………………（104）
　第四节　无公害农产品认证与管理 ………………………（114）
第五章　有机农业 ……………………………………………（121）
　第一节　有机农业的内涵及特征 …………………………（121）
　第二节　有机农产品标准与法规 …………………………（130）
　第三节　有机种、养殖技术 ………………………………（139）
　第四节　有机农产品的认证程序 …………………………（156）

第六章　循环农业 …………………………………………………… (159)
　第一节　循环农业的内涵及特征 …………………………… (159)
　第二节　循环农业的理论与实践 …………………………… (164)
　第三节　循环农业的运营模式 ……………………………… (179)
第七章　互联网颠覆传统农业 …………………………………… (191)
　第一节　神奇的智慧农业生产 ……………………………… (191)
　第二节　智慧农业经营管理 ………………………………… (202)
　第三节　农产品质量安全追溯体系 ………………………… (205)
第八章　农产品电子商务 ………………………………………… (217)
　第一节　农产品电子商务的内涵及功能 …………………… (217)
　第二节　农产品电子商务交易模式及电子交易方式 ……… (222)
　第三节　农产品网络营销 …………………………………… (226)
　第四节　农产品电子商务成功案例分析 …………………… (232)
第九章　农村信息化及技术应用 ………………………………… (238)
　第一节　农业信息及信息化概述 …………………………… (238)
　第二节　农村信息化技术 …………………………………… (243)
　第三节　农村信息服务体系建设 …………………………… (246)
　第四节　我国农业信息化服务和利用 ……………………… (253)
第十章　“互联网＋现代农业”行动计划 ……………………… (264)
　第一节　“互联网＋”对于我国现代农业的影响 ………… (264)
　第二节　“互联网＋现代农业”行动计划总体方案 ……… (266)
　第三节　未来农业发展的趋势与展望 ……………………… (277)
第十一章　“互联网＋”现代农业案例——以北京市为例 …… (282)
　第一节　“互联网＋”农业技术转移与助农致富项目 …… (282)
　第二节　主要完成项目案例 ………………………………… (295)
参考文献 …………………………………………………………… (307)

第一章　现代农业的形成与发展

第一节　农业的起源与发展

我们把利用动物、植物等生物的生长发育规律，通过人工培育来获得产品的生产活动，统称为农业。根据生产力的性质和状况，农业可分为原始农业、古代农业、近代农业和现代农业。农业是人类社会赖以生存的基本生活资料的来源，国民经济其他部门发展的规模和速度，都要受到农业生产力发展水平和农业劳动生产率高低的制约，农业是国民经济发展的基础和保障。狭义的农业仅指种植业或农作物栽培业；广义的农业包括种植业、林业、畜牧业、副业和渔业。

数千年来，中国农业一直以种植业为主，包括粮食作物、经济作物、饲料作物和绿肥等的生产，通常用“十二个字”即粮、棉、油、麻、丝（桑）、茶、糖、菜、烟、果、药、杂来代表，粮食生产尤占主要地位。目前种植业在我国农业总产值中所占的比重为30%～50%。

随着现代农业的发展，农业已经不再是单一的生物产品生产行业，农业生产从手工劳动到机械化操作，发展到信息技术驱动下的精准化、数字化，可控性越来越强。农业人口越来越少，而农业与工业的结合越来越紧密，逐渐走向研发、生产、推广、贸易一体化的道路，大大提高了农产品的附加值，推动了农业经济的综合发展，加速了农业产业化进程。随着都市农业、生态农业、无公害农业、有机农业、循环农业的兴起，农村与城市、农业与工业将逐渐走向相互融合、相互支撑、共同发展的道路。

一、农业的起源

地球上的农耕发明，被称之为“绿色革命”或“新石器时代革命”。一般认为农业是在采集经济基础上产生的。人们在长期采集野生植物的过程中，逐渐掌握了一些可食植物的生长规律，经过无数次的实践，终于将它们栽培、驯化为农作物，从而发明了农业，时间大约是在一万年前的旧石器时代末期或新石器时代初期。其实关于农业起源有很多假说。比如宗教说认为动物和植物的驯化主要是出于宗教的原因，人类饲养动物和种植植物主要是为准备祭祀用的贡品。牛、羊、猪、鸽子以及植物在古代都是用于祭祀或巫术的，至今在从西班牙、葡萄牙延伸到东印度有一条“公牛带”，在此地带内的生活的人们对牛有一种特殊的宗教感情。其实农业起源与气候变化、工具制造、陶器发明、定居生活、人口增加等多种因素有关。中国原始农业的发明大约是在距今近万年前，最早种植成功的谷物主要是粟、黍和水稻。

关于农业的起源古今中外都有很多神话传说，故希腊的女神特美脱（Demeter）是农业、生育、婚配之神；在埃及，发明农业的神是大地和太阳的女儿爱西斯（Isis），关于中国农业起源，古籍中有许多美丽动听的传说故事，并经常把农业的起源归功于伟大的神农、后稷和黄帝或其他帝王、名臣等。从这些传说中可以使我们了解原始农业的基本面貌。

中国是人类的发祥地之一。距今170万至1万年前，已有脱离动物界的原始人类生活在这片辽阔的大地上。当时尚未产生农业，原始人类依靠采集和渔猎为生，史称旧石器时代，相当于中国古代传说中的有巢氏“构木为巢”、燧人氏“钻燧取火”和伏羲氏“以佃以渔”的时代。然而，随着人口的增长和采集渔猎的强化，人类常常面临饥饿的威胁，如何获得稳定而可靠的食物来源成了农业起源的动力。

距今1万年至4 000年前，史称新石器时代，生活在这块土地上的先人们创始了农业。一般认为，采集活动孕育了原始的种植业，狩猎活动孕育了原始的畜牧业。中国古代有关“神农氏”的传说就反映了原始农业发生的那个时代。

中国是一个农业大国，人口约占世界人口的1/5，能够繁衍生存，得益于农业的发明。自20世纪60年代以来，考古学研究的进展使农业起源研究成为高层次理论探讨的一个热门课题。考古学、植物学、动物学、人类学等多学科的许多学者参与其中，通过孢粉学、粪化石、植物学、植物硅酸体分析、人骨同位素及微量元素分析，对了解我们的先人吃什么以及农业如何起源问题带来了希望。

我国农业发生最早的地区是黄河流域和长江流域。黄河流域土壤疏松肥沃，气候温暖干燥，为原始农业的发生与发展提供了良好的自然条件。考古学资料表明，黄河中游的磁山和裴李岗文化距今已有8 000年历史。遗址中发现大量粟类作物，有的窖穴堆积达2米以上。从出土工具看，不仅有石斧、石刀、石铲、石镰等种、管、收农具，还有石磨盘和石磨棒等粮食加工工具。此外，还发现有猪、狗、鸡的遗骸，说明当时已经形成农牧混合型农业经济。其后的仰韶文化以及黄河上游马家窑文化、齐家文化和下游的大汶口文化、龙山文化均表明黄河流域是我国农业起源最早的地区之一。

长江流域气候温暖湿润、雨量充沛，为以水稻种植为特色的原始水田农业的发展创造了条件。浙江余姚的河姆渡遗址是新石器早期文化遗存，距今已7 000多年，在这里发现有稻谷、谷壳、稻秆、稻叶等遗存，厚20～50cm，此外还发现大量的石斧和骨耜。在相距不远、年代与之相近的桐乡罗家角遗址中还发现籼粳栽培稻并存。这些说明长江流域与黄河流域一样是中国古代农业文明的摇篮，其后的马家浜文化和良渚文化都是这一传统的继续。

南方地区农业起源较黄河、长江流域相对为晚，较典型的代表有广东曲江的石峡遗址、云南白羊村遗址和福建昙石山遗址，距今5 000年至3 000年。

河北、内蒙古及东北一带北方地区的农业起源与黄河流域原始农业存在明显的渊源关系，其中较具代表性的有红山文化、富河文化和新乐文化，距今6 000年至5 000年。

二、原始农业的初步发展

由于中国幅员辽阔，地理条件复杂，不同地区的农业生产一开始就具有不同的特点。总的来说，新石器时代的农业活动大致可分为4个区域：黄河流域及其北部，从新石器早期就发展起了以种植粟、黍为主的旱地农业；长城以北和广大西部地区，狩猎经济较发达，出现游牧经济；长江流域广大地区逐渐发展成以水稻种植为主的水田农业；南方和滨海地区农业发生虽早，但因人口稀少、生物资源丰富，采集和渔猎仍占相当大的比重。

从黄河流域到长江流域，这片莽莽大地是块肥沃的田园。这里是中华民族文明的发祥地，是中华民族千万年的故乡。众所周知，早在四五十万年前，在北京周口店一带就已经发现了猿人，叫“中国猿人”或“北京人”或“中国猿人北京种”。从古猿人到广东曲江县的“马坝人”（介乎于猿与智人间的过渡人类），再到内蒙古的黄河套地带的“河套人”（智人）及北京周口店的“山顶洞人”（真人），他们已经懂得制造和使用石器。他们用制造的石刀石锤，来与野兽像鹿、豹、熊、虎、土狼、野猪等搏斗，猎取食物。为了避免风雨等自然现象和野兽的侵害，群居于洞穴。古史称“穴居野处”“茹毛饮血”的洪荒时代。整个旧石器时代的经济是简单的狩猎采集经济，其特点是：①通过流动来保证资源供应；②通过分裂来缓解人口资源的压力；③领土占有意识较弱；④强化群体之间的食物分享。

中石器时代，先人们在石器的制造、捕猎能力等方面的技术虽然有了很大提高。但是，随着猎物的不断减少，人口的不断增加，猎肉储存困难以及季节变化等因素，食不果腹，衣不遮体是显而易见的。他们只能靠野生植物冲饥，生存环境十分恶劣。久而久之，先人们就渐渐的尝试保护、种植可食植物，来弥补肉食之不足，从而开启了农作物种植之先河，这是一个比狩猎更艰辛、更漫长的过程。因此，中石器时代的“广谱革命”是因生态环境和资源变化的影响，食物资源的绝灭、消失和迁徙迫使人类探寻新的生存资源。广谱经济的特点是：①通过强化采集来保证食物供应；②增加劳力投入；③强化领土意识；④减少群体之间的食物分享。人类借鉴动物觅食的习性和规律，采取定居和半定居的方式，通过严密组织、强化劳力投入、利用各种技术来开拓、利用和储藏食物。因此，中石器时代是利用经济向农业生产经济转变时期，是农业的发轫。究其原因，正如美国考古学家博赛洛普《农业发展的条件》（1965）和美国考古学家科恩《史前期的粮食危机》（1977）的论点：农业起源是对资源短缺和人口压力的一种反应。

新石器时代我国原始种植业大体经历了 3 个发展阶段，即10 000年至8 000年前为原始刀耕或火耕阶段；8 000年至5 000年前为原始锄耕或耜耕阶段；5 000年至4 000年前为发达锄耕阶段。在生产工具上，这一时期完成了由“刀耕火种”向发达锄耕的进化；在耕作制度上，完成了由年年易地的生荒耕作制向连种三五年撂荒三五年的轮荒耕作制的转变，土地利用率较以前有了显著提高。作物种类有一定增加，北方旱作粟、黍常见，南方水稻籼、粳并存，大麻、苎麻成为人们衣着的主要原料，葫芦、白菜、芹菜、蚕豆、西瓜、甜瓜等也已开始栽培。因原始农业的发展，这一时期人们开始由以前游移和季节性的野营生活逐渐转入定居生活，男子在农业生产中渐居主要地位，从而实现了母系氏族公社向父系氏族公社的转变。

在原始畜牧业方面，经长期圈养驯化，家畜种类有所增加。河北武安磁山和河南新郑裴李岗遗址有家猪、家犬和家鸡的遗骨出土，说明七八千年前中原地区已有原始畜牧业。稍后的仰韶文化遗址中又有牛的遗骨出土。大汶口和龙山文化遗址中还发现马、山羊和绵羊的遗骸。至此，在我国北方马、牛、羊、鸡、犬、豕“六畜”俱全的畜牧业已具雏形。在中国南方，养猪之历史可上推至 8 000年到 10 000年。浙江河姆渡遗址还出土有水牛和家犬的遗骨，说明六七千年前以饲养猪、狗、水牛为内容的南方畜牧业已初步发展。

1926 年我国考古学者在山西夏县西阴村的新石器时代遗址中发现“一个半割的、似丝的茧壳”。1958 年在浙江吴兴钱山漾遗址中又发现一批丝织物，说明早在五六千年前我国已开始养蚕缫丝，纺织技术已具相当水平。

农业起源应该分为两个发展阶段，即农作物栽培的起源和原始农业的兴起。农作物栽培的起源是指野生植物经过人工筛选后成为栽培植物，该阶段人类社会的经济、变化不大。原始农业的兴起是指农作物的种植已经达到一定的规模，成为先人重要的生计从业活动，进而推动了人类社会的经济、文化的发展。栽培作物起源先于原始农业的兴起。

中国是世界上最早的农业起源中心区之一。最早从理论高度阐释农业起源的苏联植物学家瓦维洛夫分辨出 8 个农业起源的中心，它们是：中国（136 种植物）、印度（117 种植物）、近东（83 种植物）、委内瑞拉高地（49 种植物）、安第斯山（46 种植物）和苏丹 – 阿比西亚（38 种植物）。中国的农业起源，一是以种植黍和粟两种小米为代表的北方旱作农业起源；二是以种植稻谷为代表的南方稻作农业起源。考古工作者通过 C^{13} 与 N^{15} 分析相结合的方法和植物浮选法等，对湖南道县玉蟾岩遗址和江西万年仙人洞与吊桶环遗址的研究结果证实，中国栽培稻起源时间在公元前 10 000年前后。通过对内蒙赤峰西辽河上游地区兴隆沟遗址的研究，目前学术界认为，栽培粟的野生祖本可能是狗尾草或谷莠子，栽培黍的野生祖本可能是铺地黍或野糜子，这 4 种植物都是现今常见的田间野草。兴隆沟遗址可能是粟和黍的起源地，距今8 000年左右。

总之，农业起源对人类社会最重要的影响是使人口大规模的集聚，利用群体的智慧和力量来改造自然，促进社会结构向高层次演进。

三、农业的进一步发展

1. 相对于社会发展的滞后性

传统社会是指进入近代社会以前的一段历史时期，一般指明清时期。从第一次鸦片战争到新中国成立则是指我国的近代社会时期。新中国成立之后，我国进入了社会主义现代化建设时期。虽然我国的现代化发端于近代社会初期，并经历了100多年的历史，但是，事实上，在新中国成立之后，才真正走上了现代化的发展道路。而且，新中国在现代化的发展道路上也经历了一系列的挫折，其中，最为严重的破坏来自于反理性、反现代化的“文化大革命”运动。改革开放以后，我国走上了“四个现代化”的发展道路，并最终融入了全球化的发展浪潮。然而，明朝以后，在农业现代化方面，我国农业资本几乎没有明显的改进，同这些资本形式相联结的技术绝大多数也是停滞的，只有极少量的改变。只是在20世纪60年代，由于“三年灾荒”造成的连年歉收，才让我国政府把重点转移到农业投资和技术的“现代化”革命上。也就是说，我国的农业现代化发展相对于社会发展具有一定的滞后性。由此可见，我国农业现代化和社会发展步伐并不是完全同步的，农业现代化相比社会发展出现了一段延迟，而这一段延迟的时期就是指我国社会的近代时期。新中国成立之后，由于社会经济发展的需要和政治力量的推动，我国传统农业和现代农业在20世纪60年代出现了断裂，而断裂的标志就是农业技术方面发生的实质性变迁，从传统农业技术逐渐过渡到了现代农业技术。因此，在研究我国现代农业化的发展时，应该着重考虑政治力量在其中发挥的推动作用。

2. 政治力量的推动作用

新中国成立后，在国内外政治环境的影响之下，我国政府在对自身实际状况进行考虑的基础上，像很多发展中国家一样选择并走上了现代化的发展道路。当时，党和政府认为农业现代化是现代化发展道路上必不可少的一步棋，也就是说，要想实现中国的现代化，就必须首先实现农业的现代化。因此，如何才能更快地实现由传统农业向现代农业的转变，成为我国政府的奋斗目标。新中国成立后，我国面临着严重的内忧和外患，在两者的双重夹击之下，我国政府毫不犹豫地走上了现代化的发展道路。处于“百废待兴”现实困境下的党和政府则最终选择从农业入手也是无奈之举，因为其他方面不是一片空白，就是毫无优势可言。但是，土地改革完成后，我国农村出现了数以亿计的“独立为政”的传统小农，他们真正成了一盘散沙，更为重要的是，他们根本不知道何为“现代化”和“农业现代化”，在“现代化”面前，他们成了真正的“文盲”。此外，由于当时我国农业生产状况和水平极其低下，导致国家根本没有大量的资金和技术来装备农业。因此，在当时的情况之下，我国农业在短期内根本不可能实现农业现代化。在这种情况的影响下，党中央和毛泽东决定对农业进行社会主义改造，引导农民走合作化的道路。在此之后，毛泽东及时强调了农业技术改造的重要性，并认为“农业的根本出路在于机械化”。由此可见，毛泽东所认为的农业现代化的根本途径是“先合作化、后机械化”。虽然合作化运动和人民公社运动脱离了我国的实际情况，并严重挫伤了农民的农业生产积极性，但是，这却对提高农业水利化、机械化水平和实施重工业优先发展战略起到了积极作用。因为人民公社运动把一盘散沙似的小农成功地纳入了计划经济体制之下，这样，就有利于依靠强大的政治力量进行社会动员。中华人民共和国成立后，国家为了早日实现农业现代化，发起了一系列政治动员活动，其中，20 世纪

50—60 年代开展的“大跃进”和“农业学大寨”等社会动员活动席卷了整个农业领域，也正是在这一时期，农田水利基础设施等大型农村公共物品依靠集体力量的推动成功地发展了起来。此外，西方的现代农业技术得到了有效而广泛的传播，农业机械、化肥、农药等现代农业技术在我国农村地区先后得到了推广和应用。由此可见，我国的现代农业技术最初是依靠国家的强大政治动员能力才顺利实现了推广和应用。

人民公社解体以后，在我国农村逐步确立了家庭联产承包责任制，该制度再次唤醒了农民的农业生产积极性，这为我国发展农业和实现农业现代化起到了重大的推动作用。在此背景之下，邓小平提出了“两个飞跃”的重要思想，它强调农业科技是实现农业现代化的关键，而农业和工业互相促进则是我国农业发展的必备条件，该思想在当时成为我国农业发展的体制模式的依托。此外，邓小平也充分肯定了家庭联产承包责任制。在此之后，江泽民在党的十五届三中全会上指出：“在家庭承包经营的基础上，积极探索实现农业现代化的具体途径。”胡锦涛也指出：“我国深化农村改革要以家庭承包经营为基础。”由以上分析可以发现，我国的农业现代化始终是在小农经济体制下进行的。在合作化时期和人民公社时期，虽然我国的农业生产关系发生了重大变化，但是，这并没有改变我国以小农为主的农业生产模式。实行家庭联产承包责任制之后，我国政府非常重视该制度对农村发展尤其是农业发展的重要作用，该制度的实行进一步巩固了我国的小农模式生产模式。因此，总体来看，我国的农业现代化始终是小农模式基础上的农业现代化，和西方的农业现代化存在着本质的差别。另外，我国的现代农业技术最初是依靠国家的强大政治动员能力才顺利实现了推广和应用，之后，在政府政策的推动作用下不断发展完善并进行深入地推广和应用。

3. 城市工业化的“助手”

早在新中国成立之前，孙中山先生受西方发展史的影响，就认识到用工业化带动农业现代化，以农业现代化促进工业化是工业时代取代农业时代的条件之一。由此可见，孙中山先生对农业现代化在国家发展战略中的地位给予了充分地肯定，与此同时，他也对农业现代化和工业化之间的关系做了比较透彻的理解，充分认识到了两者之间的互促互进的关系。但是，由于受当时社会环境的影响，他的这些思想只能停留在理论的层面上，并没有得到实际的有效运用。新中国成立之后，我国领导人也认识到了农业在社会主义现代化建设中的重要作用，并希望通过推进农业现代化的发展来实现工业化。基于对现实国情的考虑，毛泽东认为我国要想早日实现四个现代化，必须以先进的农业为基础，这样，才能更好地实现从农业国向工业国的转变。但是，从实际情况来看，他并没有摆脱农业要为工业服务的思想，他是从农业为工业提供发展资本的角度来理解农业现代化的重要性。

20 世纪 70 年代以后，第三次科技革命的浪潮席卷了整个世界，在这个过程中，生物和信息技术得到了飞速发展，在农业领域中，主要表现就是在农业科学化和信息化方面取得了快速发展，西方发达国家的这些成就也激起了我国农业现代化的发展高潮。在这一时期，我国政府对我国的农业现代化发展也给予了高度重视。邓小平认为，农业现代化必须应用和发展生物工程等高端科学技术。在党和政府的指导下，我国在农业科技方面得到了极大的发展和进步，对推进我国农业现代化的发展进程起到了极大的促进作用。然而，虽然农民在分田到户之后获得了短期的利益，但是，他们很快便再次陷入发展困境。因为农产品价格停滞不前，而农民在现代农业技术方面的投入却越来越多，与此同时，政府税收制度的畸形化执行对农民来说更是雪上加霜。虽然我国于 2006 年取消了农业税，而且，国家也实施了良种和农机补贴等一系列惠民政策。但是，这些惠民政策并不能为促进农业发展起到应有的作用，因为这些国家补贴中的大多数都被市场以对现代农业技术进行提价的方式攫取了。也就是说，在我国不同历史时期，农业生产的利润被城市工业和企业通过不同的方式给攫取了，而农村和农民则被排除在了受益群体之外，成为市场经济发展的“铺路石”，始终被踩在脚下。

由以上分析可以发现，现代农业技术的推广和应用对促进我国经济增长和社会发展都起到了重要的作用，而且，对现代化的追求更突出了其在国家发展战略中的重要地位。但是，伴随着我国经济和社会的发展，现代农业技术也正在加速对农村社区进行渗透，并对我国农民和农业生产产生了广泛的控制作用。总体来看，虽然现代农业技术在提高农产品的产量和解决我国面临的粮食问题方面做出了突出的贡献，但是，我国农民和农业生产也对现代农业技术产生了强烈的依赖。更为重要的是，现代农业技术的推广和应用不仅没能最终解决我国农村发展方面的问题，反而对农村社会产生了严重的负面影响。例如，农业生产增收困难，农村劳动力大量外流，农业生产不断衰退，农村环境污染问题越来越严重等，这些负面影响也进一步导致社会不稳定因素不断增加，不稳定现象不断出现，其主要表现有：利益加速分化、阶层分化越来越明显、社会整合力量匮乏、低收入者的相对剥夺感不断加重、仇富心理不断加强等。因此，我们可以说，“三农”问题和“新三农”问题（农民工、失地农民和村落终结）的产生和现代农业科技不无关系。为了更好地解决“三农”问题，党的第三、第四代领导人提出来一系列的解决措施，江泽民提出了科教兴农、农业可持续发展、农业产业化发展、农村城镇化发展等战略为我国的农业现代化服务；而胡锦涛则进一步提出了城乡统筹发展和科技兴农发展战略。党的十六届四中全会也十分鲜明地提出和确立了我国现阶段“工业反哺农业”的重要政策取向。与此同时，从 2004 年开始，中共中央国务院每年发布的一号文件（以下简称中央一号文件）都是以解决“三农”问题为核心，文件内容也不断深入和细化，文件主题包括：促进农民增收，建设社会主义新农村，加强农业基础建设，发展现代农业，统筹城乡一体化发展，加快水利改革，以及加快农业技术创新等，从这些方面来看，我国农村工作的总要求始终是为了减轻农民负担，增加农民收入，争取早日实现农业现代化和城市化，并最终实现城乡一体化的发展目标。但是，从现实情况来看，我国城乡收入差距反而越来越大，城乡收入比已经由 1978 年的 2.57 扩大到 2008 年的 3.34，如果将城镇居民的福利考虑进来，城乡居民之间的收入差距甚至会更大。总体来看，我国贫富差距正在逼近社会所能容忍的“红线”。由以上分析可以发现，虽然农业现代化是“国家发展”理念的核心成分，但相比于对工业化的渴望，农业现代化又是次要的。从实际情况来看，在农业现代化的过程中，处于小农经营模式下的农业、农村和农民不仅没有得到应得的利益，反而受到了严重的影响和冲击。为了更好地解决“三农”问题，党中央在工业发展相对成熟的基础上提出的“工业反哺农业、城市带动乡村”战略思想，历年来的中央一号文件的强调作用以及各项农业补贴政策的实施都为此做出了努力，但是，效果却不尽如人意。也就是说，从实际情况来看，无论从思想层面还是实践层面来看，农业现代化和工业化互促互进的思想都只是停留在理念的层次上，根本没有也不可能得到真正的运用，农业现代化始终是作为工业化的“助手”而存在的。

第二节　现代农业的形成与发展

一、现代农业的概念与形成

现代农业是相对于原始农业、传统农业而言的一种农业形态或农业阶段。由于它涉及的内容十分广泛，因而学者们从不同的角度对它有不同的定义。卢良恕指出，现代农业是继原始农业、传统农业之后农业发展的一个新阶段，以商品化为特征，以科学化为核心，以集约化为方向，以产业化为目标。石元春认为，现代农业概念是动态的。后来也有人认为，现代农业“在时间上没有确定的外延，在空间上也没有确定的内容”，只是“一个特定的俗语”。柯炳生则将现代农业的理解简化为通过高投入追求高产出的农业产业。张晓山认为现代农业是处于一个时期和一定范围内具有现代先进水平的农业形态。刘振帮认为现代农业以资本和技术要素为主导，劳动生产率高是其重要特征。孔祥智、李圣军把现代农业定义为充分利用现代的生产要素的农业。梁志刚认为现代农业是从传统农业发展而来，是技术由传统转变为现代，经济由封闭转变为开放性，生态由原始转变为强控的过程。

从农业的发展历史上看，农业生产分为原始农业、传统农业和现代农业 3 个阶段，现代农业是农业发展的一个崭新的阶段。其一般的定义是：利用现代工业力量装备，以现代科学技术武装，通过现代管理理论和方法经营，使得生产效率达到现代世界先进水平，对农业进行规模化、集约化、市场化和农场化，并以利益机制为联结，以企业为龙头，实行企业化管理，产供销一体化经营的农业。现代农业的核心是科学化，特征是商品化，方向是集约化，目标是产业化。

学者们从某一方面定义的现代农业都具有一定道理，反映了现代农业的本质特征，归纳起来说，现代农业从时点上看是一种农业形态，从时间段上看是农业发展的一个新阶段，它是以先进的科学技术和装备为支撑，按市场规则运行，实行集约化生产，劳动生产率提高，发展可持续的农业产业形态和产业体系。

随着生物技术、信息技术、航空技术等先进的科学技术广泛应用于农业，出现了基因农业、数字农业、精准农业、白色农业、太空农业、生态农业、节水农业、循环农业、设施农业、工厂化农业等概念和形式，在不同的经营管理目标、方式和组织形式的组合上，出现了外向型农业、订单农业、都市农业、特色农业、观光休闲农业等形式，农业的形态和模式多种多样，农业的功能也不断拓展。从一定意义上理解，现代农业要具备现代物质技术装备，应用现代科技，形成产业体系，实行现代市场化经营，由高素质农民经营。

二、我国现代农业的发展历程

我国对现代农业的认识是一个不断深化的过程。新中国成立后，在不同时期提出了建设现代农业的问题。在新中国成立初期，主要学习借鉴前苏联模式，提出了初步实现农业现代化的目标，也就是实现农业机械化、水利化、化学化和电气化。后来，20 世纪 70 年代末，又以科学化、集约化、社会化和商品化代替了原来的“四化”。20 世纪 70 年代末至 80 年代初，亦即改革开放之初，再次提出基本实现农业现代化的目标和要求，即实现农业基础建设现代化、农业生产技术现代化和农业经营管理现代化、建立农业经济运行机制和体制。20 世纪 90 年代以来，在稳定家庭联产承包经营责任制的基础上，提出了发展高产、优质、高效即“两高一优”的农业，大力推进农业产业化经营，促进生产标准化、经营企业化、服务社会化，由此建设现代农业开始迈出了实质性的步伐。进入 21 世纪，2002 年党的“十六大”报告将“统筹城乡经济社会发展，建设现代农业”作为我国全面建设小康社会的一项重要的战略任务提出。2005 年《中共中央关于制定国民经济和社会发展第十一个五年规划的建议》中强调要积极“推进现代农业建设”。2006 年中央农村工作会议又指出，新农村建设的主要目标是生产发展，发展生产的方向是建设现代农业，推进新农村建设的首要任务是建设现代农业，将现代农业建设作为现阶段农业和农村经济发展的重要过程贯穿新农村建设的始终。2007 年《中共中央国务院关于积极发展现代农业扎实推进社会主义新农村建设的若干意见》中以现代农业作为文件的核心内容，提出现代农业的要求是高产、优质、高效、生态、安全，发展路径是“六个用”，即用现代物质条件装备农业，用现代科学技术改造农业，用现代产业体系提升农业，用现代经营形式推进农业，用现代发展理念引领农业，用培养新型农民来发展农业，提高劳动生产率、土地产出率和资源利用率，重申了发展现代农业是社会主义新农村建设的首要任务，并对于现代农业的建设从8个方面提出了详细具体的指导措施，作为现阶段我国现代农业建设的指导方针。至此，现代农业在我国逐步系统化、组织化地建立起来。

2016年《中共中央国务院关于落实发展新理念加快农业现代化实现全面小康目标的若干意见》提出：大力推进农业现代化，必须着力强化物质装备和技术支撑，着力构建现代农业产业体系、生产体系、经营体系，实施藏粮于地、藏粮于技战略，推动粮经饲统筹、农林牧渔结合、种养加一体、一二三产业融合发展，让农业成为充满希望的朝阳产业。

1. 大规模推进高标准农田建设

加大投入力度，整合建设资金，创新投融资机制，加快建设步伐，到2020年确保建成8亿亩（15亩=1公顷。全书同）、力争建成10亿亩集中连片、旱涝保收、稳产高产、生态友好的高标准农田。整合完善建设规划，统一建设标准、统一监管考核、统一上图入库。提高建设标准，充实建设内容，完善配套设施。优化建设布局，优先在粮食主产区建设确保口粮安全的高标准农田。健全管护监督机制，明确管护责任主体。将高标准农田划为永久基本农田，实行特殊保护。将高标准农田建设情况纳入地方各级政府耕地保护责任目标考核内容。

2. 大规模推进农田水利建设

把农田水利作为农业基础设施建设的重点，到2020年农田有效灌溉面积达到10亿亩以上，农田灌溉水有效利用系数提高到0.55以上。加快重大水利工程建设。积极推进江河湖库水系连通工程建设，优化水资源空间格局，增加水环境容量。加快大中型灌区建设及续建配套与节水改造、大型灌排泵站更新改造。完善小型农田水利设施，加强农村河塘清淤整治、山丘区“五小水利”、田间渠系配套、雨水集蓄利用、牧区节水灌溉饲草料地建设。大力开展区域规模化高效节水灌溉行动，积极推广先进适用节水灌溉技术。继续实施中小河流治理和山洪、地质灾害防治。扩大开发性金融支持水利工程建设的规模和范围。稳步推进农业水价综合改革，实行农业用水总量控制和定额管理，合理确定农业水价，建立节水奖励和精准补贴机制，提高农业用水效率。完善用水权初始分配制度，培育水权交易市场。深化小型农田水利工程产权制度改革，创新运行管护机制。鼓励社会资本参与小型农田水利工程建设与管护。

3. 强化现代农业科技创新推广体系建设

农业科技创新能力总体上达到发展中国家领先水平，力争在农业重大基础理论、前沿核心技术方面取得一批达到世界先进水平的成果。统筹协调各类农业科技资源，建设现代农业产业科技创新中心，实施农业科技创新重点专项和工程，重点突破生物育种、农机装备、智能农业、生态环保等领域关键技术。强化现代农业产业技术体系建设。加强农业转基因技术研发和监管，在确保安全的基础上慎重推广。加快研发高端农机装备及关键核心零部件，提升主要农作物生产全程机械化水平，推进林业装备现代化。大力推进“互联网+”现代农业，应用物联网、云计算、大数据、移动互联等现代信息技术，推动农业全产业链改造升级。大力发展智慧气象和农业遥感技术应用。深化农业科技体制改革，完善成果转化激励机制，制定促进协同创新的人才流动政策。加强农业知识产权保护，严厉打击侵权行为。深入开展粮食绿色高产高效创建。健全适应现代农业发展要求的农业科技推广体系，对基层农技推广公益性与经营性服务机构提供精准支持，引导高等学校、科研院所开展农技服务。推行科技特派员制度，鼓励支持科技特派员深入一线创新创业。发挥农村专业技术协会的作用。鼓励发展农业高新技术企业。深化国家现代农业示范区、国家农业科技园区建设。

4. 加快推进现代种业发展

大力推进育繁推一体化，提升种业自主创新能力，保障国家种业安全。深入推进种业领域科研成果权益分配改革，探索成果权益分享、转移转化和科研人员分类管理机制。实施现代种业建设工程和种业自主创新重大工程。全面推进良种重大科研联合攻关，培育和推广适应机械化生产、优质高产多抗广适新品种，加快主要粮食作物新一轮品种更新换代。加快推进海南、甘肃、四川国家级育种制种基地和区域性良种繁育基地建设。强化企业育种创新主体地位，加快培育具有国际竞争力的现代种业企业。实施畜禽遗传改良计划，加快培育优异畜禽新品种。开展种质资源普查，加大保护利用力度。贯彻落实种子法，全面推进依法治种。加大种子打假护权力度。

5. 发挥多种形式农业适度规模经营引领作用

坚持以农户家庭经营为基础，支持新型农业经营主体和新型农业服务主体成为建设现代农业的骨干力量，充分发挥多种形式适度规模经营在农业机械和科技成果应用、绿色发展、市场开拓等方面的引领功能。完善财税、信贷保险、用地用电、项目支持等政策，加快形成培育新型农业经营主体的政策体系，进一步发挥财政资金引导作用，撬动规模化经营主体，增加生产性投入。适应新型农业经营主体和服务主体发展需要，允许将集中连片整治后新增加的部分耕地，按规定用于完善农田配套设施。探索开展粮食生产规模经营主体营销贷款改革试点。积极培育家庭农场、专业大户、农民合作社、农业产业化龙头企业等新型农业经营主体。支持多种类型的新型农业服务主体开展代耕代种、联耕联种、土地托管等专业化规模化服务。加强气象为农服务体系建设。实施农业社会化服务支撑工程，扩大政府购买农业公益性服务机制创新试点。加快发展农业生产性服务业。完善工商资本租赁农地准入、监管和风险防范机制。健全县乡农村经营管理体系，加强对土地流转和规模经营的管理服务。

6. 加快培育新型职业农民

将职业农民培育纳入国家教育培训发展规划，基本形成职业农民教育培训体系，把职业农民培养成建设现代农业的主导力量。办好农业职业教育，将全日制农业中等职业教育纳入国家资助政策范围。依托高等教育、中等职业教育资源，鼓励农民通过“半农半读”等方式就地就近接受职业教育。开展新型农业经营主体带头人培育行动，通过5年努力使他们基本得到培训。加强涉农专业全日制学历教育，支持农业院校办好涉农专业，健全农业广播电视学校体系，定向培养职业农民。引导有志投身现代农业建设的农村青年、返乡农民工、农技推广人员、农村大中专毕业生和退役军人等加入职业农民队伍。优化财政支农资金使用，把一部分资金用于培养职业农民。总结各地经验，建立健全职业农民扶持制度，相关政策向符合条件的职业农民倾斜。鼓励有条件的地方探索职业农民养老保险办法。

7. 优化农业生产结构和区域布局

树立大食物观，面向整个国土资源，全方位、多途径开发食物资源，满足日益多元化的食物消费需求。在确保谷物基本自给、口粮绝对安全的前提下，基本形成与市场需求相适应、与资源禀赋相匹配的现代农业生产结构和区域布局，提高农业综合效益。启动实施种植业结构调整规划，稳定水稻和小麦生产，适当调减非优势区玉米种植。支持粮食主产区建设粮食生产核心区。扩大粮改饲试点，加快建设现代饲草料产业体系。合理调整粮食统计口径。制定划定粮食生产功能区和大豆、棉花、油料、糖料等重要农产品生产保护区的指导意见。积极推进马铃薯主食开发。加快现代畜牧业建设，根据环境容量调整区域养殖布局，优化畜禽养殖结构，发展草食畜牧业，形成规模化生产、集约化经营为主导的产业发展格局。启动实施种养结合循环农业示范工程，推动种养结合、农牧循环发展。加强渔政渔港建设。大力发展旱作农业、热作农业、优质特色杂粮、特色经济林、木本油料、竹藤花卉、林下经济。

8. 统筹用好国际国内两个市场、两种资源

完善农业对外开放战略布局，统筹农产品进出口，加快形成农业对外贸易与国内农业发展相互促进的政策体系，实现补充国内市场需求、促进结构调整、保护国内产业和农民利益的有机统一。加大对农产品出口支持力度，巩固农产品出口传统优势，培育新的竞争优势，扩大特色和高附加值农产品出口。确保口粮绝对安全，利用国际资源和市场，优化国内农业结构，缓解资源环境压力。优化重要农产品进口的全球布局，推进进口来源多元化，加快形成互利共赢的稳定经贸关系。健全贸易救济和产业损害补偿机制。强化边境管理，深入开展综合治理，打击农产品走私。统筹制定和实施农业对外合作规划。加强与“一带一路”沿线国家和地区及周边国家和地区的农业投资、贸易、科技、动植物检疫合作。支持我国企业开展多种形式的跨国经营，加强农产品加工、储运、贸易等环节合作，培育具有国际竞争力的粮商和农业企业集团。

第三节　现代农业的基本特征与发展重点

一、现代农业的基本特征

现代农业是从工业革命以来形成的农业，是逐步走向商品化、市场化的农业。这一阶段，农业在市场经济框架下，广泛运用现代工业成果和科技、资本等现代生产要素，农业从业人员不断减少，但农业劳动者具有较多的现代科技和经营管理知识，农业生产经营活动逐步专业化、集约化、规模化，农业劳动生产率得到大幅度提高。其基本特征表现如下。

1. 市场化程度日趋成熟

市场经济体制是现代农业发展的制度基础。在现代农业中，

大部分活动在市场进行，农产品商品率高，利用剩余农产品向市场提供商品已不再是农户的目的。利润的多少成为评价经营成败的准则，生产基本是为了满足市场需要。满足市场的取向是现代农民采用新的农业技术、发展农业的动力源泉。在这一时期，产品生产的主要目的不在于自给，而在于为市场提供商品以实现利润最大化。市场机制在资源配置中起着主导作用，市场体系日益完善，农业从生产成果到手段普遍商品化，除了农业最终产品即各种农产品外，各种中间产品、劳务和消费品以及其他农业生产要素，包括各种农业机械、化学肥料、农用化学品、良种及兽医服务等，都进入农业交换领域，甚至农民的生活消费也普遍成为商品性消费，农产品商品率得到前所未有的提高，农业打破了内部物质循环的局限性进而实现物质的开放式循环，从自给农业发展为市场化农业。

2. 工业装备普遍采用

工业装备是现代农业的硬件支撑。随着现代工业的发展，农业生产各个环节和整个过程，逐步由播种机、脱粒机、饲草收割机、水利灌溉设备等现代机械取代人力畜力及手工工具。尤其是20 世纪 50 年代以后，拖拉机和配套农具广泛使用，欧美的发达国家先后实现农业机械化、电气化、联合化。目前，农业机械与计算机、卫星遥感等技术结合，新型材料、节水设备和自动化设备应用于农业生产，农田水利化、农地园艺化、农业设施化以及交通运输、能源传输、信息通讯等的网络化、现代化成为当代农业发展的基本趋势，“本来是主要的人类传统的职业的农业，从欧洲较富足的国家开始，正在迅速变为一种越来越带科学特征的工业”。

3. 先进科技广泛应用

先进的科技是现代农业发展的关键要素。19 世纪中叶农业化学技术得到发展，欧洲率先突破只施用有机肥的传统，开始大量使用化肥；20 世纪中叶部分国家进行了以杂交玉米、杂交小麦、杂交水稻为主的“绿色革命”；之后生物技术和信息技术也逐步渗透到农业种质资源、动植物育种、作物栽培、畜禽饲养、土壤肥料、植物保护等各个领域，农业科研的领域和范围不断扩大，农业生产的深度和广度不断拓展，农业的可控程度大大提高，出现了“精确农业”等全新的农业发展模式。农业增产的60%～80%依靠科技进步来实现。与科技运用相适应，农业劳动者素质也得到普遍提高，先进的科技不断从潜在生产力转化为现实生产力，正成为推动现代农业发展的强大动力。

现代农业越来越依赖不断发展的科技，先进的科学技术是现代农业的先导和发展动力。主要包括信息技术、生物技术、节水灌溉技术等农业高新技术，这些技术的应用使现代农业成为技术高度密集的产业，这些技术的使用可以提高单位农产品产量，改善农产品品质，减轻劳动强度，节约能耗和改善生态环境。

4. 产业体系日臻完善

完善的产业体系是现代农业的重要标志。与现代生产手段、生产技术相适应，农业发展突破了传统的产加销脱节、部门相互割裂、城乡界限明显等局限性，普遍通过农业公司、农业合作社带农户（家庭农场）等生产组织形式，使农产品的生产、加工、销售等各环节走向一体化，农业与工业、商业、金融、科技等不同领域相互融合，城乡经济社会协调发展，农业产业链条大大延伸，农产品市场半径大为拓展，逐步形成了农业专业化生产、企业化经营、社会化服务的格局。

现代农业实现了种养加、产供销、贸工农一体化的农业生产，农工商结合得更加紧密。实现了城乡经济社会一体化发展，实现了农产品区域优势布局、农产品贸易国内外流通的完善产业体系，将产前、中、后有机联系在一起。

5. 生态环境受到重视

注重农业经济与生态环境的协调发展，是现代农业发展的基本趋势。现代农业以化学物质的使用和能源（主要是石油）的大量消耗为开端，其发展虽然取得了巨大成就，但也带来了资源破坏、环境污染等突出问题。近年来，世界各国在农业发展中更加注重生态环境的治理与保护，重视土、肥、水、药和动力等生产资源投入的节约和使用的高效化，在应用自然科学新成果的基础上探索出“有机农业”“生态农业”等农业发展模式。农业的可持续发展已经受到广泛的关注和重视，正成为全球农业发展的新理念和新趋势。现代农业主张采用环保的农业科学技术，摒弃了用化学农药等损害环境的方法，鼓励发展生态农业、循环农业、绿色农业。

在世界农业发展进程中，现代农业无论是在农业生产力发展还是在农业生产关系调整方面，都展示了渐进演变的历史过程，体现了现代农业的历史性；无论是在生产手段、生产技术还是在生产经营的组织管理方面都实现了整体进步，体现了现代农业的综合性；无论是在发展目标定位还是在基本路径选择方面，都反映了世界各国农业发展的趋势，体现了现代农业的世界性。正确认识和把握这些特点和规律，对加快建设现代农业具有重要的现实意义。

二、现代农业的发展重点

历史地来看，关于现代农业的发展，众多学者分别从不同角度提出了各自的见解，如绿色农业、生态农业、有机农业、生物农业、循环农业、可持续农业、无公害农业、都市农业、休闲农业、精品农业、品牌农业、订单农业、创意农业、高端农业、白色农业、分子农业、物理农业等。这些农业折射出了每个社会发展阶段所具有的时代特点和对农业发展相应提出的新要求。从根本上讲，这些农业是针对现代农业发展模式问题所作出的多种模式选择。

1. 绿色农业

有关绿色农业的探讨，可以说是经历了从传统绿色农业向现代绿色农业的观念转换。20 世纪 80 年代，传统绿色农业的概念已被提出，主要是指以太阳光为直接能源，利用绿色植物通过光合作用生产人类生活所需的食物、动物饲料和工业原料等。但随着环境污染、生态恶化的加剧，传统绿色农业亟需转换发展思路，走出一条符合自然规律的科学发展之路。这样，现代绿色农业的理念逐渐受到关注。它既注重保持自然生态平衡和保护自然资源，又强调人类健康而富有生产成果的生活权利，更强调当代人与后代人的机会平等。从绿色食品发展要求的角度出发，绿色农业是指从事在无污染的水、气、土、热等自然环境下投入无公害的原材料，采用与自然和谐的现代科学技术手段，生产有益于人类健康的农产品产业。但真正对绿色农业进行全面且系统的研究，则是从 2003 年的中国绿色食品发展中心和中国绿色食品协会开始的。一般认为，绿色农业是指充分运用先进科学技术、先进工业装备和先进管理理念，以促进农产品安全、生态安全、资源安全和提高农业综合经济效益的协调统一为目标，以倡导农产品标准化为手段，推动经济全面、协调、可持续发展的农业发展模式。就其本质而言，绿色农业是一种有利于环境保护，有利于农产品数量与质量安全的现代农业发展形态与模式。就其特征而言，一般认为，绿色农业具有开放兼容性、持续安全性、全面高效性、标准规范性等特征。就其实现途径和发展对策而言，要因地因时而宜，但从整体上来看仍具有一些共性，主要包括：①提高生产者和消费者对绿色农业的认识水平；②加大对绿色农业的科研和技术推广力度；③建好绿色农业示范区以及打造绿色农产品基地；④建立和完善逐步与国际标准接轨的绿色农业市场体系；⑤强化政府对绿色农业发展的引导、扶持和保障作用。

2. 生态农业

20 世纪 80 年代初，生态农业即引起学者的高度重视。生态农业的发展应遵循“整体、协调、循环、再生”的生态工程建设原理。有关生态农业的概念问题，经过学者们不断发展和整合，已相对比较成熟。一般认为，生态农业是指从系统思想出发，按照生态学、经济学和生态经济学等原理，运用现代科学技术成果和现代管理手段以及传统农业的有效经验建立起来，以期获得较高经济效益、生态效益和社会效益的现代农业发展模式。就其本质而言，生态农业是一个有序且能实现生态、经济良性、高效循环的生态经济系统。就其特征而言，一般认为，生态农业具有动态平衡最佳、整体性、调控性、高效性、系统性、目标导向性、优选性、时变性、稳态性、多样性、持续性等特征。那么，关于怎样发展生态农业，综合专家学者的建议，主要观点如下：第一，应用农业生态系统工程，保障农业持久发展。第二，从思想上高度重视生态农业发展，将其作为一项长远战略来考虑。第三，因地制宜做好区域规划。第四，在农业发展、利益分配过程中，正确处理经济效益与生态效益、短期效益与长期效益、微观效益与宏观效益的关系。第五，加强监管，建立健全能全面科学反映经济效益、生态效益、社会效益的指标体系，规范生态农业发展。第六，以县域为单位建设生态农业县，同时中央与地方主管部门应设立专家顾问组，发挥咨询作用。

3. 有机农业

20 世纪 70 年代末，即出现有机农业的相关探讨。在农业现代化过程中，需要通过发展有机农业来提高地力，扩大物质循环，以达到改善生态平衡的效果。就其概念来讲，一般认为，有机农业是指在动植物生产过程中为遵循自然规律、生态平衡和可持续发展要求而完全或基本不使用人工合成化肥、农药、生长调节剂和饲料添加剂等物质以及基因工程技术及其产物的农业生产方式。就其本质来讲，有机农业是一种顺应自然规律、无污染洁净生产的劳动密集型产业。就其特征来讲，主要表现在：顺应自然规律的生产过程；安全、环保、无污染的生产方式；口味好、食用安全的产品特性。就其实现途径和发展对策来讲，一是明确有机农业的发展方向和目标；二是建立产前、产中、产后一体化

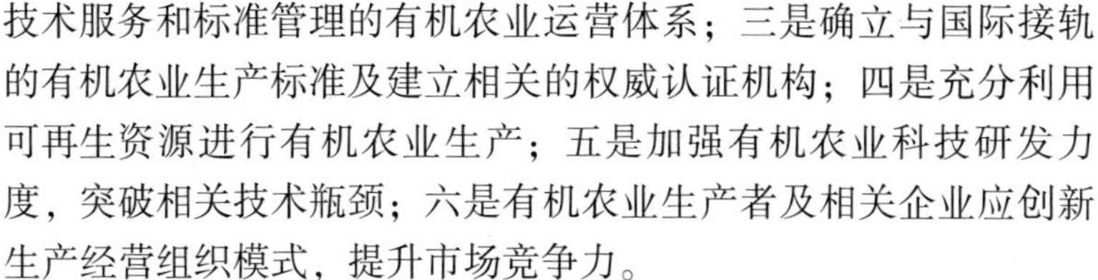
技术服务和标准管理的有机农业运营体系；三是确立与国际接轨的有机农业生产标准及建立相关的权威认证机构；四是充分利用可再生资源进行有机农业生产；五是加强有机农业科技研发力度，突破相关技术瓶颈；六是有机农业生产者及相关企业应创新生产经营组织模式，提升市场竞争力。

4. 循环农业

20 世纪 80 年代中期，即有学者阐释了循环农业理念在协调发展农林牧渔业、保持生态平衡、获取良好经济效益等方面具有重要指导作用。就其概念来讲，虽然学者们在表述上有所差异，但内涵基本一致。循环农业主要是指通过物质循环再生原理和物质多层次利用技术，实现农业生态系统内部结构和产业结构的调整优化以及农业系统物质能量的多级循环利用的环保生态可持续的农业生产经营模式。就其本质来讲，循环农业是一种通过农业资源循环延伸产业链条，最终实现资源节约、环境友好效果的农业发展模式。就其特征来讲，主要表现在：一是农业生产方式遵循循环经济理念的 3R 原则（即减量化、再利用、再循环）；二是资源利用节约化、生产过程清洁化、农业废弃物资源化、生产生活无害化；三是产业链延伸型的农业空间拓展方式。就其实现途径和发展对策来讲，第一，着力研发有关农业的物质循环控制、资源多级转化、废弃物的资源化等技术，创新技术集成研究，为循环农业提供高效的技术支持；第二，整合农业产业循环链发展思路，创新运作模式，加快循环农业产业化升级；第三，建设循环型农村社区以及发展城市区域循环农业经济，改善循环农业发展的整体环境；第四，完善循环农业的社会服务体系，完善农业经营、咨询和市场调节等方面的服务；第五，构建绿色 GDP 核算体系，加强人们的循环环保理念。

5. 无公害农业

20 世纪 90 年代，人们即认识到无公害农业能够减少农产品遭受化肥农药的污染。随着对无公害农业实践和研究的深入，其内涵也逐渐清晰。就其概念来讲，无公害农业是指在无污染或已消除污染的良好生态环境区域内，通过自然资源的合理充分利用来尽可能限制外源污染物质对农业生产系统的不良影响，从而生产出无污染安全、营养优质的产品且在生产加工过程中不对环境造成危害的农业生产模式。就其本质来讲，无公害农业是一种为解决环境问题和满足消费需求而发展起来的现代农业发展模式。就其特征来讲，可以概括为生产环境的无污染、生产过程的无公害；操作规程的标准化、无公害农产品的安全可靠性等特征。就其实现途径和发展对策来讲，一是构建无公害农业生产环境质量标准体系及其产品安全指标体系，强化对生产源头的控制，从而实现从田地到餐桌的全程质量监管；二是通过关键技术及设备的研发制造，加速无公害农业产业化进程；三是通过市场调节，引导消费者对无公害农产品的合理需求；四是通过对城乡、工农业废弃物的综合治理，净化无公害农业发展的社会大环境；五是对农药化肥等生产和销售的市场监管，并加强研制推广无公害农药的力度。

6. 都市农业

20 世纪 80 年代末，就有学者从环境保护、教育和娱乐功能、资源节约、综合效益等角度考虑了发展都市农业的重大意义，并对其发展可行性作出了肯定。有关都市农业的概念问题，较有代表性的观点指出都市农业是位于城市内部及其周边地区，涉及农林牧渔等方面，依托城市辐射，从生产、加工、运输、消费等环节服务于城市的现代农业发展模式。就其本质而言，它是现代农业与第二、第三产业以及城市与农村融合、协调发展的内在要求。都市农业的显著特征表现在城乡融合性、功能多样性、现代集约性、高度开放性等方面。根据实践，可将都市农业分为消费型、服务型、产品型 3 种基本类型。就其实现途径和发展对策而言，主要有：①把都市农业作为城市总体规划的有机组成部分；②政府需通过财政补贴保障和增强农业的正外部性；③充分发挥拓展都市农业的多功能性，合理有效提高其经济功能、开拓其文化功能、增强其生态环保功能等；④在创建多渠道营销模式的同时，注重城乡互动以及市民与农民的交流。

综合来看，有关现代农业发展模式的研究已取得相当多的成果。但是，这些研究还没有涉及对本质和规律的探讨，以致不同的农业发展模式在本质和特征层面却是一致的。进而可以理解不管采用什么样的农业发展模式，因其归根结底是要发展现代农业，所以这些模式都可看成是从不同角度反映和体现着现代农业发展的本质和特征。换言之，众多模式的出现在一定程度上表明：目前的研究还没有抓住对现代农业基本发展规律的判别，从而缺乏对发展现代农业相对系统、相对全面的理解。

第二章　都市农业

第一节　都市农业的基本特征

20世纪90年代以来，随着现代化都市建设的日新月异，以及城乡一体化的不断发展，我国都市区域范围的农业发生了根本性的变化，出现了所谓“都市里的‘村庄’和农村中的‘都市’”的新现象，大都市的农业正在由城郊型传统农业向都市型现代农业转变，可以说都市农业是现代农业的一种地域分工。然而，都市农业的建设是一项长期的系统工程，是一个不断发展的过程。

一、都市农业的概念

近20年来，在全球气候变暖、空气污染、能源供应紧张、以及城市居民食品安全危机等问题的推动下，都市农业由公众的边缘性话题逐渐过渡成为了学术界的核心话题。都市农业（Urban Agriculture，简称UA）是社会经济发展到较高水平时，在大城市周边与间隙地带或大中城市群之间形成的，依托并服务于城市，以城市生态保护、市民观光休闲、出口创汇为特色，以农业高科技武装的园艺化、设施化、工厂化生产为主要手段，以大都市市场需求为导向，以农业产业化为依托，以规模经营为条件，集生产、服务、观赏、休闲、消费于一体的经济和生态等多功能并存的、高产高效和可持续发展相结合的现代农业模式。在城市经济发展到较高水平时，随着农村与城市、农业与非农产业的进一步融合，都市农业能够在整个城市内部形成生产力水平较高的农业生产及运行体系，将农业空间重新融入城市，并作为长期存在的生产场所。

作为地理学名词，现代都市农业概念最早出现在1930年的《大阪府农业报》上，而后作为学术名词出现在青鹿四郎1935年发表的《农业经济地理》中。20世纪50年代末至60年代初，美国的经济学家们开始进行都市农业研究，并出现了与现代都市农业意义较为相近的“都市农业生产区域”和“都市农业生产方式”的表述。1977年，在《日本农业模式》一书中，美国经济学家艾伦·尼斯明确的提出了“都市农业”的概念。都市农业被世界粮食与农业组织FAO（Food and Agriculture Organization）定义为在城镇范围内的农作物种植与家禽家畜饲养，是一种在城市范围内进行的，直接服务于城市需求的特殊的农业活动。据统计，目前全球共有2亿人从事与都市农业相关的工作，为8亿居民解决了粮食问题；全世界14%的农产品是以都市农业方式生产的。

都市农业的研究和实践经历了几个世纪的发展和演变。简·雅各布斯（Jane Jacobs）在《城市经济》（The Economy of Cities）一书中曾经指出：“都市农业的历史与传统农业一样古老。城市最早是作为农场使用的，城市和农业在发展中一直是共存共生的”。在19世纪前，农业曾经在城市范围内占有一席之地。由于交通不便，最初的城市形态与粮食的来源息息相关，所有的食品均为本地供应。到了1826年，德国经济学家约翰·海因里希·冯·图能（Johann Heinrich von Thünen）在城市与粮食的关系上的研究成果奠定了将农业移出城市的理论基础。图能关于粮食系统分布与运输对食品价格的影响的一系列论文于1818年至1826年发表在《孤立国》（Isolated State）杂志中，并根据当时的保鲜科技条件，画出了各类食品从产地到城市市场的最大运输距离图表。此后，随着运输及食品保鲜技术的发展，西方主流的城市规划师们开始排斥他们所认为的制约城市迅速发展扩大的因素，吞并在城市范围内以及周边地区预留的农业用地。

都市农业的概念体现了农业与环境、经济和社会领域间的各种相互关系和作用的复杂性和重要性。

二、都市农业的内涵

德国最早在1919年就开创了“市民农园”的发展模式；美国在20世纪50—60年代正式提出都市农业这一概念并开展了相关的研究。都市农业是具有准公共产品特性的多功能农业，它除了向人类提供更多、更好的特定产品以满足社会不断增长的基本需求之外，还承担着环境保护、国土整治、水资源管理、保持生态平衡、维系自然资源的永续利用、扩大就业、推动和促进整个国民经济的可持续发展等功能。与传统意义上的生产性农业相比较，农业的多功能性发挥有利于增加农民的收入、提高农业的综合效益、平衡人口分布、吸纳劳动力就业、保障农村的生存与发展等，因而拓宽了农业发展的视野，深化了农业内涵与结构变化。

都市型现代农业的内涵是其所具有的特有属性。

（1）生产属性：生产属性是农业系统的基本属性。农业是为人类生存提供物质保障的系统，它包括植物性产品生产和动物性产品生产。农业系统中的植物通过光合作用生产初级产品，一部分可供人类食用，如作物种子、块根、块茎等；另一部分则可以被动物食用或归还土壤，如秸秆、嫩茎等。农业系统中的动物以农作物的初级产品为饲料，生产动物性产品，如肉、蛋、奶等。作为农业的一个发展阶段的都市型现代农业，其基本属性也是生产属性。

（2）生态属性：对于人类而言，农业的生产属性比生态属性更重要。但对于大自然而言，农业首先是一个生态系统，然后才是一个满足人类生存的生产系统。农业本身就是大自然的一部分，是一个加入了人工干预的复合生态系统。农业本身尤其是作物生产具有吸收二氧化碳、放出氧气，净化空气，涵养水源，保持水土等生态作用。都市型现代农业位于大城市附近，其植物性生产系统与林地、绿地等同样构成城市的生态屏障，同时，还以马赛克景观和调节气候的方式，减轻城市的热岛效应。

（3）生活属性：农业的生活属性不仅体现在为人们提供生活必需品，还体现在农业生产活动是人们生活的一部分。在农耕时代，农业生产是农民生活的重要部分，人们的生活中必不可少的衣、食、住、行均与农业密切相关。“衣”来自于棉花和蚕丝，“食”的所有食品均来自于农业，“住”的房和“行”的路桥均离不开林木。即使是在材料技术高度发达的现代社会，人们的衣、食、住、行仍离不开农业，且以贴近自然为时尚。农业的生活属性在都市型农业阶段更多地表现为为城市服务的属性，满足人们娱乐、休闲、体验、教育等的需求。

三、都市农业的基本特征

都市与都市农业的关系，既有都市对都市农业的依赖性，又有都市农业对都市的依存性。这种特有的相互依赖和相互促进的关系，从根本上决定了都市农业的特征。从形态、功能和发展水平等各个方面来考察，都市农业有以下几个比较显著的特征。

（一）都市农业是无城乡边界的农业

一般来说，为充分利用交通、信息、能源等资源，工商企业都聚集在大城市，而农业则分散在广阔的农村，自古以来，城乡分界可谓泾渭分明。随着世界城市化进程的加快，这一传统观念发生了变化。一方面，随着城市的扩展，农业以其优美的环境被保留下来，并在都市内建立各种自然休养村、观光园，形成插花状、镶嵌型农业。如日本东京都、大阪府内的“插花型”农业。另一方面，随着城市化进程的不断加快，相互紧密联系的城市纵横交接，因而形成了城市渗透农村、农村渗透城市，城市和农村浑然一体，产生了许多农村中的“城镇”和“工厂”，以及都市里的“村庄”和“田野”，最为明显的是公共基础设施以及其他公共物品供给正朝着一体化方向发展，传统的城乡布局被突破，城乡界线已日益模糊了，都市农业已成为大城市的一个有机组成部分。城市需要决定了农业发展，农业发展又促进了城市建设，两者相互依存，相互作用，相互促进。都市农业的融合性，一方面体现在一产向二三产业延伸渗透，交叉融合；另一方面体现在各种现代农业科学技术和先进设施以及先进农艺相互交接融合，且逐渐走向和谐统一。

（二）都市农业是功能多元化的农业

功能多元化是指农业除向人类提供更多、更好的特定产品以满足社会不断增长的基本需求之外，还承担其他日益增多与不断扩大的社会、经济、生态功能，包括环境保护、国土整治、水资源管理、保持生态平衡、维系自然资源的永续利用、扩大就业、推动和促进整个国民经济的可持续发展等。传统的农区农业主要是利用动植物的性能生产满足人类需要的产品，主要指粮棉油等大宗农产品的生产，而都市农业的生产、流通和经营，农业形态和空间布局，都必须服从大城市的需要，为市民的生产、生活提供服务，在服务中获得经济效益。同时由于城市及市民的需要是多方面的，这就决定了都市农业的形态、生产经营形式与功能的多样性。都市农业不仅要充分利用大都市提供的科技成果及现代化设施进行生产，为国内外市场提供名、特、优、新农副产品，而且要具有为城市市民提供优美生态环境，绿化美化市容市貌，提供旅游观光场所，进行文化传统教育等诸多方面功能。我国台湾地区引导都市农业向生产、生活、生态相结合的“三生”可持续农业方向发展。荷兰的设施农业、日本的体验农业、德国的市民花园、新加坡的农业花园等多种形态，都充分展示了城市对都市农业的循求多样性以及都市农业功能的多样性。

（三）都市农业是高度集约化的农业

与其他地区农业相比，这一区域内的农业资源条件表现为资本、设施、科技和劳力的高度密集性，同时由于都市农业与城市之间的密切关系，面对其农业环境、投放要素、产业技术特性，结构及功能有一定的要求或限制，从而使这一地区的农业同其他地区的传统农业明显不同。随着都市农业区域地价的上升，在经济利益的诱导下，都市农业转向资本、科技密集和土地节约型的发展道路，农业生产经营方式高度企业化、规模化、科技化、设施化、市场化，并实现产加销、贸工农一体化，为大城市提供所需的鲜活农副产品。目前，国外经济发达国家的农业有机构成甚至高过工业。日本东京、大阪的农业基本实现了生产栽培园艺化、基地设施现代化、生产操作机械化。因此，与一般农区农业相比，都市农业更有基础也更有条件从设施、生产、加工、流通到管理，形成高科技、高品质、高附加值的农业体系。

（四）都市农业是市场一体化的农业

都市农业傍依大城市，可充分利用国际大城市发达的市场、信息和交通网络，跨越区域界限发展农产品生产和交易。尽管都市农业有较高的地域性，但农产品的生产、加工、销售则以适应大都市市场和国际市场需求为出发点，农产品在市场上实现大流通是都市农业发展的动力和生命。如荷兰海牙的鲜花交易，可同时接待世界各国 2 000多个花商。一般一批花卉拍卖成交包装后，次日凌晨即可在欧洲、美国或日本市场上出现。阿姆斯特丹奶牛基地生产的肉类和乳制品则销往全世界 70 多个国家。从某种意义上来说，都市农业是一种工业化、市场化农业。通过市场网络把千家万户的农民与市内、国内甚至世界市场紧密地连结在一起，快速有效地根据市场需要状况组织农业生产要素配置。通过市场化带动农业产业化，进而推进农业的专业化、基地化。因而都市农业突破了小生产的束缚，充分利用都市发达的市场、信息和交通网络，跨越行政区域，发展农产品深加工；开放方式由过去单纯引进的买卖关系发展到双方共同投资建立合资企业和示范农场；开放项目涉及畜牧、水产、蔬菜、瓜果、花卉等；开放内容既有引进资金、设备、品种的硬件合作，也有引进技术、管理的软件交流等。

（五）都市农业是具有准公共产品特性的农业

都市农业是经济、生态、社会、文化等多功能的综合体现，都市农业的产品不仅包括商品，而且还包括一些公共物品，多样的商品和非商品的农业产出的联合存在。因此，都市农业功能一般分为经济性功能与公益性功能。这其中，农产品生产属于经济性功能，而国土资源保护、水资源养护、自然环境保护、自然景观保护、自然景观形成、传统文化传承等属于公益性功能。而都市农业这种外部性，不能从市场交换中获得相应的补偿。因此，都市农业作为一个社会事业部门的属性日益明显不同于传统产品生产意义上的生产性农业，多功能农业的受益者首先是整个社会，其次才是农业的经营者，这就意味着农业问题不再是一个简单的微观经济问题，而是一个宏观经济问题，都市农业正日益成为一个社会事业部门，而作为一个产业经济部门的属性在不断弱化。从这个意义上讲，都市农业的公益性功能具有较强的正外部性，都市农业本身具有准公共产品特征。明确了这一点，都市农业的发展理应得到整个社会的广泛支持。

（六）都市农业是需要重点加以保护的农业

都市农业是依附于都市经济实力的农业，是存在于都市内部或紧邻都市的农业，这其中，土地作为一种资源显得尤为稀缺，而在城市化进程中，都市农业较之其他占主导地位的工业、商业和居住用地，其经济上的竞争力通常显得不足，这就使得都市农业在空间分布上呈现一种不稳定的趋势，常常被其他经济活动所抵占。与此同时，城市环境污染和生活垃圾的排放直接破坏农作物的生长，使城市边缘农业生产率下降。因此，都市农业最容易受到都市开发、用水污染、光照不足等自然环境恶化的影响。从市场经济的竞争环境和经济政策看，如对都市农业弃之不管，都

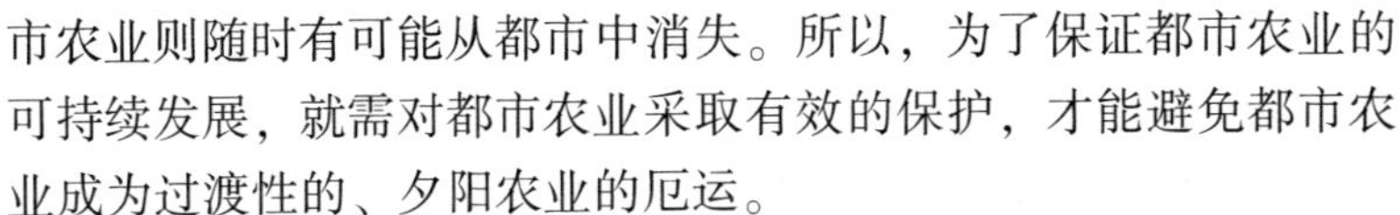

市农业则随时有可能从都市中消失。所以，为了保证都市农业的可持续发展，就需对都市农业采取有效的保护，才能避免都市农业成为过渡性的、夕阳农业的厄运。

第二节　都市农业的功能定位

农业的各种功能本来就是客观存在的，但是人们对这些功能的认识是有一个过程的，因此在对待处理农业诸多功能之间关系的侧重点上也有所不同。在没有解决温饱问题之前，人们往往比较注重农业的生产功能，忽视农业在保持和改善生态环境、净化空气、涵养水源、调节气候等方面的作用，更难以涉及重视农业在社区生活环境、人文生活方面调节身心、教化人民、协调人和自然关系的功能。而当基本生存需要满足之后，在实践中对一些功能逐步加深认识，同时也有可能和必要利用一部分农用土地和设施，来有系统地拓展和开发这些原来就客观存在的农业功能。因此，都市农业既具有与一般农区农业相同的功能，如满足自给自足、提供就业机会与增加收入等，又在现代大都市的辐射与带动下，做到一般农区农业未充分发挥的功能得以拓展表现出来。从总体来看，都市农业具有经济、社会和生态三大功能，经济功能实质上是都市农业的产业功能，而社会功能与生态功能，是都市农业提供的难以替代的公共产品，故也可称之为社会公益功能。

一、经济功能

经济功能主要是指提供优质、卫生、无公害的鲜活产品以满足都市消费需求，通过提供新鲜、卫生、安全的蔬菜、花卉、果品，实现农副产品出口创汇，提高农产品的经济效益，实现农业增产增值，优化产业结构，增加就业机会，提高农民收入，使都市农业通过适应现代消费来创造大城市经济的新的增长点。在相当长一段时间里，经济功能是都市农业的主体功能。经济功能主要表现以下几个方面。

（1）食物保障功能：都市农业利用现代工业、科技武装，大幅度地提高农业生产力水平，为都市市民提供周边省市难以替代的鲜嫩、鲜活的蔬菜、畜禽、果品及水产品，并要求达到名特优、无污染、无公害、营养价值高。都市农业虽然不能完全满足城市主副食品的需要，但能够发挥重要的补充和调剂作用。在发生天灾人祸或突发事件（如 SARS、禽流感等）时，都市农业能为保证主副食品供应和城市安全发挥重要的作用。同时都市农业的农产品已不再停留在初级产品上，而是对农产品进行精深加工，促进高附加值商品生产的发展，从而不断提高都市农业的经济效益。

（2）原料供给功能：随着人们健康知识、环境意识的增强，对以农产品为原料的制成品的需求呈现快速增长趋势。随着生物质产业特别是生物质能源等新兴产业的兴起，农产品新的原料用途不断拓展，新的加工途径不断开发，既强化了都市农业对工业的原料支撑作用，也为都市农业的发展开辟了新的空间。

（3）出口创汇功能：都市农业依托大城市对外开放和良好的口岸等自然优越条件，冲破地域界限，实行与国际大市场相接轨的大流通、大贸易经济格局，加快农副产品国内、国际间的流转创汇增值，提高农业附加值，同时通过组建内联外延的跨地区农业外贸集团扩大间接出口，开发涉外宾馆农业、旅游农业以及创汇农业。

二、社会功能

社会功能主要是指为都市居民提供接触自然、体验农业以及观光、休闲的场所与机会，并有利于增强现代农业的文化内涵与教育功能及示范辐射作用，从而改善城乡关系，促进都市与人类的可持续发展，达到改善和提高整个社会的福利水平。

社会功能主要表现在以下几方面。

（1）就业增收功能：都市农业起着社会劳动力蓄水池和稳定减震器的作用，通过开发利用农业多种资源，发展农产品加工、流通及相关产业，挖掘农业生产多种领域的“容人之量”，拓宽农业产业多环节的“增收之道”，对促进社会的稳定发展，城乡居民就业，农民增加收入和全面协调发展都有着重要作用。

（2）旅游休闲功能：农业观光、休闲旅游是都市农业的重要组成部分。在都市内保留一些农地空间，开发农业旅游产业，既为城市增添绿色，改善都市生态环境，又为市民提供旅游休闲活动空间，增加减轻工作及生活压力的新渠道，达到舒畅身心、强健体魄的目的。随着人们生活质量的改善和工作节奏的加快，到秀美田园和清新自然环境中陶冶情操、修身养性的愿望越来越强，走进自然、亲近自然、享受自然的人越来越多。

（3）文化传承功能：通过人们亲自体验农业活动能够加深对农业中特有的风俗、文明的理解，使农业文明得以传承和发展，从事都市农业活动可以直接对都市市民及青少年进行农技、农知、农情、农俗、农事教育，提供机会让都市市民和青少年了解现代农业科技，体验农村风俗，了解农村文化，促进城乡文化交流，培养人们对大自然及科学的热爱之情，在回归自然中获得一种全新的生活乐趣。

（4）示范辐射功能：都市农业是一种特殊形态的现代农业，因处在科技、物资、人才密集，国际国内交往频繁的辐射功能强的大都市，而具有显著的示范、展示、辐射、带动作用。

三、生态功能

生态功能主要是指发挥洁、净、美、绿的特色，营造优美宜人的生态景观，改善自然环境，维护生态平衡，提高生活环境质量，充当都市的绿化隔离带，防治城市环境污染以保持清新、宁静的生活环境，并有利于防止城市过度扩张。

生态功能主要表现在以下几个方面。

(1) 保护生态功能：都市农业通过在都市开辟城市森林，创立公用绿地，建设环城绿带，开设观光景点，建立起人与自然、都市与农业高度统一和谐的生态环境，净化水质、土质和空气，为城市人创造一个优美的生存环境，减少（减轻）“水泥的丛林”和“柏油的沙漠”对都市人带来的烦躁与不安，真正起到“城市之肺”的作用，为市民制造氧气，为城市降温净气，提高市民的生活质量。同时农林牧副渔综合发展，多种作物实行轮作，也符合循环型经济发展规律，因此都市农业净化环境的机能是难以估量的，作用巨大。

(2) 增加景观功能：城市不仅需要有强大的物质力量，也需要有错落有致的景观。都市农业通过发展景观绿地，增加绿色植被以及创立市民农园、农业公园，成为城市重要的绿色屏障。在山区城市，体现绿化的是绿地、树林；而在平原城市，体现绿化的则是农业。如水稻田就是城市长期的、稳定的季节性湿地，是有生命的基础设施，也是城市的一大景观，农业是城市的背景和衬托，离开它，城市就会孤单。

(3) 防御灾害功能：都市人口密集，建筑物多而高，都市农业在城市中预留的农田在灾害发生时可起到适当疏散空间、减少（减轻）灾害的作用。即使一旦发生灾害，农地也可以用作暂时避难所。

此外，都市农业的农田，还可为未来都市进一步发展预留空间。

第三节　我国都市农业实践与发展

一、都市农业在我国的发展

1988 年，首次全国“都市农业研讨会”在北京召开，标志着我国开始了都市农业的理论研究活动。我国大城市进行现代都市农业的实践探索始于20世纪90年代初，形成了比较典型的上海模式和北京模式。

（一）上海市都市农业的发展

上海发展都市农业的定位是基于都市规模扩大，制造业逐步外移，城市环境质量恶化，农业发展面临发展与空间、发展与效益、发展与需求的矛盾而确定的。近几年来，上海在浦东孙桥、闵行马桥、宝山罗店、东海农场以及南江新场五处试点，应用高新技术构建设施农业，分别从荷兰、以色列引进了5套自控温室工程，采用无土栽培、天然雨水灌溉、电脑温控、园艺化生产等当今世界最先进的农业科学技术开展了以种苗工程、温室工程、生物疫苗和生物农药工程、绿色工程为主要内容的研发和建设，取得了很大的成果。

（二）北京市都市农业的发展

北京市明确提出要以现代农业作为“都市经济”新的增长点，功能定位为食品生产基地功能、生态屏障功能和休闲度假功能。北京的“都市农业”实验区分为生产区、储藏加工区、娱乐区、观赏区、高科技区，并且在日光温室建设方面、灌溉技术方面和测土配方施肥技术的应用方面取得了巨大的进步，为绿色的健康都市农业的建立迈进了一步。

（三）其他城市都市农业的发展

与此同时，其他城市，如南京、广州、天津、武汉、重庆等地也均在努力培育“都市农业”，南京市都市农业在突出生产功能的同时，重视强化和拓展生态、休闲两大功能。其中，休闲农业作为南京市都市农业发展的突破口，成效显著，2008年，全市休闲农业产值12.3亿元，农民来自休闲农业的人均收入达到167元。2008年，广州市都市农业总收入1 375亿元，同期增长10%，都市农业总产值1 080亿元，同期增长5%。其中，反映都市农业生产水平的特色农业产值和高新技术农产品产值分别达到129亿元和25亿元，分别增长3.2%和4.3%。

二、都市农业典型事例

（一）典型事例一：京津冀都市农业的发展现状与战略选择

1. 京津冀都市圈农业发展总体情况

京津冀都市圈农业布局基本形成以城市建设为核心，以农业的主导功能为依据，北京、天津、河北农业布局基本形成。北京市立足于“服务首都、富裕农民”的都市型现代农业定位，确定了“五个圈层”的发展布局。近年来，发展保护地栽培以推进设施农业的发展，发展外向型经济以推进创汇农业的发展，开发各种乡村旅游资源以推进旅游农业的发展，形成集生态农业、生活农业、生产农业于一体的都市农业格局，并依托其科技、人才优势不断辐射到天津、河北两地。天津依托其独特的区位优势和资源优势，积极转变传统的城郊型农业为都市型现代农业，大力发展沿海都市型农业，城市规模日益扩大、农村城镇化水平逐年提高、农业产业化水平不断提高、农村道路和通讯等基础设施不断完善。服务市民休闲游憩的功能还未充分发挥，市民对农业观光休闲的需求迫切，休闲观光农业方兴未艾。河北省依托产业、资源及独特区位优势，瞄准服务京津市场，大力发展“城郊—都市型”现代农业。如永清县已建设绿野仙庄、天圆山庄、民盛园等休闲观光采摘园10多个，带动当地百姓增收。

农业综合效益稳步提高近年来，以设施农业和休闲农业为代表的都市农业快速发展，农业基础设施不断完善、农业科技应用水平不断提高，推进农业规模化、专业化、标准化发展，劳动生产率和土地产出率也显著提高，带动京津冀地区农民收入快速增长。2012年，北京农业总产值395.7亿元，同比增长2.9%；天津农业总产值375.6亿元，同比增长3.2%。北京农民人均纯收入16 476元，增速较快，居全国前列；天津市全市人均可支配收入达到13 571元，同比增长14.1%，高于城市居民收入增幅的4%，创历史最高水平；河北省农民人均纯收入达到8 081元，同比增长13.5%，同样高于城市居民收入增幅。

农业与二三产业融合发展日趋明显。近10年，京津冀经济地区凭借区位优势和经济优势，加大科技投入，利用市场机制优化配置资源，发挥农业的多功能性，设施农业、创意农业、农产品加工业、观光休闲农业等都市农业产业发展壮大。依托城市广阔的消费市场和要素供给市场，农村、农业和旅游、文化联系得日益紧密，逐步形成独特的从田间到餐桌、从原料到成品、从生产加工到消费的产加销一体化经营、一二三产业融合发展的都市圈都市农业产业体系，城市之间的互动更加频繁，现代生产要素开始在行政区域间优化配置和流动。一方面，农业与加工业、物流业、服务业、旅游业等产业紧密联合在一起；另一方面，农业内部结构渐趋合理，不断由数量型农业向效益型农业转变，蔬菜及食用菌、瓜类及草莓等产业发展良好，供给量比较稳定，苗木、药材等新兴产业迅猛发展。以北京为例，到2012年，全市农业总产值为395.7亿元，其中，种植业166.3亿元，林业54.8亿元，牧业154.2亿元，渔业13亿元，服务业7.5亿元，分别占全市农业总产值的42%、13.8%、39%、3.3%、1.9%。

2. 京津冀都市圈农业产业发展现状

(1) 设施农业：设施农业是京津冀都市农业的重要组成部分。由于土地资源的制约，北京、天津大力发展设施农业，京津冀地区以节能型日光温室为代表的现代设施农业的生产规模和水平均居全国前列。由于区域优势，河北省的规模性特点较为突出。

北京市设施农业逐渐形成“以线为主，线面结合”的发展模式，按照“市场导向、突出主体，集约发展、农民增收，集成力量、整体推进”的原则，稳步促进设施农业的健康发展。主要形式是温室、大棚、中小棚。与2011年相比，北京市总设施农业面积有所减少的情况下，温室设施农业面积增加 470 公顷，大棚面积也增加 250 公顷，中小棚设施面积则减少 928 公顷；设施农业装备水平不断提高，带动设施农业收入增加 14% 左右。

天津市设施农业规模扩大迅速，生产效益显著提高。为推进设施的集中连片和规模化建设，各区县探索建立了互换、转包、转让、出租、入股等多种土地流转方式，初步形成一批集中连片的设施聚集区。而且有些聚集区已打破区县界限，规模化格局逐步形成。同时产业化、组织化水平显著提高。2008—2011 年，天津市投入近 200 亿元用于设施农业建设，建设 45 万亩高标准种植业设施生产基地、20 个农业园区、100 个现代畜牧业示范园和 55 个水产品养殖示范园，高标准设施农业面积达到 60 万亩，蔬菜设施化率达到 50% 。

河北省发展设施农业不仅能够满足农民增收需要，同时也是保障京津“菜篮子”安全的需要。河北省通过政策扶持，大力发展设施农业，重点加大蔬菜生产大县扶持力度，设施农业在 10 年时间由 500 万亩上升到 1 000万亩。2011 年高效设施农业总面积已经超过 1 000万亩，奶业通过三年整治新建和扩建规模奶牛养殖场 1 237个，数量超过前 10 年的总和，规模养殖比例达到 100% ，使得蔬菜、鲜奶、肉类、水产品总产量分别达到 7 560万吨、480 万吨、435 万吨和 106. 3 万吨，河北省用不到 10% 的耕地面积提供了近七成的农业产值，发展设施农业是河北省农业结构深度调整的一个重要发展方向。

（2）农产品加工业：近年来，京津冀农产品加工业企业逐渐规模化发展，盈利能力显著提升，产业形态基本形成，集群效应日益凸显，并且形成了众多知名品牌，从原料基地、科技推动、产业化经营等方面实力都呈现稳步提升的态势，产业发展内在动力增强。京津两地依托其聚集资源的优势，吸引农业企业入驻；河北省充分发挥劳动力和土地优势，吸引农产品加工企业伴随一批农产品加工科研项目落户园区、进驻小城镇。

2013 年，北京市共有各类农业龙头企业 204 家，固定资产 11 058 515万元，销售收入35 952 059万元，净利润804 598万元，出口创汇 183 319 万美元，上缴税金 1 226 552 万元。销售收入 100 亿元以上的龙头企业 7 个，销售收入 50 亿元以上的龙头企业 8 个，销售收入 30 亿元以上的龙头企业 12 个，销售收入 10 亿元以上的龙头企业 21 个。

2012 年，天津市共有农业产业化龙头企业 440 家，涉及肉类、奶制品、水产品、蔬菜和果品等加工企业，其中，年销售收入超过 1 亿元的企业达到 40 家，市级及市级以上农业产业化重点龙头企业 152 家，其中，国家级重点龙头企业 19 家。

2008 年，河北共有农产品生产（加工）基地 505 个，年产值 14 866 893万元，加工增值 88.9%。全省市级以上农业产业化重点龙头企业达 2 033家，其中，国家级龙头企业 32 家，省级重点龙头企业 300 家；龙头企业年销售收入达到 1 910亿元，年销售额亿元以上的企业达到 189 家；龙头企业出口总额达 7.85 亿美元，利税总额 112 亿元，一批重点龙头企业已经跻身全国同行业前列。形成大名面粉加工、隆尧食品加工、赵县淀粉加工、清河羊绒（毛）加工、高阳纺织品加工、蠡县毛纺加工、辛集皮革加工、廊坊肉类加工、枣强皮毛加工、石家庄乳品加工等十大农产品加工产业集群，这些加工企业也成为河北省政府近年来的重点扶持对象。

（3）现代种业：2010 年中央农村工作会议上提出，要加快种业科技创新，做大做强民族种业。2012 年中央一号文件提出“科技兴农、良种先行”，进一步凸显种业基础性、战略性地位。经过不断努力，京津冀现代种业取得长足进步。北京定位“全国种业之都”，种业引领全国，天津种业快速发展，河北省则加快与北京科技企业、科研院校合作，建立籽种研发基地，籽种产业逐渐成为其现代农业发展重要内容。

北京从 20 世纪 70 年代末开始发展籽种产业，凭借得天独厚的科技、市场、信息、人才等优势，已基本确立全国种业“三中心一平台”的地位。科技创新中心，拥有研发机构 80 多家，每年引育农作物新品种约占全国 20%，保存国家级种质资源 40 万份，居世界第二位；企业聚集中心，是国内种业企业聚集密度最大地区，籽种经营企业 1 365家，其中部级发证 28 家，占全国 11%；交易交流中心，2011 年北京种业销售额达到 83. 38 亿元。搭建种业发展综合服务平台，辐射、带动效应显著增强；初步搭建起农作物品种试验展示网络框架，成为全国种业创新孵化和展示基地。

天津市依靠雄厚的育种科研实力，取得一批在国内处于领先水平的科技成果，试验、示范、推广一大批适应性强、丰产高效的新技术、新品种，同时积累丰富的品种资源材料。目前已形成蔬菜、畜牧、水产、农作物和林果等五大优势种业格局。天津市种业企业迅猛发展，截至 2010 年年底，农业种业企业共有 239 家，苗圃3 178处，种业产值为24. 05 亿元。其中，主要从事农作物及蔬菜种业持证企业共有 93 家，包括外资企业 1 家，内资企业 92 家，企业产值 4. 5 亿元；畜禽良种繁育场 45 个，种业产值 10. 4 亿元；水产苗种繁育企业 49 家（其中，海水苗种繁育企业 44 家，其他苗种企业 5 家），种业产值 1. 4 亿元；林业共有苗圃 3 178处，产值约 3. 85 亿元。

河北省依托农业园区，在现代种业方面显现出与北京合作的强劲趋势。2012 年，国家现代农业科技城良种创制中心河北良种创制基地在邯郸市漳河生态科技园区建成。北京大北农科技集团股份有限公司以推进籽种产业的创新与进步为目的，与河北玉田县合作在河北唐山国家农业科技园区建立农作物分子育种中心和作物分子育种田间试验基地。

（4）休闲农业：京津冀都市圈拥有发展休闲农业得天独厚的区位优势、资源优势、文化优势以及市场优势。总体来看，北京休闲农业的发展相对于天津和河北有较大优势，天津发展好于河北，京津等地乡村旅游发展很快，其产品规模、档次、品牌和市场成熟度远高于河北省，对河北省休闲农业发展形成了竞争性抑制和区域性屏蔽。虽然河北总体上略差于北京和天津，但是河北的石家庄和承德休闲观光农业发展迅速。

北京都市型现代休闲农业利用田园景观、自然生态及环境资源、农村设备与空间、农业生产场地、农业产品等直接可利用资源及农村人文资源等，在设计创新的基础上，发挥农业和农村的休闲旅游功能。北京休闲农业主要体现在农业观光园和民俗旅游业两大业态。

北京市民俗旅游是乡村民俗与旅游的有机结合，是文化和生活的复合体，是一种高层次的文化旅游，是都市型现代农业的重要形式之一。2008—2012 年北京从事民俗旅游实际经营接待户数呈减少趋势，但是民俗旅游接待人次逐年增加，民俗旅游总收入也呈现增长趋势。

2010 年以来，天津市休闲农业在产业规模和产业效益方面都呈现良好的发展趋势，其产业类型也是丰富多样，区域布局趋于合理，品牌影响力不断提升。

2012 年，河北省共有国家级休闲农业与乡村旅游示范县 3 家、示范点 31 家，年接待人数 4 000万人次，总收入突破 100 亿元，年均增长 25% 以上。休闲农业与乡村旅游的快速发展，有效拓展“三农”空间，增强乡村经济实力，带动农村基础设施建设，更新农民思想观念，带动农民就业致富增收。河北省有 400 个乡镇和 1 800个村落开展乡村旅游，带动村民直接就业 15 万人。71 个省级以上乡村旅游示范点，年农民人均纯收入达到 7 000元，是全省平均水平的 1.8 倍。

（二）典型事例二：河北省张家口市高新区依托优势发展都市农业

随着城市化进程的不断推进，张家口高新区现代都市农业也悄然兴起，以蔬菜和花卉苗木为主的园艺特色产业和以旅游观光、休闲体验、生态餐饮为代表的生态旅游观光农业迅速发展壮大。每年向中心城区供应各类蔬菜 5 万吨，花卉 400 万株，吸引 20 多万城市居民观光旅游。

高新区以城郊农业作为突破口，以建设农业园区为抓手，大力发展特色农业，蔬菜种植面积达到 2 万多亩，创新性地推广“农超对接、农校对接、农厂对接”等新型产销模式，构建农产品从生产基地到餐桌的产销一体化链条。目前已与超市发、福隆等 5 家超市、蔬菜市场和 3 个镇的商贸连锁店建立了农产品直销合作通道。

通泰花木基地、流平寺村兰花基地、宏雨花卉种植专业合作社等花卉基地，每年为主城区供应各类花卉 400 万株。通泰花木基地不仅带动了周边区域的花木产业发展，还推动了以休闲、观光农业为主要内容的旅游业的发展。该区还依托明湖、市民广场、体育公园等景点，新建了沿河环湖农家乐特色餐饮 20 余家，特色采摘基地 4 个，200 余名农民实现了就地就业，每年接待游客 20 多万人次。

三、都市农业发展存在的问题

（一）认识误区与重视不足

对都市农业的主观认识上，存在误区。现有的都市农业理论，大多以都市的发展需要为中心，认为都市农业应当是服从、附属于都市的农业，这在实践中表现为强调它对城市副食品供应保障、城市生态屏障的作用，而忽视了郊区县自我发展的规律和要求。我国政府对农业的投资总量逐年大幅度增长，但从我国农业投资占全社会固定资产投资的比例来看，比重却在下降。目前我国农业科研经费占农业总产值比重不到 0.1%，农业技术推广费用占农业总产值比重不到 0.2%，这不仅低于发达国家水平，也低于发展中国家平均水平，科技投入不足。加之市场体系的不完善、农业资源的流动性较差，在这种条件下，要进一步发展以

知识、技术和产业化为特征的都市农业，难度可想而知。

（二）市场扭曲与功能错位

高新技术是都市农业发展的必然要求，但不是本质特性。如今全国各地兴建农业高科技园区，将都市农业的经济导向功能放在首位进行招商引资，但这并不是市场机制、竞争优势的体现。在都市农业的发展过程中，农业产品生产的经济功能不是主要功能，农业开发区的建设应该是生态、经济、文化等多种功能并重的，有时甚至经济功能应让位于示范性功能、生态保障和文化传播等社会功能。实践中，并没有几个真正具有巨大经济效益和社会效益的都市农业高科技园区，相反，这往往会导致农业经营中的短期行为，如经营者忽视农业基础的长期投入、快速耗尽土地肥力等，甚至出现类似广州“庄园”投资的诈骗现象。这在某种程度上造成了都市农业的市场扭曲，脱离了我国的现实需要。在主导功能的发挥上，许多城市一味地将旅游观光休闲功能作为都市农业的发展重点。而无论是从自然资源基础还是从城市居民持续性消费需求来看，目前我国能够实现这种功能的地区并不多，旅游观光休闲农业收入在农业收入中的比例也不可能超过农产品经济功能所带来的收入，旅游观光休闲业不可能成为都市农业的主体。因此，目前我国对都市农业的功能定位上存在错位现象。

（三）发展资源有局限性

第一，都市农业的发展缺乏获取土地途径的有限性。城市化的发展和城市的扩张是以未利用地和农用地转换为城市建设用地为特征的。因此，城市土地利用规划往往不会预留都市农业用地，导致许多自给型的都市农业用地都属于非法用地。第二，都市农业基础设施不足尤其是农业所需水源不足。政府在投资基础设施建设时往往会优先发展人口密度较高的地区，导致分布在人口密度较低地区的都市农业在道路、交通、能源等基础设施方面的缺失。第三，都市农业的有效人才供给不足，科技推广难。农村的科技人员特别是会计师、农艺师等实用技术人才短缺，许多农民竞争意识、法制意识过于淡漠，这些都导致了都市农业所需劳动力得不到有效供给。第四，缺乏有效的市场机制和充足的资本供应。一方面，在现有的农村土地制度下，没有形成土地或土地使用权市场，农业经营领域的自由竞争和破产兼并机制几乎不存在，使具有规模效益的都市农业难以在竞争中形成。另一方面，现行信贷制度垄断性、僵化性和歧视性，限制着对都市农业发展的资本供应，使都市农业发展起步困难。原有的农村金融（信用社）经营水平不高，服务落后，信用担保机制不健全，难以满足农村地区发展都市农业的金融需求。

（四）缺乏规划和扶持

目前我国都市农业缺乏统一规划、统筹不足，通常表现在都市农业发展过程中种植业结构雷同，聚集开办各种观光农园，把农业观光区变成度假区；园区缺少规划设计，园区建设和布局杂乱，园区间协调性差，配套缺乏以及没有整体性等。目前，我国还没有一个专门的部门对城市农业进行监督和管理，因此职责不清和监管不力的现状使得都市农村的发展和运营有些混乱。此外，农民的组织化程度较低，农产品产销脱节，真正的农民的专业合作化经济组织不健全，在培训和推广、信贷、市场销售及建立小企业等方面缺乏政府的扶持和指导，尤其是缺乏针对性的适合都市条件下的农业生产技术指导。

四、规范发展我国都市农业的对策建议

（一）加强政府规划与扶持

目前我国都市农业还处在发展初期，需要政府的引导与规划。实行行政干预与超前引导相结合、利益牵动和积极引导相结合、完善运行机制与强化约束机制相结合的办法，抓好龙头企业，发挥其联动效应带动农民进行生产经营。同时，也可用政策

宣传、信息服务等手段加强引导，使农民自觉参与到都市农业的运作中来。另外，都市农业中对道路、灌溉设施、水资源等共有财产的要求较高，而农户作为理性经济人，在追求个人利润最大化的同时，造成这些产品配置低效率。这就要求政府对都市农业微观主体进行卡尔多补偿，弥补社会效益和私人效益之差，把都市农业与工业反哺农村结合起来，加快农村和农业基础设施建设，增加对农业发展的投入和扶持。

（二）建立多元化的投、融资体系

都市农业是资本有机构成较高的产业，单纯依靠农民很难完成资本积累的过程，需要动员各方力量，逐步建立起政府投入为先导、企业和农民投入为主体、信贷投入为驱动力、外资投入为补充的多渠道、多层次、多元化的都市农业投资、融资体系。政府支农资金在增加总量的同时，应进一步优化资金投入使用结构。制定优惠政策，鼓励社会资金参与都市农业开发，鼓励个人投资，高等院校和科研院所可以技术入股。与此同时，进一步扩大对外开放力度，吸引外商独资或合资参与都市农业建设，大力吸引外国资金、技术和人才，积极促进投资的多元化。金融部门可会同有关部门制定信贷资金支持都市农业的具体办法，如建立企业信用互助联户担保体系，解决都市农业运转、发展所需资金。

（三）完善都市农业的高新技术产业化机制

在都市农业经营过程中，有关部门应进一步完善产业化利益调节机制，探索在龙头企业、基地和农户之间形成“利益均沾，风险共担”的利益共同体机制和办法，保护农民利益。其关键是要健全产业化经营的约束监督机制，强化合同监督，规范产业化各市场主体的经营行为。另外，构建都市农业科技创新体系，包括高效的科研机制、科技推广机制、科技产业化运行机制和风险控制机制等。建立政府支持与市场导向相结合、技术供给与需求双向互动、农科教结合、科技链和产业链联动的农业技术创新模式；同时，组建各种技术创新组织，加快创新成果实用化、产业化。

（四）实现多功能经营模式

过于偏重观光旅游功能的运营模式，设施人工化、活动商业化、游客周期化情况较为突出，不利于都市农业的持续发展。在都市农业化的发展中，应鼓励发展以生产功能为主、兼生态科教、服务就业等功能为一体的都市农业模式。例如，以农业资源高效利用和农业生态环境保护为目的，综合应用种子工程、平衡施肥工程、精确灌溉技术等高科技的精准农业模式。围绕都市农业的多功能性进行农业经营模式的转换，一是要改善种植业的内容和结构，注重土地的可持续发展；二是突出资源禀赋优势，整合各区域间都市农业发展战略，融合成为一个有机的统一体；三是要加快农业关联部门的发展步伐。加强农业信息化建设，建设起覆盖全国的、信息面广、辐射能力强的都市农业信息系统；发展农产品加工配送中心，提升产销地农副产品批发市场。

（五）发展合作经济组织

合作制经济是加快发展都市农业的重要途径。合作社按产业化组织生产，引导农民进入市场，是农业现代化建设的重要内容。目前，要在不动摇家庭联产承包责任制的前提下，坚持自愿、互利、民主、服务的原则，组织农民参与兴办各种类型的合作经济组织。一方面以现有的龙头企业为依托，吸收农民入股、入社，组成与龙头企业连心、连利、连风险的合作经济组织；另一方面以供销社为依托，加强专业合作社建设，建立新型的合作关系。

第三章　生态农业

第一节　生态农业的内涵及特征

一、生态农业的内涵

“生态农业（Ecological Agriculture）”一词最初是美国土壤学家 W. Albreche 于 1971 年提出的。这一术语同 20 世纪 70 年代美国和西欧发达国家提出的多种替代农业一样，最初只是针对西方现代“石油农业”或”工业式农业”对资源和生态环境产生破坏的问题提出的，是替代农业中的一种类型。同期，国际学术界出现“诸子百家”的局面，出现的替代类型多达数十种，生态农业、生物农业、有机农业、自然农业等类型在世界各地至今仍然拥有自己的研究阵营和试验基地。William Albreche 认为施用有机肥，有利于建立良好的土壤条件，有利于作物健康；少量施用化肥，对作物营养有利，但不能使用化学农药，因为在达到杀虫浓度时，它已对环境造成污染。1981 年，英国农学家 M. K. Worthington 对“生态农业”提出了新的认识。她认为生态农业是生态上能自我维持、低输入，经济上有生命力，在环境或伦理和审美诸方面不产生大的、长远的及不可接受的变化的小型农业系统。主张“尽量”施用有机质肥料，在“自然”状态下种植、养殖；主张“尽量”利用各种可再生能源的外部“低输入”，但并不拒绝使用农业机械。

由于“生态农业”一词是从生产系统的角度提出的，从农业生物与环境之间的相互关系上定位命名，又与“生态环境”在词义上相关联，其概念具有较强的时代性、系统性和广泛性，因而，受到越来越多的学者的重视和接受。在 20 世纪 70—80 年代至今，世界上大多数国家的学者均进行了研究和试验，生态农业得到了广泛认同。一些学者建议：不论是美国的生态农业、有机农业，欧洲的生物农业、生态农业、生物动力农业、低投入农业、超石油农业等，还是日本的自然农业等替代农业类型，在内涵上和做法上均无本质的差别，可以统称为生态农业。其共同的特征是：第一，发达国家的替代农业类型都是针对常规石油农业带来的资源与环境问题而提出的，实施替代农业的首要目的都是为了减缓和解决资源和环境问题；第二，在做法上都非常注重农业生态系统的保护，以有机物还田和作物轮作为基础，倡导豆科植物、绿肥和秸秆还田，对病虫草害主张采用生物防治，禁止使用或少用人工化学制品，如农药、化肥、激素类等，主张低投入以减少能耗，降低成本。

1980 年，在宁夏银川召开的全国农业生态经济学学术讨论会上，指出生态农业是我国实现农业现代化的重要战略思想。1981 年，我国著名农业经济管理和生态学家叶谦吉发表了“生态农业决策分析”一文，提出建设中国特色的生态农业；1983 年，石山、杨廷秀等学者发表了“生态问题与开创农业新局面”一文，提出了建设中国生态农业的设想。之后，“生态农业”的概念在学术界广为讨论，并引起我国政府的高度重视。

绝大多数学者赞同和倡导在我国发展生态农业，认为生态农业在我国大有可为，发展生态农业对荒漠化治理、脱贫致富、食品安全、资源合理利用、土壤质量变化及应对加入 WTO 和农业生态环境建设等具有直接作用和重大意义。也有的同志对其有一些不同看法，认为中国生态农业与国外生态农业不同，我国生态农业相关概念和内涵不清，容易造成混乱，加上技术疲软，又缺乏自己的理论体系，不应盲目倡导。这种争论大大促进了生态农业朝着既适合我国国情又不断完善自身的方向演化，促进了中国生态农业的健康发展。

在生态农业的概念与理论支撑体系问题上，大家的看法很多，讨论更为热烈。总体上表现为由简单化向综合化发展的过程。有人简单地把这一过程归纳为几个相关的发展阶段：即“生态农业 = 生态 + 农业”“生态农业 = 生态 + 农业 + 经济”“生态农业 = 生态 + 农业 + 经济 + 工程”。这实际上反映了中国生态农业的概念、内涵不断完善、深化和不断适合中国国情的发展过程，这符合新生事物发展的一般规律。中国生态农业的理论体系也正是在这一过程中逐步发展成熟的。

目前较一致的看法是：生态农业是把农业生产、农村经济发展和生态环境治理与保护、资源培育和高效利用融为一体的新型综合农业体系。它以协调人与自然关系，促进农业和农村经济社会可持续发展为目标，以“整体、协调、循环、再生”为基本原则，以继承和发扬传统农业技术精华并吸收现代农业科技为技术特点，强调农林牧副渔大系统的结构优化，把农业可持续发展的战略目标与农户微观经营、农民脱贫致富结合起来从而建立一个不同层次、不同专业和不同产业部门之间全面协作的综合管理体系。显然，中国生态农业是建立在生态学原理基础之上的集经济科学、系统工程等学科的方法与理论于一体的具有中国特色的农业生产体系。卢永根院士和著名生态学家骆世明教授提出凡是把生态效益列入发展目标，并且自觉地把生态学原理运用于生产之中的农业，都可以称为生态农业。

20 世纪 80 年代中期以来，在一批科学家的积极推动、各级政府的大力支持和广大农民的积极参与下，具有中国特色的生态农业建设轰轰烈烈地开展起来，形成了一大批技术、模式与示范推广基地，诞生出一批样板与典型，对我国农村经济和农业的发展起到了重要作用。与此同时生态农业的概念与内涵也不断得到发展与完善。

二、生态农业的特征

生态农业是向着健康、环保、安全方面发展的新型农业，它通过生态与经济的良性循环，对各类农作物进行综合搭配，有效利用农业资源，最大限度的减少农业资源消耗，防止生态环境污染。与传统农业相比，生态农业主要有4个特点。

1. 综合性

生态农业强调发挥农业生态系统的整体功能，以大农业为出发点，按“整体、协调、循环、再生”的原则，全面规划，调整和优化农业结构，使农、林、牧、副、渔各业和农村一二三产业综合发展，并使各业之间互相支持，相得益彰，提高综合生产能力。

2. 多样性

生态农业针对我国地域辽阔，各地自然条件、资源基础、经济与社会发展水平差异较大的情况，充分吸收我国传统农业精华，结合现代科学技术，以多种生态模式、生态工程和丰富多彩的技术类型装备农业生产，使各区域都能扬长避短，充分发挥地区优势，各产业都根据社会需要与当地实际协调发展。

3. 高效性

生态农业通过物质循环和能量多层次综合利用和系列化深加工，实现经济增值，实行废弃物资源化利用，降低农业成本，提高效益，为农村大量剩余劳动力创造农业内部就业机会，保护农民从事农业的积极性。

4. 持续性

发展生态农业能够保护和改善生态环境，防治污染，维护生态平衡，提高农产品的安全性，变农业和农村经济的常规发展为持续发展，把环境建设同经济发展紧密结合起来，在最大限度地满足人们对农产品日益增长的需求的同时，提高生态系统的稳定性和持续性，增强农业发展后劲。

三、发展生态农业的重要意义

我国农业的发展要越过资本主义国家曾经历过的石油农业的道路进行生态农业的建设，这对于我国解决“三农”问题，推动现代农业和农业可持续发展有着十分重大的现实意义，这主要表现在以下几个方面。

1. 有利于加快农村经济繁荣发展

从生态农业的内涵和特征分析得出，生态农业要求调整农业内部结构，实行以一业为主，多业结合，农、林、牧、副、渔全面协调发展，不断调整农业生态系统的空间结构，模拟生态系统的“链网”现象，不断调整农业生态系统的时间结构，充分利用时间，合理配置农业生物资源，因而能大大提高劳动生产率、土地利用率、土地生产力和资源利用率，大大提高经济效益，促进农业和农村经济发展。1993 年“第一次全国生态农业县建设工作会议”上选择的 51 个试点县，经过 5 年的试点，51 个县的国内生产总值、农业总产值和农民纯收入由 1990—1993 年的平均年增长 3.7%、2.7% 和 3.5%（分别比全国同期平均水平低 3.2%、1.1% 和 1.4%），提高到 1994—1997 年的平均年增长 8.4%、7.2% 和 6.8%（分别比全国同期平均水平高 2.2%、0.6% 和 1.5%）。在生态农业试点建设期间，51 个县的肉类总产量和奶类总产量年平均增长率（11.7%，30.4%）分别达到和明显高于粮食增长率。肉类和奶类的增长是生态农业建设调整农业生产结构，实现资源优化配置的成果。从上述理论和现实两方面来看，生态农业能有力地推动农村和农业经济发展和繁荣。

2. 有利于开发和利用农业资源

提高农业生产的综合效益是实现农业持续、稳定、协调发展的战略措施。发展生态农业，可以避免掠夺式经营和滥用、浪费资源的现象，对农业的可更新资源给予增值和永续利用，对不可更新资源给予保护和节制利用。生态农业能大大提高劳动生产率、土地利用率、土地生产力和资源利用率，从而能大大提高经济效益，满足人们对农产品不断增长的需要。因此，生态农业的发展不仅促进生态良性循环，为农业发展创造良好的生态环境，同时也必将促进整个国民经济的全面发展。从另一方面来说，发展生态农业，能更快地推动绿色食品开发。21 世纪是一个“绿色”世纪，随着人们环保意识的增强，价值观念的转变，崇尚自然、注重安全、追求健康的思想将首先影响人们的消费行为；在国际贸易领域，对食品卫生和质量监控越来越严，食品生产方式及其对环境的影响日益受到重视，因而开发绿色食品成为一种趋势。生态农业注重环境的保护和建设，这既可以消除常规农业的一些负面影响，为发展绿色食品开发创造了良好的生态环境前提条件，又为绿色食品的开发提供了有力的技术支持，因此，生态农业建设是开发、生产绿色食品的有效方式和途径。

3. 有利于保护和改善生态环境

生态农业立足于全部土地和光温水等自然资源的合理开发利用，要求发展生态农业地区的林木要有一定的比例成片林、农田林网、道旁绿化等，从而增加森林覆盖；要求采取生物、水利工程或耕作制度变换等措施控制水土流失；建立基本农田保护区，保护耕地，用地养地结合、秸秆还田、增施有机肥等，加强中低产田改造要与土地利用总体规划相结合，保护土地资源；要求将自然资源特别是生物资源转化成饲料、肥料及燃料，也就是要提高农业系统内部资源的利用率，尤其是有机废弃物资源如秸秆畜粪便的利用率，减少对外投入的依赖，减少农业生产过程中的污染，减少化学农药的使用量。可见，生态农业对农业和农村生态环境给予了足够的重视。在我国，经过多年的生态农业建设，试点地区的农业和农村生态环境得到了较大的改善。农业生态环境得到改善，对于农业生态旅游是一个极大的推动和促进。农业生态旅游是一种以保护自然生态环境为基础，以开发田园旅游资源为重点，把农业与旅游业结合在一起的一种新兴产业，它不仅具有生产性功能，还具有改善生态环境质量，为人们提供观光、休闲、度假的生活性功能，是一种以农业和农村为载体的新型生态旅游业。随着人民生活水平的提高，闲暇时间的增多，生活节奏的加快以及竞争的日益激烈，在喧闹纷扰的城市环境中较少享受到清新空气和开阔视野的人们渴望多样化的旅游，尤其希望能在典型的农村环境中放松自己，农村的生活环境和自然风光越来越成为城市居民的一种追求。生态农业则是在运用资源利用、农业环境保护和污染治理等生态农业技术对农村的农田、旱地、果园等进行科学性地建设的过程中，对天然林地、草地、地形地貌等自然景观以及大气质量、水质量、气候条件等要素产生良性循环的影响，同时也产生出许多美丽的自然、丰富多彩的田园景观，这些组合成为农业生态旅游的旅游资源核心。

4. 有利于农民增产增收

当前解决“三农”问题的关键是怎样使农民增收，而生态农业是实现农民增产增收的有效途径。生态农业是促进物质在系统内部的循环利用、保护农村生态环境、维护农业生态平衡的可持续发展的农业，是一种农、林、牧、副、渔各业组合生产及其产品加工业的综合大农业。目前，在农民收入提高缓慢的情况下，如何充分、合理利用自然资源，持续、稳定地发展农业生产，增加农民可持续收入，同时又保护和改善农村生态环境、维护农业生态平衡，已成为当前我国加入 WTO 后，我国农业发展的重大问题。实践证明，传统农业解决不了这一问题，石油农业虽使农业的生物学产量大为提高，但给农业环境带来的问题在某些方面更为严重。而只有发展生态农业，才是农业发展和乡村建设、农村环境保护的正确道路，才是稳定农民可持续增产增收的保证。据报道，近年来，广西省灵山县陆屋镇把沼气建设作为推进新农村建设的重要内容来抓，帮助农民大力发展沼气池建设，着力改善了农民的生产生活。该镇采取“养殖 + 沼气 + 种植”的生产发展模式，引导农民通过沼气池建设，利用沼液发展种植蔬菜、水果、甘蔗和养鱼等，大力发展生态农业，成为该镇新农村建设的一个亮点。目前，该镇已建设沼气池达 4 650多座，沼气池建设切实推动了该镇生态农业的发展和农业增产、农民增收，进一步净化了农村环境，改善了农民的生活条件。该镇企石村种养大王陈平承包了一个水库和果山 100 多亩搞起了立体养殖业，每年养猪 40 多头，养鸭 20 000多羽。过去其每年花在购买肥料和柴草的费用达 2 万多元。自从建了沼气池后，利用沼气烧火，沼液作肥料每年就等于多赚了 2 万多元。因而，发展生态农业是农业增产、农民增收的重要途径。

同时，大力发展生态农业，还能有效扩大农村剩余劳动力就业门路，从而为农民增产增收、发家致富提供另外一种途径和方式。对我国农村的剩余劳动力而言，实施生态农业具有重大现实意义，因为生态农业扩大了农业的内涵，为农村劳动力提供了更多的就业门路。比如生态农业强调物质、能量的多级循环、深层次开发利用，必然会派生一系列新的产业，而且具有劳动力集约的鲜明特色。又如饲料产业、再生肥料和商品有机肥产业、食用菌产业、生态工程技术服务产业、农副产品深加工产业、农业废弃物综合利用和可再生能源产业等，这些新兴产业和特色产业能极大限度以吸收劳动力资源，有效地扩大农村劳动力就业门路，保障农村社会稳定。近几年来，我国生态农业在有机废弃物综合利用技术组装方面的创造，特别是南、北方“猪—沼—果”和“四位一体”两大基本模式的形成，派生出了一系列新的产业，这就为农村剩余劳动力创造了新的就业机会。

第二节　生态农业的基本理论、模式及技术体系

一、生态农业的基本理论

生态农业是一个融自然、经济、社会于一体的综合生产体

系，它注重系统内部各组成部分之间的协调和系统水平的最适化，注重系统的稳定性，以最小的成本获得最大的经济、生态和社会效益，因此，它需要一个科学完整的理论体系于以支撑，实现其目标的指导思想。

1. 生态效益与经济效益统一原理

生态农业是人类的一种经济活动，目的是为了增加产出和经济收入，而在生态经济系统中经济效益和生态效益的关系是多重的，既有同步关系，还有背离关系，还有同步与背离相互结合的关系。在生态农业中，为了同时取得高的经济效益和生态效益，就必须遵循：①资源合理配置原则，应充分合理利用国土，这是生态农业的一项重要任务。②劳动力资源充分利用原则，在农村生产劳动力大量过剩的情况下，一部分农民从事农产品加工、农村服务业与土地分离。③经济结构合理化原则，既要符合生态要求，又要适合经济发展和消费的要求。④专业化，社会化原则，生态农业只有突破了自然经济的范畴，才可能向专业化和商品化过渡。

2. 生物与环境协同进化原理

生态系统中的生物和环境不是孤立存在的，生物与环境的关系是生态系统中最基本的关系，二者是不可分割的统一体，它们之间有着密切的相互联系和复杂的物质、能量交换关系。环境为生物的存在提供了必要的物质条件，生物为了生存和繁殖必须从环境中摄取物质与能量，如空气、光、水分、热量和营养物质等，与此同时，在生物生存、繁殖和活动过程中，也不断地通过释放、排泄及其他形式把物质归还给环境，环境影响生物，生物也影响环境，而受影响改变的一方又反过来影响另一方，如此反复进行从而使两方不断地相互作用、协同进化。生态农业利用这一原理，充分利用具体生态环境条件，安排适当的生物种群，以获得较高的生产力和收益。

3. 生物之间链锁式的相互制约原理

生态系统中的众多生物通过食物营养关系相互依存、相互制约，例如从绿色植物到食草动物再到食肉动物，通过捕食与被捕食的关系构成食物链，多条食物链相互交错、连接构成了复杂的食物网，由于它们相互连接，其中一个链节的变化都可能影响其他的链节，甚至会影响到整个食物网。在生物之间的这种食物链关系中有着严格的量比关系，处于相邻链节的生物，在个体数目、生物量上均有一定比例，通常前一营养级生物能量转化成后一营养级生物能量的比例为 10：1。中国生态农业遵循这一原理巧接食物链，能最大程度挖掘资源潜力。

4. 能量多级利用与物质循环再生原理

生态系统中的食物链既代表了能量的流动、转化关系，也代表了物质的流动、转化关系，从经济上来看还是一条价值增殖链。根据能量物质逐级转化 10：1 的关系，食物链越短、结构越简单，它的净生产力越高。在农业生态系统中，由于人类对生物和环境的调控及对产品的期望不同，必然有着不同的表现和结果，例如对秸秆的利用，直接返回土壤的话，它经过很长时间发酵分解才能发挥肥效，参与再循环，而如经过糖化或氨化过程使之成为家畜饲料，利用家畜排泄物培养食用菌，生产食用菌后的菌糠又用于繁殖蚯蚓，最后将蚯蚓利用后的残余物返回农田作肥料，使用于生物食物和排泄未能参与有效转化的部分能得到利用、转化，从而使能量转化效率大大提高。

5. 结构稳定性与功能协调性原理

自然生态系统中，经过长期的相互作用，在生物与生物、生物与环境之间，建立了相对稳定的结构，具有相应的功能。生态农业要提供优质高产的农产品，必须建立稳定的生态系统结构。为此，要遵循：①发挥生物共生优势原则，如利用蜜蜂采蜜和传授花粉的优势，把果树栽培与养蜂结合起来，以及稻田养鱼，鱼稻共生，都可以在生产上和经济上起到互补作用。②利用生物相克以趋利弊害的原则，如利用猫来治理田间鼠害。③利用生物相生相养的原则，如利用豆科植物的根瘤菌固氮、养地和改良土壤结构等。这种生物与生物、生物与环境之间相互谐调组合保持一定比例关系而建成的稳定性结构，有利于系统整体功能的充分发挥。

6. 整体性原则

系统是由若干要素组成的具有一定新功能的有机整体，各个作为系统子单元的要素一旦组成系统整体，就具有独立要素所不具有的性质和功能，从而表现出整体的性质和功能不等于各个要素的性质和功能的简单加和。生态农业系统中各组成部分具有其独立的功能，但是这些部分之间的互动，又将这些功能实现整合优化，使得整体效益大于各部分功能之和。

7. 限物因子原理

一个生物或一群生物的生存和繁荣取决于综合的环境条件状况，任何接近或超过耐性限制的状况都可以说是限制状况或限制因子。比如地球温度升高，导致一些生物必须改变其生存的方式。生态农业可以利用这一原理，规范各种生物的生长，优化各种资源的配置。

8. 生物链原理

指的是由动物、植物和微生物互相提供食物而形成的相互依存的链条关系。生物链技术，就是依据生态学原理，按照经济规律，以沼气、微生物、生物技术为纽带，将种植和养殖、新能源开发和环境保护各项技术有机地结合起来的一项新技术。它科学地利用生物间机能，寻求最佳模式，充分提高资源转换和能源使用率，挖掘物质的潜在能量，以最小的投入从而获得经济、能源、环保最大的综合效益。这是一项创造良性农业生态模式的系统工程项目，也是探讨生态农业领域的一个有益的尝试。

二、生态农业的模式

生态农业是在适应农业可持续发展战略与持续农业基础上发展起来的，它是以农业资源的合理利用、农业生态环境的有效保护为目标的高效、低耗、低污染的农业发展模式。随着世界经济的快速发展及人口的剧增，人类社会对资源需求也在不断增加，从而导致各种资源利用的冲突，出现了资源环境退化、环境质量恶化、经济收益减少等一系列问题。为此，在持续农业思想的指导下，各种生态农业模式在我国迅速发展，成为中国农业可持续发展的途径。

（一）生态农业模式的概念

根据我国生态农业模式的特色，将我国的生态农业模式概括为以农业可持续发展为目的，按照生态学和经济学原理，根据地域不同，利用现代技术，将各种生产技术有机结合，建立起来的有利于人类生存和自然环境间相互协调、实现经济效益、生态效益、社会效益的全面提高和协调发展的现代化农业产业经营体系。

（二）生态农业的模式

由于农业系统及其组成要素的多样性和复杂性，目前尚无统一的分类体系。对生态模式分类往往根据研究内容的需要，从生态、经济条件，结合当地的生产实际进行因地制宜地划分。

目前我国生态农业模式主要根据区域规模、自然和社会经济条件以及主产品或主要产业 3 种分类标准加以划分。

根据生态农业建设的区域规模或行政级别划分，如生态农业市、生态农业县、生态农业乡、生态农业村以及生态农业户等；按产业分有生态渔业、生态林业等；按自然地理条件和社会经济状况划分，可划分成平原型、山区型、丘陵型、水域型、草原型、庭院型、沿海型及城郊型等；按其功能分有水、土、林、田结合治理模式；按主要产品或主要产业划分，可划分成综合型和专业型；专业型以一种主要产品或产业为主，而综合型至少强调两种或两种以上的产业或产品。

另外结合特定区域的特点可进一步的具体划分。如赵秋义等人，将生态农业模式归为类生态食物链模式、生物共生互惠模式、立体经营模式、生态农业工程模式、农村能源合理利用模式和乡镇企业生态工程模式等；孙鸿良结合模式所遵循的生态学原理将中国生态农业的主要种植模式划归为种类型南方稻田动植物共生模式（共生互惠原理）、农林间作或混林农收模式（地域性和生态位原理）、多种多收的时间结构优化模式（种群演替原理）、多层高效空间结构优化模式（生态学山地垂直气候分带及农田多种群相居而安原理）、基塘结合大循环模式边缘效应原理、生物能多层次循环再生模式（食物链原理及物质循环再生原理）、庭院立体经营模式、多样性有序性增强抗灾力模式（食物链、生态位和自适应原理、多样性意味着稳定性原理）、人工林复合经营模式和多系统、多种群结合提高整体效应模式等。

以上这些模式分类有的在同一个层次上分类标准不统一，各种模式交叉、重复或者遗漏情况较多，有的包含的范围小，不能包含我国现有的模式类型，有的范围太大，在研究和构建以模式为特色的我国生态农业标准体系框架中不利于掌握和控制。实践证明，由于生态农业具有明显的因地制宜性，不同地区的气候、资源以及其他社会资源的差异，很难在全国形成一个普遍适应的模式，因此研究和利用各类生态农业模式，分类标准至关重要。

李金才借鉴我国学者对生态农业模式分类的成果，并根据我国农业发展特色，社会经济发展水平和资源状况，将我国现有的生态农业模式分为以下 4 种类型：物质多层利用型、互利共生型、资源开发利用与环境治理型、观光旅游型，并将每一生态农业模式类再分为多个生态农业模式型。

1. 物质多层利用型

该类型是按照农业生态系统的能量流动和物质循环规律构成的一种良性循环生态模式。在该模式中，通过增加生产环和增益环将单一种植和高效饲养以及废弃物综合利用有机地结合起来，在系统内做到物质良性循环，能量多级利用，达到高产、优质、高效、低耗的目的。在该系统中一个环节的产出是另一个环节的投入，废弃物在生产过程中得到多次利用，形成良性循环系统，从而获得更高的资源利用率和最大经济效益，并有效防止了废弃物对农村环境的污染。该类型又可分为沼气利用型、病虫草防治型、产业链延长增殖型3种类型。

(1) 沼气利用型：沼气利用型是以农业生产为基础的家庭经济发展类型，它以沼气为纽带，利用食物链加环技术，将种植业、养殖业以及加工业联系在一起，通过增加畜禽饲养和沼气池厌氧发酵，将传统的单一种植和高效饲养以及废弃物综合利用有机地结合起来，在农业系统内做到能量多级利用，物质良性循环。如“南方的猪—沼—果模式”、北方的“四位一体模式”、西北地区的“五配套”等。

①南方的“猪-沼-果模式”。以沼气为纽带，带动畜牧业、林果业等相关农业产业共同发展的生态农业模式。

该模式是利用山地、农田、水面、庭院等资源，采用“沼气池、猪舍、厕所”三结合工程，围绕主导产业，因地制宜开展“三沼（沼气、沼渣、沼液）”综合利用，从而实现对农业资源的高效利用和生态环境建设、提高农产品质量、增加农民收入等效果。工程的果园（或蔬菜、鱼池等）面积、生猪养殖规模、沼气池容积必须合理组合。

②北方的“四位一体”生态模式。“四位一体 ”生态模式是在自然调控与人工调控相结合条件下，利用可再生能源（沼气、太阳能）、保护地栽培（大棚蔬菜）、日光温室养猪及厕所4个因子，通过合理配置形成以太阳能、沼气为能源，以沼渣、沼液为

肥源，实现种植业（蔬菜）、养殖业（猪、鸡）相结合的能流、物流良性循环系统，这是一种资源高效利用，综合效益明显的生态农业模式。运用本模式冬季北方地区室内外温差可达30℃以上，温室内的喜温果蔬正常生长、畜禽饲养、沼气发酵安全可靠。

这种生态模式是依据生态学、生物学、经济学、系统工程学原理，以土地资源为基础，以太阳能为动力，以沼气为纽带，进行综合开发利用的种养生态模式。通过生物转换技术，在同块土地上将节能日光温室、沼气池、畜禽舍、蔬菜生产等有机地结合在一起，形成一个产气、积肥同步，种养并举，能源、物流良性循环的能源生态系统工程。

这种模式能充分利用秸秆资源，化害为利，变废为宝，是解决环境污染的最佳方式，并兼有提供能源与肥料，改善生态环境等综合效益，具有广阔的发展前景，为促进高产高效的优质农业和无公害绿色食品生产开创了一条有效的途径。

③西北地区的“五配套”生态模式。“五配套”生态农业模式是解决西北地区干旱地区的用水，促进农业持续发展，提高农民收入的重要模式。

具体形式：每户建一个沼气池、一个果园、一个暖圈、一个蓄水窖和一个看营房。实行人厕、沼气、猪圈三结合，圈下建沼气池，池上搞养殖，除养猪外，圈内上层还放笼养鸡，形成鸡粪喂猪、猪粪池产沼气的立体养殖和多种经营系统。

特点是：以土地为基础，以沼气为纽带，形成以农带牧、以牧促沼、以沼促果、果牧结合的配套发展和良性循环体系。

好处：“一净、二少、三增”，即净化环境、减少投资、减少病虫害，增产、增收、增效。

（2）病虫草防治型：该类型是利用生物防治技术，通过选用抗病虫草品种，保护天敌，利用生物以虫或菌来防止病虫草害，选择高效、低毒、低残留农药，改进施药技术等，保证农作物优质、高效、安全的模式。如赤眼蜂食玉米螟模式、七星瓢虫捕食棉蚜虫模式、森林灰喜鹊食松毛虫模式、羊茶共生模式等。

（3）产业链延长增殖型：该类型是以经济效益为中心，以农业可持续发展为目标，将农业生产中的主产品或副产品加工增值，从而增加农业产值，并努力实现生产的产业化，促进产、加、销、贸一体化的农业生产模式，如青贮玉米—饲料模式、玉米—猪—肉罐头模式等。

2. 生物互利共生型

该类型利用生物群落内各层生物的不同生态位特性及互利共生关系，分层利用空间，提高生态系统光能利用率和土地生产力，增加物质生产。这是一个在空间上多层次，在时间上多序列的产业结构类型，使处于不同生态位的各生物类群在系统中各得其所、相得益彰、互惠互利，充分利用太阳能、水分和矿物质营养元素，实现对农业生态系统空间资源和土地资源的充分利用，从而提高资源的利用和生物产品的产出，获得较高的经济效益和生态效益。

生物互利共生型以先进适用的农业技术为基础，以保护和改善农业生态环境为核心，强化农田基本建设，提高单产。该类型主要包括农林牧副渔复合型、农作物复合种植型、其他复合型3种类型。

3. 资源开发利用与环境治理型

该类型依据生物与环境相互影响原理，以生态效益为主，兼顾经济效益，运用生态经济原理指导和组织农业生产，保护和改善农业生态环境与生产条件，提高农业综合生产能力，把人类农业生产活动纳入生态循环链内，参与生态系统的生物共生和物质循环，以求生态、经济和社会效益协调发展。资源开发利用与环境治理型主要包括环境治理型和资源开发型两种类型。

（1）环境治理型：采用生物措施和工程措施相结合的方法综合治理水土流失、草原退化、沙漠化、盐碱化等生态环境恶化区域，通过植树造林，改良土壤，兴修水利，农田基本建设等，并配合模拟自然顶级群落的方式，实行乔木、灌木、草结合，建立多层次、多年生、多品种的复合群落生物措施，是生物措施与工程技术的综合运用模式。它包括以下几种模式。

①丘陵山区小流域综合治理模式。该模式在水土流失较为严重的地区以植树造林为主要途径发展林果、养殖等产业，实行小流域的综合治理，改善生态环境，逐步创造良好的农业发展环境。模式主要采取退耕还林、还草，封山绿化的综合措施，加强对天然林的保护，集雨灌溉，涵养水源，防水固土，保持土壤肥力，在陡坡地栽种用材林，在缓坡栽种经济林，在平地搞养殖、经济作物种植及农产品加工。在农牧结合区，采用以沼气工程为纽带的生态农业模式，以农带牧，以牧促沼，以沼促粮、草、果种植业，形成生态系统和产业链合理循环模式。

②盐碱地治理模式。该模式采用打浅井、开深沟，建造人工防护林，引进抗盐碱的豆科牧草发展畜牧业，种植压青绿肥增加土壤有机质等。

③草地恢复与生态牧业模式。该模式根据草场类型和产草量，确定不同牲畜的种群结构和载畜量，分地区分季节安排牧业生产；退耕还牧还草，提高草地的产草量；缩短育肥周期，减少载畜量和放牧强度；引导牧民从事畜产品加工业等行业。

④保护性耕作模式。该模式在保证种子能发芽的基础上尽可能减少土壤耕作，并用作物秸秆、残茬覆盖地表，用化学药物来控制杂草和病虫害，从而减少土壤风蚀、水蚀，提高土壤肥力和抗旱能力。保护性耕作模式是干旱少雨、风蚀严重地区应对恶劣环境的重要模式。

（2）资源开发利用型：该类模式主要分布在山区及沿海滩涂和平原水网地区的荡滩，这些地区农业发展潜力较大，有大量自然资源未得到充分开发或很好地利用。通过因地制宜、全面规划、综合开发，利用改造荒山、荒坡、荒滩、荒水，实行资源开发与环境治理相结合，治山与治穷相结合，可全面促进环境建设、生产建设和经济建设。该模式适用于农业发展潜力大，生态环境好，资源丰富但未得到充分开发或利用的地区。

主要模式：高坡栽果、茶、竹，平坡引种牧草，发展以猪、牛、羊为主的牧业，耕地以种粮为主；稻田养鱼；对一些发展食用菌的地区，在原来的香菇、黑木耳等的基础上，开发银耳、灰树花等野生菌类并实现了人工栽培；此外还有中药材、野菜类的开发和利用；山顶松槐戴帽，山间板栗缠绕，山下苹果梨桃，山脚粮油丰的生态农业布局。各地自然环境、资源和能源不同，因此在开发过程中，要因地制宜，立足当地优势，实施资源、能源综合开发，循环多级利用，增加效益。

4. 观光旅游型

该类型是运用生态学、生态经济学原理，将生态农业建设和旅游观光结合在一起的良性模式。在交通发达的城市郊区或旅游区附近，以当地山水资源和自然景色为依托，以农业作为旅游的主题，根据自身特点，将旅游观光、休闲娱乐、科研和生产结合为一体的农业生产体系。

观光旅游型生态农业模式是一种新的园林形式，是近年来新兴的城郊农业发展模式，该模式以市场需求为导向，以农业高新技术产业化开发为中心，以农产品加工为突破口，以旅游观光服务为手段，在提升传统产业的同时，培植名贵瓜、果、菜、花卉和特种畜、禽、鱼以及第三产业等新兴产业，进行农业观光园建设，让游客在旅游中认识农业，了解农业，热爱农业。

20 世纪末，随着农业结构的调整和农业高新技术的应用，各地、市、城郊及乡镇结合自己的农业特点、自然资源和文化遗产相继建成了具有一定规模和一定面积的高新农业科技示范园区。这些园区内，主要栽植果树优良品种、稀有蔬菜和新潮花木，在绿化设计和道路规划方面遵照了园林的规划原则与要求，有的还设立了一些园林艺术小品和其他娱乐服务设施。整个园子除生产农副产品之外，还可供人们参观游览，这就是农业观光园的雏形。

根据农业观光园的应用特点将其分为观光农园、农业公园、教育农园 3 类，各类型中又包含多种模式。

（1）观光农园型：以生产农作物、园艺作物、花卉、茶等为主营项目，让游人参与生产、管理及收获等活动，还可欣赏、品尝、购买的园区为观光生态农业园。它又可细分为观光果园、观光菜园、观光花园（圃）、观光茶园等，如北京朝来农艺园、河南世锦花木公司等。

（2）农业公园型：把农业生产、农产品销售、旅游、休闲娱乐和园林结合起来的园区称为农业公园。这类园在休闲、旅游、度假、食宿、购物（农产品）、会议、娱乐设施等方面比较完善，注重了人文资源和历史资源的开发，是一种综合性的农业观光园。如湖北宜昌的旅游型景观农业区、四川的九寨沟、浙江义乌的农业现代化示范区、河南省淮阳市的中原绿色庄园等。

（3）教育农园型：既兼顾农业生产、农业科普教育，又兼顾园林和旅游的园区可称为教育农园。其园内的植物类别、先进性、代表性及形态特征和造型特点等不仅能给游园者以科技、科普知识教育，而且能展示科学技术就是生产力的实景；既能获得一定的经济效益，又能陶冶人们的性情，丰富人们的业余文化生活，从而达到娱乐身心的目的。如深圳的世界农业博览园、上海孙桥的现代农业开发区、河南省郑州市陈寨村的特色植物展示园等。

三、生态农业的技术体系

根据生态农业类型、模式对技术的要求，生态农业技术可归纳如下。

1. 资源节约技术

资源节约是高效生态农业的基础。资源节约技术，主要包括节地技术，如采用传统农业的间、混、套作技术；节水技术。采用滴灌、渗灌、管灌技术等；节肥技术；采用测土配方施肥技术、平衡施肥技术、专用肥技术等；节能技术；采用少耕、免耕技术等。

2. 水肥调控技术

土壤中的热、水、气、肥等肥力因素之间相互联系、相互影响。在农业生产，尤其是高效生态农业生产过程中，正确处理水肥间的关系，对促进作物生长、提高产量和效益具有重要作用。

3. 生物养地技术

持续维持、提高土壤肥力，对于持续提高作物产量至关重要。农业生产必须实行用地与养地相结合，才能做到“地力常新、肥力常高”。提高地力、培养肥力有很多途径、方法和技术，而实行生物养地则是既经济又环保的高效养地技术。生物养地技术，作为高效生态农业中的重要技术之一，特别强调：种植绿肥养地，如种植紫云英、肥田萝卜等；种植豆科作物固氮，如种大豆、花生、绿豆、豇豆、蚕豆、豌豆等，通过生物固氮，可增加土壤氮素含量；通过作物轮作和合理的间混套作等，均可起到养地的作用，此外，还可以克服我国目前农业对化肥的依赖。

4. 防灾减灾技术

一是发展避洪农业，减轻洪涝灾害危害；二是发展抗旱避旱农业，提高旱地农业生产力；三是改善农田水利基本条件，提高农业防洪抗旱能力；四是实行生物防治、生态减灾，防治农田作物病、虫、草、鼠害；五是增加农业投入，提高农业防灾、减灾和可持续发展能力。

5. 综合利用技术

中国农业资源丰富，但由于利用方式单一，资源利用率总体不高，存在浪费大、效益差的问题。如果能走资源综合利用的路子，则可大幅度提高资源利用率和农业生态经济效益。发展高效生态农业，就是要大力推广资源综合利用技术。就作物秸秆资源

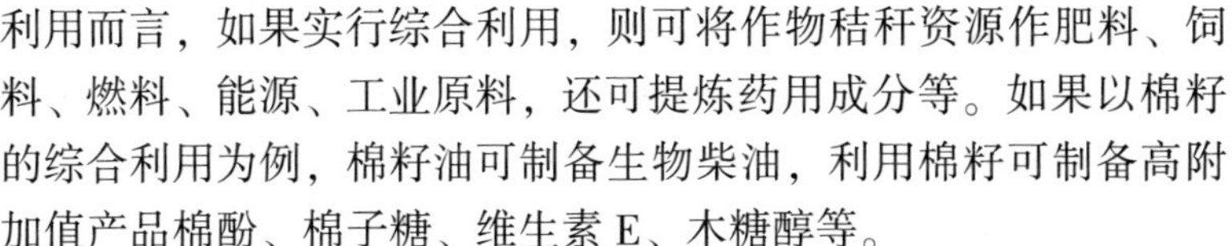

利用而言，如果实行综合利用，则可将作物秸秆资源作肥料、饲料、燃料、能源、工业原料，还可提炼药用成分等。如果以棉籽的综合利用为例，棉籽油可制备生物柴油，利用棉籽可制备高附加值产品棉酚、棉子糖、维生素 E、木糖醇等。

6. 水土保持技术

中国是世界上水土流失严重的国家之一。发展高效生态农业，必须重视和推广水土保持技术。目前，水土保持技术主要有：一是生物措施，在水土流失区多种草栽树，种植生物篱，以增加地面覆盖减少水土流失；二是耕作措施，如改顺坡耕作为等耕作，还可实行作物带状间作，实行保护性耕作；三是工程措施，如实行坡面治理工程、沟道筑坝工程等。

7. 结构调整技术

结构决定功能，农业结构如何，直接决定农业的功能与效益。发展高效生态农业，必须高度重视农业结构调整，尤其是在中国已进入“十三五”开局之年，经济发展方式转变已成为“主线”的大背景下，农业结构调整已成为高效生态农业的重要内容和关键技术之一。具体来说，农业结构调整技术包括：一是调优，就是要将优质安全的农作物种类和品种调整过来，扩大面积、提高产量，满足人们需求；二是调绿，要大力发展绿色、环保、低碳的农业产业，生产出无公害产品、绿色产品、有机产品；三是调特，各地要因地制宜，大力发展特色农业、生产特色产品、形成特色品牌、产生“特有”效益；四是调高，加大农业科技成果推广力度，提高农业科技贡献率，提高农产品附加值，提高农业整体效益；五是调强，做强、做大农业企业，实行农业产业化，延伸农业产业链条，强化农业基础地位。

8. 能源开发技术

能源资源短缺，是 21 世纪世界各国面临的共同问题；保护环境，是全球面临的共同任务。开发利用清洁能源、发展可再生能源，则是世界人民的必然选择。发展高效生态农业，尤其是重视新能源、清洁能源、可再生能源的开发利用：一是开发利用太阳能，如建造太阳能温室（包括阳光塑料大棚、日光温室、太阳畜禽舍等）；二是利用生物资源生产沼气；三是开发农村小水电；四是利用荒山、荒地资源和“边角”耕地资源，种植能源林木和能源作物，生产生物柴油、生物乙醇等，发展能源农业；五是开发利用风力资源等。

9. 流域治理技术

流域的治理和发展是高效生态农业的重要内容，发展高效生态农业的重要任务之一就是要将流域治理好、发展好，就必须大力推广流域治理技术。一是根治水患，实行退田还湖、加固干堤、移民建镇；二是恢复重建，对已经受到破坏或损害的生态系统，加大综合治理力度，尽快使其结构与功能得到恢复与重建；三是防治污染，重点防治农村农业生产生活过程中的面源污染，确保“源洁流清”；四是有序开发，坚决取缔污染型企业和破坏性开发；五是建立健全制度，加强流域管理。

10. 现代高新技术

以信息技术、生物技术、新材料技术、新能源技术、空间技术、海洋技术等为代表的现代高新技术，已经或正在广泛应用现代农业，尤其是高效生态农业模式之中，极大地提高了资源利用率、劳动生产率、农业生产力和整个农业的经济社会生态综合效益，将从根本上改变农业发展方式。

第三节　我国生态农业旅游实践与发展

生态农业旅游是一种新型农业生产经营形式，也是一种新型旅游活动项目，是在发展农业生产的基础上有机地附加了生态旅游观光功能的交叉性产业，是当今旅游新需求的必然产物。生态农业旅游是把农业、生态和旅游业结合起来，利用田园景观、农业生产活动、农村生态环境和农业生态经营模式，吸引游客前来

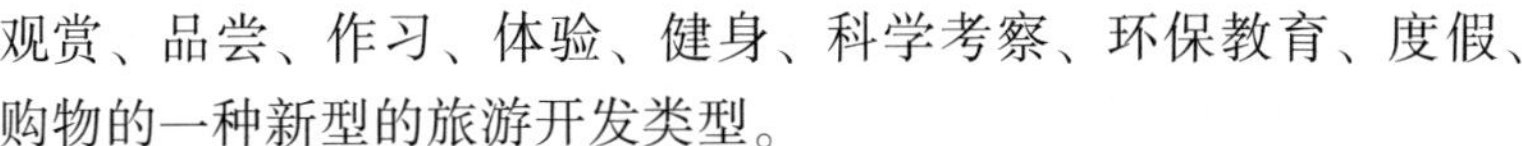

观赏、品尝、作习、体验、健身、科学考察、环保教育、度假、购物的一种新型的旅游开发类型。

一、生态旅游农业的发展

“农业旅游”一词首先出现在世界旅游发达的欧美国家。在国外，早在19世纪30年代欧洲已开始了农业旅游。意大利在1865年便成立了“农业与旅游全国协会”，是世界上成立最早的农业与旅游相结合的专业协会。该协会的主要功能是专门介绍城市居民到农村体验农业野趣，与农民同吃、同劳作，或者在农民家中住宿。这实际上标志着农业与旅游业已经结合成为一个新形势的产业。在意大利、奥地利等国兴起的这种农业旅游，之后逐步扩展到美国、法国、英国等国家和地区。20世纪70—80年代，日本、韩国、新加坡和我国台湾陆续成为农业旅游的开发热点国家和地区。

我国悠久的农业历史孕育了丰富的农耕文化，而且地区景观新奇多样，这些都是促进生态农业旅游发展的内容。若追溯农业旅游活动产生的历史，应该说它自古有之。古代文人墨客的郊游和田园休闲活动等，在很早就已产生，后来出现的城市居民到城郊远足度假旅游虽然十分活跃，但这种旅游对象也都未经过专门的旅游开发，处于一种“纯自然”状态。

我国生态农业旅游起步较晚。20世纪80年代末“休闲农业游”的出现是生态农业旅游发展的起点。进入90年代，生态农业旅游已经是农业现代化建设中必须点亮的亮点，随着现代化进程的加快和人们生活质量的提高，生态农业旅游是一个在城市和乡村之间产生双向吸引力、双向吸纳力、双向融合力的朝阳产业。1998年国家旅游局推出“华夏城乡游”的旅游主题，“住农家店，吃农家饭，干农家活，看农家景，享农家乐”，回归大自然的生态农业旅游是一项重要内容。自此生态农业旅游迅速发展起来。北京从1993年始发展观光农业，到1999年已开发了100

多个项目、多个景区景点。北京市生态农业旅游的快速发展，也带动了其他省、直辖市及周边地区如海南、上海、天津、江苏、广东、台湾等省、直辖市农游产业的发展。目前，全国比较有名的观光农园有北京的锦绣大地、上海孙桥现代农业开发区、苏州农林大世界、无锡马山观光农园等。

2006 年确定以“中国乡村游”为主题的旅游年，主题口号是“新农村、新旅游、新体验”。2009 年的“中国生态旅游年”，倡导“走进绿色旅游，感受生态文明”。这些举措有力地助推了乡村旅游发展，相继出现了以农家乐、度假村、野营地、休闲农村、生态农业观光园、教育农园、民俗文化村、乡村俱乐部等多种形式的农村旅游。全国农业生态旅游逐渐成为一种新的旅游消费方式。

近几年由于空气污染，许多大中型城市如北京、天津、石家庄等地区受到雾霾天气的严重影响，促使周边地区环境污染影响较小、生态环境良好的地区如张家口市成为了短期旅游的理想目标，也为生态农业旅游的发展提供了契机。张家口市也从 20 世纪 90 年代开始着力于发展旅游业，并在近几年着力于发展生态农业旅游。张家口市旅游业在近几年有了很大的发展，并逐步成为张家口市的主导产业之一，在河北省“十二五”规划中，计划将生态旅游与乡村旅游列为专项旅游产品体系，为发展生态农业旅游提供了政策保障。张家口市被纳入环北京生态农业旅游产业带，张家口地区的张北草原生态，崇礼—赤城冰雪温泉旅游，桑洋河谷葡萄酒文化已被列入重点发展的旅游产业集聚区。

二、生态农业旅游的概念及特点

（一）生态农业旅游的概念

生态农业旅游（Eco-Agricultural Tourism）是以乡村生态环境为背景、以生态农业和乡村文化为资源基础，通过运用生态学、美学、经济学原理和可持续发展理论对农业资源的开发和布局进行规划、设计、施工、将农业开发成为以保护自然为核心，以生态农业生产和生态旅游为主要功能，集生态农业建设、科学管理、旅游商品生产与游人观光生态农业、参与农事劳作、体验农村情趣、获取生态知识和农业知识为一体的一种新型生态旅游活动。

生态农业旅游是建立在生态农业基础上的资源综合利用的生态模式，它是将生态农业生产、生态旅游活动、生态环境三者合为一体进行开发的一种生态型旅游方式。它强化了生产过程的生态性、趣味性、艺术性、生产丰富多样的生态农业旅游产品，为游客提供观赏、娱乐、健身、求知等功能服务和良好的生态环境。

由生态农业旅游的概念可以看出，生态农业旅游的内涵包括3个方面内容：一是到农业生态环境中进行旅游；二是旅游活动的开展以保护自然为核心；三是促进农业旅游、生态环境可持续发展。

（二）生态农业旅游的特点

生态农业旅游具有以下独特的特点。

1. 以生态农业为基础，以生态保护为核心

和传统农业旅游、一般生态旅游相比，生态农业旅游区的显著特征是“以发展生态农业形成的乡村生态环境为活动场所，以生态农业景观、生态农产品为开发生态农业旅游产品的资源基础。同时，发展生态农业旅游必须以生态保护为核心，以维持生态环境、农业生产、旅游开发可持续发展，从而以实现生态效益、经济效益、社会效益最大化为目标。

2. 将自然景观和乡村文化有机结合

建立在生态农业基础上的生态农业旅游将自然景观和文化传统融为一体，开发出多功能、复合型旅游产品。

3. 有季节变动性、地域差异性和可塑性

由于农业生产活动受季节影响和制约，不同季节显示出不同

的农业景观、农业劳作形态，这使得生态农业旅游形式也发生相应的季节变化。由于不同地区地质地貌以及海拔高度不同，局地气候有一定差异，在这些不同的地质、气候背景下形成了具有鲜明区域特色的物种和景观，构成了开发生态农业旅游与生俱来的特色资源条件，使各地的生态农业旅游体现出一定的地域差异性，自然景观和历史古迹一般具有不可移动性和不可更改性。农业旅游资源则具有一定的可塑性，农业生产在不违背客观规律的前提下，可根据一定的目的对生产要素（如农业物种和关键技术等）进行优化选择、组合配置，形成不同的农业生态系统模式，塑造不同的生态农业旅游景观形象。

4. 具有农业知识性

生态农业旅游是以农业生产技术为基础发展起来的，它的开发、经营管理都需要一定的农业专业知识和相关科技知识。游客所获得的旅游阅历大部分都与农业和生态保护的专业知识有关。因此，生态农业旅游是具有较强专业性的一种旅游方式。

5. 娱乐性和实践性较强

生态农业旅游活动包括农业观光、乡村度假、民俗乡情体验、水果美食品尝、农事劳作、文化娱乐、农业技艺学习、乡土文化欣赏、购物等娱乐性和参与性都很强的活动，让游客能通过参与多功能复合型旅游活动，获得丰富的旅游体验和精神享受。

6. 高效益、低风险

生态农业旅游可通过农业旅游来提高农业的附加值，获得多重经济效益，相对减少农业的风险，另外，在旅游淡季，农业生产又可弥补旅游收入的下降。因此，相对单纯的农业生产或单纯的旅游而言，生态农业旅游具有高效益、低风险的优势。

7. 发展前景广阔

生态农业旅游在城市地域之内、城市郊区及周边农村随处可见。只要稍加开发即可利用，而且开发成本相对较低。同时，生态农业旅游开发区一般距离城市近而不需长途跋涉，交通条件较方便，所需时间短，一般利用双休日即可完成，目前较适合城市居民的需求，受到越来越多的都市居民的青睐。

8. 可持续发展前景好

生态农业旅游的开发以生态学为指导，以保护自然资源和生态环境为前提，在此基础上发挥农村生态环境的优势，建设生态农园，发展生态农业文化。开展农业旅游活动，开发绿色食品，促进农业和旅游业的持续发展以及生态产业的综合发展进程。它既突出了在城市化和工业化时期第一产业与地区经济发展的融合，同时维护了有限资源的永续利用，展示了 21 世纪人与自然和谐共存的环境目标。

三、生态农业旅游的模式和实践

1. 农业资源占优势的特色产业带动模式（观赏 + 学习 + 参与型）

对于那些拥有特色农产品的生态农业区来说，可以以农产品为核心，进行围绕某一种或几种特色农产品展开的主题辐射发展模式。也就是指在一个乡或村的范围内，依据所在地区独特的优势，围绕特色的生态农产品或产业链，实行专业化生产经营，一村一业发展壮大来带动乡村综合发展的一种新模式。专业村镇是这种模式的代表，需要 3 个基本条件：具有生产某种特色生态农产品的历史传统和自然条件；有相应的产业带动，市场需求旺盛；需要有带动者通过产业集群形成一定的规模。

例如，我们把以果园、育种种植为主题的农业生态旅游推向市场，把果品作为核心，关联带动果园的观光休闲、科技园区果苗培育种植的科技学习、农家的果品品尝节、工厂的加工包装参观等消费，这样不仅可以打通果品销售的呆滞环节，也盘活了所有资源和资产，带动了当地农副产业的快速发展。桂林永福县的罗汉果就可以借用其“罗汉果之乡“的美名，打造一条“三高”生态农业与旅游相联动的模式。桂林恭城瑶族自治县的生态农业建设从1983年就开始起步了，这20多年来，通过抓沼气建设来解决农村能源问题，通过科学探索找到了沼气与养殖、种植的内在联系，最终建成了“三位一体”的生态农业模式。恭城瑶族自治县开展以“三位一体”生态农业为重点和核心的生态示范区建设，较好地解决了经济和环境保护的问题，符合党中央、国务院关于在西部大开发中要“切实搞好生态保护和建设”的要求，对广大农村特别是西部农村的可持续发展具有借鉴意义。2000年5月，联合国国际能源署“可再生能源研讨会”在桂林召开，37个国家和地区的70多位专家到恭城参观，称赞恭城县生态农业为“发展中国家农村生态经济发展的典范”。近几年，恭城县把生态农业的发展与旅游开发结合起来，又被有关部门连续列为“科技进步先进县”“国家可持续发展实验区”“国家级生态农业试点县”“国家级农业旅游示范点”等。当地从生活到生产，从种植到养殖，从农业到副业都达到了高科技、高产量、高效益的三高标准，应该充分挖掘生态农业的观赏性、学习性、参与性，让现有生态农业资源的利用价值最大化。

这类农业资源占优势的地区在今后的发展中应更加注重农业新技术的引进和推广力度，全面改造传统种养技术，发展更完善的生态农业，在大力扶持和发展旅游的同时一定不能脱离了农业这一根基；并且从旅游开发的角度发展未来的生态农业，使传统经济型农业向现代旅游型生态农业转变。游览区内的农业科技示范园、生态农业示范园、科学普及示范园，应该以浓缩的典型农业模式，展示农业发展的历史与现实，展示特色农业生产景观与经营模式，让游客了解足够系统的农业生产进步的知识，使游客与当地农业文化之间建立起一种情感联系。

2. 自然旅游资源占优势的“观光+体验”模式

对于那些拥有一定的农业资源，和其他地方相比特色不够鲜明规模也存在着差距的地方，如果拥有较好的自然旅游资源禀赋（清新的山水自然环境、美丽的田园风光、整洁舒适的乡村居住环境等），就可以通过观光游的模式将旅游作为创造更高社会效益和经济效益的途径。游览区内的农田果园、花卉苗圃、动植物饲养场应精心包装，让游客找到返归乡村的真实感受，在优美的田园风光和勃发的自然生机中享受回归自然的快感。

桂林阳朔是我国发展乡村旅游最早的县城之一，“桂林山水甲天下，阳朔堪称甲桂林，群峰倒影山浮水，无水无山不入神”，精辟地概括了阳朔自然风光的特征。依托阳朔及周边各镇的自然田园风光来满足游客回归自然，返璞归真的需求，如历村、福利古镇、兴坪渔村等，都可以满足体验型游客的要求，“住农家屋，吃农家饭，干农家活，享农家乐”；体验农事活动，组织游客与农民一同采摘品尝，或参加四时农事活动；农家访问，考察生态农业生态村等活动。

当地乡村的特色民居、乡村工艺作坊、乡村农事活动场所应为游客提供能够深入乡村生活的空间，使游客参与农耕活动、学习农作物的种植技术、农机具的使用技术、农产品加工技术以及农业经营管理等，亲身体验农产品生产过程。游览区内提供的可采摘的直销果园、农产品集市等，既让游客有机会购买乡村旅游产品，又充分体验收获的愉悦。

3. 人文资源占优势的“观赏＋学习”模式

对于在农业特色和自然资源特色方面都不占有优势的农业地区，我们就可以走这条观赏加学习型的模式路线。例如桂北地区，通过挖掘桂北悠久的历史，发达的农业文化、古代中原文化与岭南文化的交融历史、乡镇“社日”壮族歌圩、瑶族盘王节等民族活动将本地区的人文资源和旅游作最优的结合。这种模式不但要求人们要认同当地农业文化充满差异的地域性特征，还要致力于为当地这些处于弱势的文化找到重新发扬光大的理由。

农业文化旅游资源是不能简单地进行自然或人文的划分的，它综合了自然与人文两方面的特长。我国有一句古话叫“十里不同俗”，所以这类地区在开发时应以农业生产劳动为核心，以耕作制度、劳动工具、劳动产品、生活习俗与禁忌的开发为基本方向。特色耕作制度是农业文化的重要内容，反应了当地农业文化的基本特征。特色农产品是农业生产的果实，可以让旅游者充分体验收获的快乐、了解生活习俗特别是与农业生产有关的生活习俗及各种禁忌，以生动的形式与充满想象的内容展示了农业文化发展的历史与现实。从原始农业到现代农业，劳动工具发生了很大变化。从农具的使用上，人们可以清晰地看到我国农业文化每一点滴的进步，也可以看到我国农业文化现代化的快速发展。认识农具实际上就是认识我国农业现代化的历史，如果进行适宜地开发，应该可以成为绝好的旅游产品。这些都可以进行观赏性和学习性的开发。

四、河北省生态农业旅游的现状与发展

（一）河北省生态农业旅游发展现状

河北省位于环渤海地区的中心地带，与日本、韩国隔海相望，是中国东北地区与国内其他省区联系的通道和西北诸省区的北方出海通道。河北内环北京和天津两大都市，经济相互辐射和渗透，构成了京津冀经济区。随着市场经济体制的逐步建立，京津冀地区的经济融合程度和相互开放程度会不断提高，河北将成为首都的生态屏障，首都的“护城河”，首都的“后花园”。

河北省是作为农业大省，近几年来省内各个城市的生态农业旅游都在不断地发展。1994 年秦皇岛集发农业生态观光园区的建设，是河北省旅游农业的起步；2003 年河北省旅游农业发展已初具规模，形成了农业科技观光型、种植型、养殖型、社会生态型即农家乐、资源复合型五大系列产品。以承德县新杖子乡为例：承德县新杖子乡生态农业旅游发展蒸蒸日上，全乡 10 个村，村村有采摘园，村村有农家院，2013 年，新杖子乡果品产量达 3 200万千克，年纯收益 1.1 亿元；游客接待量达 16.2 万人次，为群众增收 1 500多万元，2013 年全年果品纯收益达到 1.2 亿元，

每年四五月份的万亩梨园鲜花怒放，吸引着大量游人前往观赏。河北省全国农业旅游示范点见表3－1。

表3－1 河北省8个全国农业旅游示范点

编号	全国休闲农业与乡村旅游示范县、示范点	所处地市
1	平山巨龟苑旅游区	石家庄
2	北戴河集发生态农业观光园	秦皇岛
3	邢台内丘长寿百果庄园	邢台
4	邢台前南峪生态观光园	邢台
5	保定昌利农业旅游示范园	保定
6	顺平县万顷桃园农庄民俗文化园	保定
7	怀来容辰庄园	张家口
8	衡水邓庄农业科技示范园	衡水

注：资料来源于国家旅游局2002年颁发的《全国工农业旅游示范点检查标准（试行）》

2014年国家旅游局公示了全国休闲农业与乡村旅游示范县、示范点，河北省的6个全国休闲农业与乡村旅游示范县、示范点见表3－2。

表3－2 河北省6个全国休闲农业与乡村旅游示范县、示范点

编号	全国休闲农业与乡村旅游示范县、示范点	所处地市
1	河北省元氏县（示范县）	石家庄
2	承德县双滦区（示范县）	承德
3	迁西县喜峰口板栗专业合作社观光园（示范点）	唐山
4	宣化县假日绿岛生态农业文化旅游观光园（示范点）	张家口
5	临城县尚水渔庄（示范点）	邢台
6	武安市白沙村休闲农业园区（示范点）	邯郸

注：资料来源于国家旅游局2014年数据公报

（二）河北省发展生态农业旅游的优势

1. 地域优势

紧邻京津，陆、海、空综合运输，地理位置极为优越。

河北省地处华北平原，东临渤海，环抱京津，南部和东南部分别于河南、山东接壤，西隔太行山与山西省相邻，北部同内蒙古、辽宁两省区相接，成为首都北京连接全国各地的交通枢纽，已形成陆、海、空综合交通运输网，地理位置十分优越。2014 年 12 月，国家交通运输部部长在“京津冀协同发展论坛”上提出京津冀交通一体化的建设方案，包括基础设施的建设，交通运输和港口运输的建设，以及智能交通、综合枢纽等的建设。京津冀交通的便利，不仅为人们的日常出行提供了便利，更给人们的旅游提供了便利，更短的路程和更低的花费是游客增长的重要因素之一。

2. 资源优势

河北省是我国农业大省，地理环境广阔，自然风景优美，特色农产品丰富，乡土文化气息浓郁，对渴望体验农村生活、亲近大自然的人们有极大的吸引力，是北京、天津居民选择生态农业旅游的理想之处。河北省栾城县是全国著名的草莓生产地，十几年来，该县每年都会举办草莓采摘节，带动了当地的生态农业旅游发展。发展至今，栾城县采摘面积达到 670 多公顷，采摘品种不断丰富，包括了草莓、甜瓜、油桃、水果西葫芦等。位于京津腹地的永清县，生态农业旅游发展迅速，乡乡有农家乐、采摘园。永清县拥有 34 000 多公顷林地，其森林覆盖率达到 43% 以上，是全省之最，被誉为京津走廊的“天然氧吧”。这里的原生态历史沉积与生态农业的人性化有机地融合在一起，形成了集观光采摘、农事体验于一体的生态农业旅游。绿、美、鲜已经成为吸引人们来此观光的鲜明特色。

（三）河北省发展生态农业旅游的趋势

1. 加大生态保护力度，走可持续发展之路

首先，要加强生态农业旅游规划的环境影响评价，即对河北省旅游资源、社会发展现状进行深入调研，全面分析，统筹规划，从时间、空间的变化来确定生态旅游资源的开发利用、生态

环境的保护以及景区游客数量的控制等，协调旅游地人们的社会经济活动，促进景区的可持续发展；其次，要加强生态旅游项目的环境影响评价，其内容包括生态环境影响评价、生态景观影响评价以及公众的参与和调查。在开发活动中，要积极推进节能减排，低碳环保，建议旅游经营单位利用一些诸如太阳能、风能、沼气等的环保能源，推广回收利用、垃圾处理、节能减排等先进技术，尽可能减轻污染物的产生和排放，促进旅游与生态环境的协调与可持续发展；第三，要加强相关增加政府投入，改善农村基础设施建设。

2. 增加政府投入，改善农村基础设施建设

交通、垃圾处理设施、文化、教育、卫生等。增加政府投入，科学规划和完善农村基础设施，是生态农业旅游的发展的保障。面对景区基础设施建设单一、重复、落后、老化的现状，应当广泛融资，建立以政府投入为主的多元化投入机制。总体规划与资源利用的有机结合，经济效益、生态效益、社会效益的协调统一，遵循自然发展规律的经济发展，始终是生态农业旅游发展的原则所在。立足于发展生态农业旅游的视角，对已有的乡村景区景点进行合理规划，加强基础设施的建设，以更优的基础设施条件和更好的服务，带动生态农业旅游的快速发展，各级政府及有关部门要科学规划、统筹安排、互相合作、提高服务标准，为建设更高档次、更生态、更环保的生态景区奠定坚实的基础。

3. 丰富和创新原生态旅游产品，提升技术含量

首先，要对景区从业人员进行专业的培训，全面丰富其旅游知识、提升其专业技能及个人素质；其次，要对统一地区园区的内容和形式进行根本上的改造和创新，打造独具特色、风情浓郁、文化内涵深入的特色生态园区；第三，旅游产品要杜绝雷同、功能相似、粗制滥造、品质低廉，旅游产品要尽可能体现本土化、创新化，充分带给游客感官的刺激、视觉、听觉、味觉、触觉、嗅觉的全面体验，以生态环保、低碳节能为前提，打造高

档次的精致产品，树立自己的品牌形象；第四，原生态的旅游项目，对游客而言是最好的体验。如游客亲自摘菜、垂钓、烹饪农家饭，其独特的参与感、愉悦感，正是原生态旅游产品所带给游客们的独特体验。因此，丰富和创新原生态旅游产品，提升技术含量，是体验经济时代旅游产品的发展潮流。

4. 树立区域整体发展观念，实现规模经济

河北省在发展生态农业旅游的过程中，要树立区域整体发展观念，企业间联手营销，实现规模经济。这样既可以减少营销成本的投入，避免同业间恶意的价格竞争，使企业间形成互惠互利的共同发展战略。

5. 加大宣传力度，打造知名品牌

促进河北省生态农业旅游的发展，需要采用多种营销手段，加大广告宣传的力度，树立品牌观念，实施知名品牌带动整体发展的战略。具有星级设施及服务的知名生态农业旅游园区的发展，将带动周边地区旅游业的发展，同时周边旅游园区的兴起又会反馈给知名园区，形成共生共荣的发展关系，达到延长区域生态农业旅游生命周期的效果。

6. 跨区域开展旅游合作，完善协调、监管机制

京津冀协同发展中，河北省具有明显的区位优势，可以开展跨区域的旅游合作。通过与北京、天津当地的旅行社的合作，共同开发旅游线路，推进市场间的互动。完善区域间的协调、质量监管及应急处理机制，更好地进行旅游项目的对接，推进生态农业旅游标准化建设，促进公共服务一体化发展。

第四章　无公害农业

第一节　无公害农业的内涵及特征

一、农业发展与无公害农产品的兴起

农业的发展经历了原始农业、传统农业和现代农业三个发展阶段。我国历史悠久，是世界四大文明古国。

原始农业起源于公元前8 000至公元前9 000年。原始农业最初仅是对自然的模仿，因此种植方式既简单又粗放，将种子撒到地里，任其自然生长，到了收获季节再采集谷粒，后来发展到“刀耕火种”，又进一步发展到“中耕”和“休田”。原始农业的产品没有任何污染，应属有机农产品。

我国的传统农业经历了夏、商、周的初步发展，春秋战国时期精耕细作农业技术的发生，北方旱作技术体系和南方水田技术体系的形成，一直到明清时期进一步的发展、完善和提高，形成了以精耕细作为特点的传统农业技术体系。在品种选育、病虫害防治、农具制作、农田灌溉、土壤肥料、田间管理、农时节气等方面取得了举世瞩目的成绩。

中国传统农业注意节约资源，并最大限度的保护环境，通过精耕细作提高单位面积产量；通过种植绿肥植物，粪便、废弃物还田保持土壤肥力；利用选择法培育和保存优良品种；利用河流、池塘和井进行灌溉；利用人力和畜力耕作；利用栽培、生物、物理方法和天然物质防治病虫害。所以，中国传统农业既是生态农业，又是有机农业。它是我们发展无公害农产品标准化生产的优势和基础。

19 世纪工业与科学技术的发展为农业现代化准备了条件。其主要表现为以现代工业装备农业，以现代科学技术武装农业，以现代经济理论和方法经营农业，用开放式的商品经济替代封闭式的自给性传统经济。现代农业首先在发达国家实现，主要是农业机械、化肥、农药和良种的应用，促进了生产力水平的提高。它是以大量化石能源的投入为特点的农业，因此又称为“石油农业”或“无机农业”。

现代农业降低了劳动强度，最大限度的发掘了植物的增产潜力，但是工业式农业由于过分依靠农药、化肥等外界投入，也造成了严重的环境污染、资源短缺问题，碧水蓝天越来越少，耕地、煤炭等资源越来越短缺，尤其是食品安全问题更是令人担忧，如农药化肥等有害物质的残留、疯牛病、口蹄疫、禽流感、转基因食品潜在危害等问题尤为突出。20 世纪 60 年代以后，发达国家首先对现代农业带来的负面影响进行反思，逐渐认识到工业式农业对环境的破坏、资源的浪费和对人体健康的危害，保护环境、节约资源、保障食品安全的呼声不断提高。为保障食品安全和农业的可持续发展，各国都在积极寻求新的农业生产方式。开始对石油农业进行批判，提出发展“有机农业”“生态农业”来替代石油农业，并付诸实践。

我国无公害农业的发展是始于无公害蔬菜和无公害茶叶的研究和生产。1982 年，在全国生物防治会议上，江苏省率先提出利用生物防治代替化学农药防治；从 1983 年开始，农业部原全国植保总站组织了“长江流域 7 省市无公害蔬菜生产开发与应用”“北方 12 省无农药污染生产技术研究应用”及“广东、广西、福建、云南四省（区）无公害蔬菜生产技术开发应用”三个协作组，通过无公害蔬菜生产的技术路线和技术措施的研究，分别制订了黄瓜、番茄、茄子、甜椒、白莱、甘蓝、菜豆等无公害蔬菜生产技术规程。有些省市还制订了地方品种质量标准。1989 年，农业部绿色食品办公室将无公害、无污染蔬菜纳入绿色食品范畴。这时的无公害农业，实际上就是一种生产无公害食品的农业形式。

进入到20世纪90年代，特别是从1995年起，湖北、黑龙江、山东、河北、云南等省广泛开展了“无公害食品生产技术研究与基地示范”工作，研制和推广了一系列的无公害食品生产技术，扩大了无公害食品生产范围，加速了无公害食品的发展。这个阶段的无公害农业不仅要求能够生产出安全食品，并且开始关注生产方式和农事活动对环境的影响，其基本含义可概括为：为生产出无污染的安全、优质、营养类产品，须在无污染的区域内，充分利用自然资源，最大限度地限制有毒有害物质进入农业生产系统和农产品，同时，还要保证农产品的生产及加工过程不对环境造成危害。此时，无公害农业包括了环境友好的内容，其概念逐充实和完善起来，并逐渐被人们所认识。无公害农业产生于无公害食品生产实践，也随着无公害食品生产的发展而发展。实际上，无公害食品、绿色食品、有机食品三者的发展共同推动了无公害农业的快速发展等。

为了推动无公害农业的发展，农业部出台了一系列有关文件。2001年4月，国家农业部启动了“无公害食品行动计划”，从此揭开了中国的狭义无公害农业发展的序幕。该“行动计划”分两步实施。第一步计划从2001年4月开始在北京、天津、上海和深圳四城市试点并实行市场准入制度，同时，在全国启动了100个无公害农产品基地示范县、市。第二步从2002年开始在全国范围内全面推进“无公害食品行动计划”。2001年9月，农业部公布首批73项无公害农产品行业标准并于同年10月1日在全国范围内开始实施，同时国家质量监督检验检疫总局批准发布8项农产品质量安全国家标准并于10月1日开始实施，在这8项标准中，4项安全要求是强制性标准，4项产地环境要求是推荐性标准。这些标准的发布和实施，有力地推动了我国无公害农业的发展。2002年4月29日，农业部和国家质检总局颁布了全国

《无公害农产品管理办法》。2002 年 11 月 25 日，农业部和国家认证认可监督管理委员会联合发布了《无公害农产品标志管理办法》。从此，中国的狭义无公害农业步入有标可依、有法可依的良性发展轨道。2003 年 3 月农业部成立了农产品质量安全中心，专门负责无公害农产品认证的具体工作。在我国无公害农业的持续发展，坚持五统一，即统一标准、统一标志、统一认证、统一管理、统一监督，标志着我国无公害农业步人正常的发展轨道。

二、无公害农业的概念

（一）无公害农产品

无公害农产品有狭义和广义的区分。

狭义无公害农产品特指我国农业部和国家质监总局发布的《无公害农产品管理办法》所提的无公害农产品，即产地环境、生产过程和产品质量符合我国农产品安全质量标准，经认证合格获得认证证书并允许使用无公害农产品标志的未经加工或者初加工的食用农产品。它更加关注农产品本身的质量，要求产品中有毒有害物质必须在标准规定的范围内。

广义无公害农产品指注重产品质量安全性和环境安全性并符合相关标准的所有农产品，除了狭义无公害农产品，还包括绿色食品和有机食品（农产品），它们目前都已在我国开展认证活动。

（二）无公害农业的概念

无公害农业是随着无公害农产品生产活动的开展而产生和形成的，无公害农产品有狭义和广义的区分。对无公害农业也应从狭义和广义两方面来理解。

狭义的无公害农业指按照一定要求组织生产、将有害物含量控制在标准规定的范围内的一种农业生产形式。它以生产质量安全的食品为目标，主要解决农产品本身的安全性问题，与狭义无公害农产品（无公害食品）相对应。

广义的无公害农业，是没有公害的农业生产方式，即无公害农业指充分利用自然资源，合理利用生产资料，限制外源污染物进入农业生产系统，保持环境清洁，防止生产和加工方式对环境和产品造成危害或损害，从而保障产品质量和安全特性以及生产方式符合相关要求和标准的一种农业发展模式，其目的是保障食品安全，保护环境，促进资源的合理使用，保证农业的可持续发展。简言之，广义的无公害农业就是没有公害的一种农业生产方式。

广义的无公害农业有狭义无公害农业、绿色农业和有机农业3种表现形式。从本质和目标上看，狭义无公害农业、绿色农业和有机农业三者都是“以技术标准为基础，以质量认证为形式，实行标志管理”的农业发展模式，都是有利于环境保护、有利于食品安全的替代农业形式，也有人将它们统称为绿色无公害农业。

三、无公害农业的特征

无公害农业是生态效益、社会效益和经济效益相统一的产业，其生产依赖于高新技术，也离不开传统农业技术，还需要较多的劳动力，其产品开发以市场信誉为首要条件，需要科学管理及法律监督作保障，它具有安全性、系统性、生态性、重点性、可操作性和可追溯性等多种特征。

1. 安全性

无公害农业生产方式对生态环境和农产品的影响是安全的。无公害农业生产限制或禁止有毒有害生产资料的使用，通过制定良好的生产技术规范或标准，对生产过程的各个环节严密监测、控制以及防范农药残留、放射性物质、重金属等有毒有害物质对环境和终产品可能造成的污染，产品的安全性有更高的保障。

2. 系统性

无公害农业生产不仅关注最终产品，也强调过程管理。它是一个产业化的生产，涉及多部门、多行业，强调产、供、销一体化和生产的标准化、规范化，实行“从农田到餐桌”的全程质量控制；要求各子系统之间、系统的各层次各因子之间相互协调、相互平衡。生产中的任何环节都不能出问题，只要一个环节出了问题，就会破坏整个生产。无公害农业生产技术是一项系统工程技术，包括产地环境条件的选择技术、无公害生产资料的开发与应用技术、无公害的栽培和养殖技术，有害生物的无公害防治技术，以及农畜产品的收获、加工、包装、贮藏和运输技术。这些技术是相辅相成、缺一不可的。缺少任何一项技术，都不能完成无公害农业生产。此外，无公害农业生产是商品化生产，把市场信誉放在首位，而产品信誉是建立在真实的质量基础之上的。由于消费者无法直接判断产品的内在质量，所以，与常规生产比，无公害农业更要求严格执行标准、严格检查、严格质量和市场监督，更注重管理的系统化和整体化。

3. 生态性

无公害农业是在人们认识到常规农业对环境、资源和人体健康的危害，尤其是对生态环境的破坏，而寻求新的农业生产方式的过程中兴起的。无公害农业生产总原则是以生态农业建设为出发点，充分利用可行的生态农业技术，充分利用自然界的光能、热能和降水，改变原来的农田管理制度，以土壤自身肥力为基础，实行生草覆盖，不用或少用化学肥料和农药，多施有机肥、合理配施化肥，科学用药，优先采用农业和生物的技术防治病虫草害，注意保护生物多样性，保持生态平衡，促使生态系统能够良性循环。这些措施的实施充分体现了无公害农业生产技术的生态学特性。

4. 重点性

无公害农业生产在强调采用系统性技术和系统管理的同时，也强调突出抓好重点技术、重点环节，强调要找到可能威胁终产品质量和环境安全的关键环节和技术，并加以重点监控和管理。

无公害农业有其技术核心，如无公害生产资料与生产技术开发和应用；也有明确的重点监控环节，如有害生物防治、化肥和饲料添加剂的使用等，其中有害生物防治是关键控制点。要着力抓好无公害农业的病虫害防治，采用生态和生物的措施防治病虫害，同时辅之以农业措施和物理措施，在必要时，可以应用高效、安全、无公害的化学农药，以确保对有害生物的防治效果和确保农产品的质量安全。

5. 可操作性

无公害农业有具体的标准可依，还制定有生产技术规范或操作规程，这些规范或规程是在无公害农业生产原则和标准指导下，从生产实践中总结出来并在生产中广泛应用的，技术很具体，便于掌握和使用，具有很强的可操作性。

6. 可追溯性

无公害农业重视生产全过程的质量控制，要求做好详细的生产和销售记录，包括生产资料的来源和数量、种植和养殖管理、收获、加工和销售的全过程记录。为确保不使用禁用的和未经许可的生产资料，还要求生产经营者建立相应采购体系，保存能追溯实际生产全过程的详细记录（如施肥、投料、有害生物防治、收获日期和形式、天气条件等）。要求农产品标签必须标注生产者、经销者的名称和地址，标注产品编号、产地编码等以确保全程质量控制信息的传递和可追溯。

7. 生态效益、社会效益和经济效益相统一

无公害农业是生态效益、社会效益和经济效益相统一的产业。常规农业生产往往以牺牲 生态效益为获取经济效益的代价，往往注重了生态效益而没有经济效益或经济效益极低，“三种效益”难以兼顾。无公害农业重视环境保护，对外来物质的投入有明确规定，严格限制有毒、有害物质的使用，生态效益明显优于常规生产。无公害农业采用标准化的技术和产业化的方式组织生产，实际生产成本低，产品价格高，竞争能力强，市场前景广

阔，经济效益突出。无公害农业生产能够吸纳更多的劳动力，促进就业，提高农民收入，农产品安全性好，社会效益高。

8. 依赖于高新技术

无公害农业生产依赖于高新技术。无公害农业生产对产品质量和生态环境有更高的要求，需要高新技术支撑。比如，病虫害防治，常规农药和常规的用药方式已经不适合，需要研制开发新农药、探索新的农药使用方式；栽培管理中，化学肥料的使用受到严格限制，常规的肥、水应用技术需要更新；新品种选育除要满足常规要求外，更注重品种抗性（包括抗病虫能力和抗污染能力）。无公害农业生产既要保证高产优质又不能污染环境，在技术选用和掌握程度上难度大，要掌握一个“度”，既要满足高产优质的要求，又不能对环境和产品造成污染，还要保护好害虫天敌，这需要掌握好平衡，严格施肥标准，采用配方施肥，采用农业的、物理的和生物的病虫草害防治技术替代常规的化学防治，对病虫害不要“斩尽杀绝”，要注意保持生物多样性，保持生态平衡，要充分利用植物自身的抗逆性。

9. 需要传统农业技术和较多的劳动力

无公害农业生产需要传统农业技术和较多的劳动力。无公害农业主要靠有机肥和种植豆科作物及绿肥来提供养分和恢复地力，通过培肥土壤、合理轮作、多样种植等措施以及使用一些生物源和矿物源农药等进行病虫害的综合防治，而这些实际上都是我国传统农业技术的重要内容。无公害农业生产在应用现代科学技术的基础上，需要吸收和利用我国传统农业技术的精华。

无公害农业生产技术复杂多样，工作难度大，属典型的劳动密集型产业；即使在机械化水平很高的发达国家，在农业生产中，如修剪、整枝、采摘等工作，仍主要靠人工完成。而无公害农业生产限制或不允许使用化肥农药，需使用有机肥、合理间作套种、采用农业与生物措施防治病虫害等，需要更多的劳动力，而采用的大量传统农业生产技术也需要大量人力来操作，这使得无公害农业需要更多的劳动力。

10. 注重市场信誉

无公害农产品是一种商品，信誉是商品市场竞争力的表现，信誉是提高产品市场占有率的有力保障，没有好的信誉，产品不可能在市场竞争中站住脚。无公害农产品开发要把市场信誉放在首位，要把信誉建立在真实的质量基础之上，要经得起消费者的检验。这需要严格按标准进行生产，严格质量检测，同时要严格商标管理，堵住假冒伪劣产品的混入。同时，无公害农业生产是一种标准化、规范化、产业化的生产，需要采取科学的手段，加强申报与审批的法制管理，建立健全生产与加工、流通与销售，以及无公害农产品标志的使用等方面的法规制度，严格把好环境监测与质量检测关，确实加强农产品在流通中的管理。同时，消费者无法直接判断无公害农产品的内在品质，更需要以市场信誉为首要条件，严格质量检测和市场管理，依法监督商标的使用等。

四、发展无公害农业的意义

1. 发展无公害农业是适应我国社会主义市场经济的需要

随着我国社会主义市场经济体制的逐步建立和完善，对我国农业生产提出了更高要求，不仅要保障社会上农产品消费供给，而且要面对市场，适应市场，寻求农业自身的发展，同时，我国经济的快速稳定增长，人民生活水平不断提高，对食物消费的要求也越来越高，回归大自然，消费无公害食品，已成为新时期消费的潮流和市场走向，但是环境污染对农产品的卫生质量造成了很大威胁，食物中毒事件不断见诸报端，已引起人们的广泛关注，人们对环境保护，对消费无公害食品的意识大大增强，迫切需要政府及有关部门采取措施，发展无公害农业，满足人们绿色消费的需要，发展无公害农业，不仅可以提高我国农产品质量，而且可以树立我国农产品的品牌，有利于扩大影响，增强农产品的市场竞争力，从而提高农业生产适应市场经济的能力。

2. 发展无公害农业是最适应农产品国际贸易的需要

农产品是我国出口创汇的重要组成部分，近年来，出口创汇额不断增加。但是，目前在国际贸易中，环境管制措施越来越严，标准越来越高，以环境标志为代表的无公害贸易这一非关税壁垒正在构筑，并且已经对我国的农产品出口带来重大影响，如我国《关于环境与十大对策》中所指出的：国际市场上出现了绿色食品，这是一个信号，那些在生产、使用过程中危害环境的产品将日益受到抵制，据外经贸部有关方面的信息，我国出口农产品和食品品种档次低，质量差，安全优质性能较为缺乏，常常因为有害物质残留超标而出现贸易纠纷、索赔等问题，因此，我国加快发展无公害农业，有利于提高我国农产品质量档次，有利于冲破国际市场中正在构建的非关税贸易壁垒，有利于提高我国农产品在国际市场中的竞争能力，促进出口创汇。

3. 发展无公害农业是树立我国环境保护国际新形象需要

当前环境问题已经成为国际政治的热点，国际社会和联合有关机构已制定了范围广泛的国际环境公约和法律规定，控制污染，保护环境已成为国际合作的重要行为准则。我国政府已先后签署了包括关于保护臭氧层的《蒙特利尔议定书》在内的30多项保护资源和环境国际公约、协定，并率先制定出《中国21世纪议程》提出发展无公害农业产品，通过发展无公害农业，有效地保护和改善生态环境，促进无公害农产品的生产，同时，促进我国对国际环境公约、协定的贯彻和落实，表示我国对人类环境问题高度负责的政治态度。优质、营养的无公害食品，是人类食文化的变革，提倡无公害食品，也就是提倡一种新的饮食文化，一种新的消费观念，一种新的生活方式，一种新的与环境共处的依存关系，是人类文明进步的重要表现。

4. 发展无公害农业是保护与改善农业生态环境的需要

随着工农业的快速发展，工业“三废”的大量排放与农用化学物资的大量施用，导致农田受污染的情况十分严峻，农产品质量受到影响，部分地区的农产品受到较严重的污染，因食用受污染食物引起中毒的事件屡见报端，发展无公害农业，首先要求产地环境必须符合“无公害”质量要求，一旦产地受到污染，失去了无公害农产品生产的基本条件，因此，要创建和保持无公害农产品基地，就必须保护和改善农业环境，其次，就是要推广无公害农产品生产技术，合理使用农用化学物质，树立环境保护的观念，形成无公害农业产业体系，所以，发展无公害农业的同时，可以加大生态环境建设与保护的力度，从而有效地保护和改善生态环境。

5. 发展无公害农业是提高农业经济效益，促进农业可持续发展的需要

国内外市场表明，无公害食品比一般食品价格高，且市场需求旺盛。显而易见，开发无公害食品可以提高农业经济效益具有较强的市场发展前景，目前，我国正在实施西部大开发战略，充分发挥西部自然资源优势与生态环境优势，大力发展无公害农业，开发具有地方特色的无公害农产品，形成规模，促进农业产业化建设，既可以提高农业经济效益，增加农民收入，又保护了农业生态环境，促进农业的可持续发展，可以说，发展无公害农业是一项利国利民的“双赢”事业。

第二节　农产品质量安全和相关标准

一、农产品质量安全涵义

（一）农产品的涵义及特点

1. 农产品的涵义

农产品是指来源于农业的初级产品，即在农业活动中获得的植物、动物、微生物及其产品。这里讲的“农业活动”，既包括

传统的种植、养殖、采摘、捕捞等传统农业活动，也包括设施农业、生物工程等现代农业活动。“植物、动物、微生物及其产品”，是广义的农产品概念，包括在农业活动中直接获得的未经加工的以及经过分拣、去皮、剥壳、粉碎、清洗、切割、冷冻、打蜡、分级、包装等粗加工，但未改变其基本自然性状和化学性质的初加工产品。区别于经过加工已基本不能辨认其原有形态的“食品”或“产品”。

2. 农产品的特点

农产品生产有其特殊性，不同于工业产品生产。一是农产品品种繁多。既有直接食用的鲜活农产品，也有用作食品原料的农产品，还有用作非食用工业原料的农产品。农产品具有生物性，鲜活、易腐、难储藏，产品规格不易统一。二是农产品生产环节多、周期长。从农田到餐桌，要经过农业产地环境、农业投入品使用、种植养殖、收割屠宰、储藏运输、保鲜、包装等多个环节，生产链条长，生长周期最短也在 30 天以上，不同于工业品生产。三是影响安全的因素复杂。涉及产地、生产过程和采收储运等诸多方面，危害因素多，控制技术复杂，污染评价的手段有限。四是农产品质量安全监管难度大，需要有别于工业品的特殊监管方式。特别是我国农民素质不高，农产品生产经营方式分散，生产规模小，千家万户分散经营，一家一户单独面向市场，农产品质量安全监管既要保护消费者的合法权益，也要保护生产者的权益，必须适应我国“三农”的特点。

（二）农产品质量安全的涵义及潜在危害因素

1. 农产品质量安全的涵义

按照《中华人民共和国农产品质量安全法》中的定义，农产品质量安全是指农产品质量符合保障人的健康、安全的要求。安全意味着在生产过程、贮藏和运输、加工和销售等各个环节，各种有毒有害物质都得到了控制，农产品质量都达到了安全标准要求，不会给消费者本人、后代和环境造成危害和损失。狭义的安全仅仅指对消费者本人的健康而言，而广义的安全还应包括对后代、环境等方面的影响。无公害食品、绿色食品和有机食品是按照特定标准要求、采用特定方式生产出的质量安全的一类食用农产品。

发展无公害农业的目的之一，就是通过生产无公害农产品，确保农产品的质量安全。保障农产品质量安全是维护公众健康，促进农业和农村经济发展的要求。

2. 农产品质量安全的潜在危害因素

对农产品质量安全可能造成直接或长期影响的危害因素主要如下。

①农业种、养殖过程可能产生的危害，包括因投入品不合理使用造成的农药、兽药、渔药、添加剂等有毒有害物质残留污染，以及因产地环境造成的污染和汞、铅、铬、镉等重金属毒物和氟化物等非金属毒物污染。

②农产品包装储运过程可能产生的危害，包括贮存过程中使用的保鲜剂、催熟剂和包装材料中有害化学物等产品的污染，以及流通渠道中导致的二次污染。

③农产品自身的生长或发育过程中产生的危害，如农产品本身的天然毒素就是目前农产品所面临的危害之一。

④农业生产中新技术的应用产生的危害，主要可能是由于技术发展或物种变异而带来新的危害。

二、农产品质量安全问题的危害

在当今日趋复杂的国际环境下，农产品质量安全问题既是个经济问题，也是个社会问题，更是个政治问题，其影响面非常大。

1. 农产品质量安全问题会危及公众健康

科学研究表明，食品中的有毒有害物质直接影响人的生长发育，诱发急性中毒和慢性疾病，甚至导致死亡。据世界卫生组织估计，每年全球有数以亿计的人口因食品污染、饮用水污染而患病。在美国由于食品受出血性大肠杆菌污染，每年造成近 2 万人患病。英国发生疯牛病后，虽然因病直接致死的人数只有 69 人，但由于疯牛病潜伏期长、确诊困难，至今人们仍心存恐惧。

2. 农产品质量安全问题会造成经济损失

在过去 20 多年中，发生在世界各地的食品安全事件，不仅对人类身体健康带来了危害，而且对农业、食品业、旅游业等也造成了不同程度的影响，每年全球食品安全事件导致的经济损失数额巨大。例如比利时因二噁英事件，不仅本国大量销毁大量活鸡和鸡肉加工制品，造成的直接经济损失达 13 亿欧元，而且使整个欧盟畜产品贸易蒙受巨额损失。

3. 农产品质量安全问题会引发国际贸易争端

近年来，世贸组织各成员国在普遍实行关税减让后，根据世贸规则，越来越多的国家把提高食品安全标准作为技术性贸易壁垒措施，限制他国产品进入。通常的做法是采取修改技术法规、提高技术标准、严格合格评定程序，要求食品出口国生产企业具备较高的食品安全生产条件、出口产品必须取得国际认证等，提高农产品和食品进口门槛。2005 年，世界贸易组织成员国共提交卫生和植物卫生措施通报 651 件，涉及食品安全问题的多达 357 件，占通报总量的近六成。食品安全问题以及由此设置的贸易壁垒，已经成为国际贸易争端和摩擦的焦点之一。

4. 农产品质量安全问题会影响政府公信力

从国际经验看，农产品质量安全事件会直接影响公众对政府的信任度，一些重大食品安全事件甚至会破坏社会稳定、危及国家安全。因此，能否保障食品安全，已成为衡量政府能力的重要尺度。比利时由于发生二噁英事件，直接导致了政府的更迭；德国也因发生疯牛病导致了联邦政府卫生部长和农业部长辞职。因此，做好农产品质量安全工作，责任重大，意义深远。

三、农产品质量安全法

2006 年我国正式颁布的《中华人民共和国农产品质量安全法》（以下简称《农产品质量安全法》）标志着我国无公害农产品生产、经营、认证、监管正式进入了法制化轨道，保证农业生态环境开发建设，加快农业和农村经济的可持续发展，保障了"从基地到餐桌"的人民群众健康和安全。

《农产品质量安全法》从法律上对农产品质量安全标准、产地、投入品、生产、包装和标识以及监督检查、法律责任等方面作出规定，为从根本上解决农产品的质量安全问题提供了法律保障，有利于规范农产品生产、销售行为和秩序，保证公众农产品消费安全和广大人民群众的根本利益。

1. 产地环境管理要求

农产品产地是影响农产品质量安全的重要源头。《农产品质量安全法》对农产品产地管理进行了规定，确立了农产品产地安全管理制度，要求各级政府和农业行政主管部门改善产地生产条件，加强标准化生产示基地建设，禁止在有毒有害物质超标的区域生产食用农产品和建立生产基地，并对禁止外源污染和防止农业内源污染作了规定，具体要求如下。

（1）农产品禁止生产区域的划分，应当按照保障农产品质量安全的要求，根据农产品品种特性和生产区域大气、土壤、水体中有毒有害物质状况等因素确定。

（2）禁止在有毒有害物质超过规定标准的区域生产、捕捞、采集食用农产品和建立农产品生产基地。

（3）禁止违反法律、法规的规定向农产品产地排放或者倾倒废水、废气、固体废物或者其他有毒有害物质。农业生产用水和用作肥料的固体废物，应当符合国家规定的标准。

（4）农产品生产者应当合理使用化肥、农药、兽药、农用薄膜等化工产品，防止对农产品产地造成污染。

2. 农业投入品管理要求

农作物种子种苗、种畜禽、水产苗种、肥料、农药、兽药、饲料和饲料添加剂、兽医器械、农机及零配件、渔机渔具等农业投入品是农业活动中重要生产要素，农业投入品使用不当或不合理是影响农产品质量安全和导致环境污染的重要因素。现行农业投入品法规主要有《中华人民共和国种子法》《农药管理条例》《兽药管理条例》《饲料和饲料添加剂管理条例》等。《农药管理条例》建立了农药登记制度和生产许可制度，《兽药管理条例》建立了新兽药注册、兽药生产经营许可、动物及产品兽药残留监管等制度，《饲料和饲料添加剂管理条例》建立了新饲料和饲料添加剂审定、饲料添加剂和添加剂预混合饲料企业生产许可制度。另外，依据有关规定，农业部对有关肥料实行登记制度。《农产品质量安全法》对农业投入品使用中的共性问题予以规范，具体要求如下。

（1）加强对农业投入品的管理和指导，建立健全农业投入品的安全使用制度。

（2）禁止在农产品生产过程中使用国家明令禁止、淘汰或者未经依法许可的农业投入品。

在农药方面，2002 年 6 月 5 日发布的农业部公告第 199 号，明令禁止使用六六六、滴滴涕、毒杀芬、毒鼠强等 18 种农药，同时，禁止将甲胺磷、甲基对硫磷、对硫磷、久效磷等 19 种高毒农药用于蔬菜、果树、茶叶、中草药材上，禁止将三氯杀螨醇、氰戊菊酯用于茶树上。2006 年 6 月 28 日农业部等四部委公告第 632 号规定，自 2007 年 1 月起，禁止生产销售使用甲胺磷、甲基对硫磷、对硫磷、久效磷、磷胺 5 种高毒农药。

3. 标准化生产要求

优质安全农产品是生产出来的。生产者只有严格按照规定的技术要求和操作规程进行农产品生产，科学合理地使用符合国家要求的农药、兽药、肥料、饲料及饲料添加剂等农业投入品，适时地收获、捕捞和屠宰动植物或其产品，才能生产出符合质量安全标准要求的农产品，才能保证消费安全。具体要求如下。

（1）农产品生产者应当严格执行国务院农业主管部门制定的农业投入品使用安全间隔期或者休药期的规定，适时收获、屠宰或者捕捞农产品。

（2）农产品生产企业和农民专业合作经济组织应当建立农产品生产记录：农产品生产记录应当如实记载农业投入品的名称、来源、使用和停用日期、用法、用量；动物疫病、植物病虫草害发生和防治情况；收获、屠宰或者捕捞日期。

（3）禁止伪造农产品生产记录。

4. 农产品包装和标识要求

农产品大多以鲜活产品为主，且多为异地销售。为确保广大消费者能够吃到色、香、味俱全和品质优良的农产品，在包装、贮存、运输过程中适当采取一定的保鲜防腐技术是必须的，也是发展的必然方向。因此，《农产品质量安全法》规定农产品在包装、保鲜、贮存、运输中使用的保鲜剂、防腐剂、添加剂等材料，必须符合国家强制性技术规范要求。同时，法律还确立了农产品标志管理制度，明确了无公害农产品标志和其他优质农产品标志受法律保护，禁止冒用。具体要求如下。

（1）农产品生产企业、农民专业合作经济组织以及从事农产品收购的单位或者个人销售的农产品，按照规定应当包装或者附加标识的，须经包装或者附加标识后方可销售：包装物或者标识上应当按照规定标明产品的品名、产地、生产者、生产日期、保质期、产品质量等级等内容。使用添加剂的，还应当按照规定标明添加剂的名称。

（2）农产品在包装、保鲜、贮存、运输中所使用的保鲜剂和防腐剂等材料：应当符合国家有关强制性的技术规范。

（3）属于农业转基因生物的农产品：应当按照农业转基因生物安全管理的有关规定进行标识。

（4）依法需要实施检疫的动植物及其产品：应当附具检疫合格标志、检疫合格证明。

（5）销售的农产品必须符合农产品质量安全标准：并可以申请使用无公害农产品质量认证标志。农产品质量符合国家规定的有关优质农产品标准的，生产者可以申请使用绿色食品等质量认证标志。

（6）禁止伪造、冒用前款规定的农产品质量认证标志：根据我国2002年3月20日出台的《农业转基因生物安全评估管理办法》，规定对转基因产品实施标识制度。

5. 市场监督管理要求

《农产品质量安全法》禁止不符合农产品质量安全标准的农产品上市销售。

（1）含有国家禁止使用的农药、兽药或者其他化学物质的。

（2）农药、兽药等化学物质残留或者含有重金属等有毒有害物质不符合农产品质量安全标准的。

（3）含有致病性寄生虫、微生物或生物毒素不符合农产品质量安全标准的。

（4）使用的保鲜剂和防腐剂、添加剂等材料不符合国家有关强制性的技术规范的。

（5）其他不符合农产品质量安全标准。

四、无公害农产品的标准

标准是人们对科学技术和经济领域中重复出现的事物和概念，结合生产实践，经过论证、优化，由有关各方充分协调后为各方共同遵守的技术性文件，它是随着科学技术的发展和生产经验的总结而产生和发展的。它既是某个领域科学技术的高度浓缩和概括，又是一种技术规范，目的是帮助和促进人们掌握科学的生产技术，避免由于不科学的技术行为造成不良的后果，防止由于违反自然法则而受到的种种惩罚。

在我国，从标准的制定和管理上，可分为国家标准、行业标准、地方标准、企业标准 4 种类型。

1. 国家标准

2001 年 8 月国家质量监督检验检疫总局批准发布了 GB 18406 和 GB 18407“农产品安全质量”8 项国家标准，并于 2001 年 10 月 1 日在全国范围内开始实施。这 8 项标准是“GB 18406.1—2001 农产品安全质量无公害蔬菜安全要求”“GB 18406.2—2001 农产品安全质量无公害水果安全要求”“GB 18406.3— 2001 农产品安全质量无公害畜禽肉安全要求”“GB 18406.4—2001 农产品安全质量无公害水产品安全要求”“GB/T 18407.1—2001 农产品安全质量无公害蔬菜产地环境要求”“GB/T 18407.2—2001 农产品安全质量无公害水果产地环境要求”“GB/T 18407.3—2001 农产品安全质量无公害畜禽肉产地环境要求”“GB/T 18407.4—2001 农产品安全质量无公害水产品产地环境要求”。其中“安全要求”是强制性的，“产地环境要求”是推荐性的。

农产品安全质量 8 项国家标准是以现行相关标准为依据，以农产品生产过程中产生的、易在农产品及人体内残留、对人体有害的污染物质为重点，综合有关省的无公害农产品地方标准对农产品产地的土壤、水质、大气质量和产品安全质量要求制定的。

2006 年我国正式颁布的《农产品质量安全法》标志着我国无公害农产品生产、经营、认证、监管正式进入了法制化轨道，保证农业生态环境开发建设，加快农业和农村经济的可持续发展，保障了“从基地到餐桌”的人民群众健康和安全。无公害农产品既要有优质的营养品质，又要健康安全，其在生产、管理、质量控制以及认证评价必须依据一整套现行有效的产品技术标准。

2. 行业标准

无公害农产品技术标准属农业标准范畴，其目的在于保证农产品产前、产中和产后的全过程质量控制和规范化生产，无公害农产品的行业标准由农业部负责制定和管理。

在国家质量监督检验检疫总局发布8项“农产品安全质量”标准的同时，农业部公布了首批73项无公害农产品行业标准，也于2001年10月1日在全国范围内开始实施。标准内容包括产品产地环境条件、生产技术规范、产品质量安全标准以及相应检测检验方法标准。其中，25项是产品质量安全标准，38项是配套的生产技术规程标准，10项为产地环境标准。例如，“NY/T 5011—2001 无公害食品苹果”“NY/T 5012—2001 无公害食品苹果生产技术规程”“NY/T 5013—2001 无公害食品苹果产地环境条件”。至2006年8月，为适应无公害农产品事业快速发展，满足生产、检测、认证和管理需要，农业部已正式颁发了282个无公害食品技术标准，至此基本形成我国无公害农产品标准体系。

3. 地方标准和企业标准

对没有国家标准和行业标准而需要在省（自治区、直辖市）范围统一要求的，要制定地方标准。地方标准的制定由各省（自治区、直辖市）农业厅负责，农业部和国家质检总局备案。2001年前，许多省（自治区、直辖市）制定了诸多地方标准并付诸实施。随着行业标准的颁布，相应的地方标准终止执行，没有国家标准和行业标准或国家标准暂时没有颁布的，可继续执行地方标准。

产品生产加工企业在没有国家标准和地方标准的情况下，应产品销售方要求，并结合国际上先进的同类标准，制定企业标准，并报地方政府标准化行政主管部门和有关主管部门备案。企业标准只在企业内部适用。

第三节　无公害农产品生产技术

一、无公害蔬菜生产技术

无公害蔬菜生产的产地环境要符合《蔬菜产地环境条件》

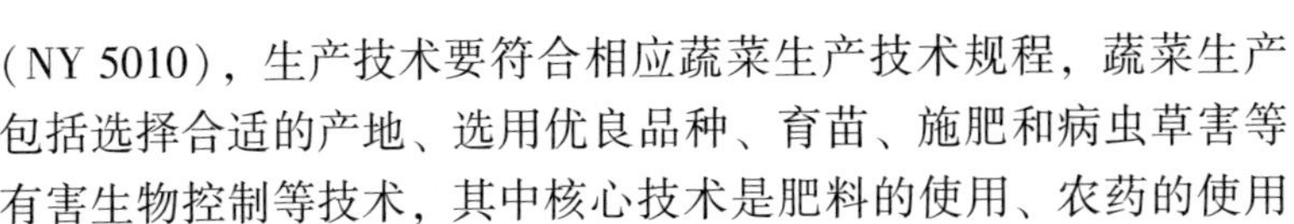

（NY 5010），生产技术要符合相应蔬菜生产技术规程，蔬菜生产包括选择合适的产地、选用优良品种、育苗、施肥和病虫草害等有害生物控制等技术，其中核心技术是肥料的使用、农药的使用和病虫害的防治。

1. 产地选择

无公害蔬菜产地应选择在生态条件良好，远离污染源，地势平坦、排灌方便、土壤耕层深厚、土壤结构适宜、理化性状良好，以粉砂壤土、壤土及轻黏土为宜，土壤肥力较高，具有可持续生产能力的农业生产区域。

2. 品种选择和种子的处理

要选择适合当地大气、土壤、水质环境要求的品质，选择品种还应是优质丰产、抗逆性强、适应性广、商品性好的品种。

选种子时要注意选择健康的种粒。选择种粒的要求为：色泽好、外观饱满，并且充分符合本品种特征。

种子选好后，要进行无公害处理，即在播种之前杀灭种子自带的病菌，增加种子的生命力和抗病能力。这个过程叫做“净种”，包括以下步骤。

晾晒种子。种子晾晒时间一般为一到两天，每天两次，每次2小时。

消毒种子。为增加蔬菜抗病毒的能力，要用约为10%的磷酸三钠溶液对种子进行15～30分钟的浸泡。浸泡后用清水洗净种子，在25～30℃的温水中浸泡20分钟左右再晾干。

3. 育苗

育苗期间的无公害处理是非常重要的环节，目的是提高幼苗的抗虫性、抗病性和对恶劣自然环境的抵抗性，使最终长成的蔬菜达到低毒甚至无毒。

育苗包括以下一些具体措施。

选择苗床土壤，以有机质含量高、养分充足、疏松透气为标准，还要注意选择3年内没有种植过蔬菜的土壤，以避免土壤中原有的病虫害。

配置营养土。选择好土壤后，加入 30% 充分腐熟的农家肥和少量的草木灰，搅拌均匀，为蔬菜的生长提供更充分的养分，同时减少病虫害。

配置药土。把 8 ~9 克 50% 的多菌灵加入到 15 ~20 千克的营养土中搅拌均匀，再把 8 ~9 克 50% 的福美双加入到另外 15 ~20 千克的营养土中搅拌均匀，两种配好药的营养土再按照 1 ：1 的比例混合在一起，就制作好了药土。每平方米苗床大约使用 30 千克药土。

分苗是将苗床上 2 ~3 片真叶的小苗移植到营养钵中的过程。

营养钵的制作：将配置好的营养药土装在塑料薄膜中制成直径约 10 厘米、高 8 ~10 厘米的营养钵。将营养钵均匀排列在苗床上，然后把小苗移到营养钵中。

在苗期前后依次喷洒苗菌敌和恶霉灵各一次。交替使用使致病菌不宜产生赖药性，从而提高防病效果，减少农药喷洒。

4. 施肥

（1）基肥和追肥：每亩优质有机肥施用量不低于 3 000千克。有机肥料应充分腐熟。氮肥总用量的 30% ~50% 、大部分磷、钾肥料可基施，结合耕翻整地与耕层充分混匀。宜合理种植绿肥、秸秆还田、氮肥深施和磷肥分层施用。适当补充钙、铁等中、微量元素。

追肥以速效氮肥为主，应根据土壤肥力和蔬菜不同生育时期的特点，适时、适量地分期追肥，既满足蔬菜各生长时期的需要，也避免肥料过分集中而产生的不良效果。一般蔬菜产量形成期应多追肥，以补充基肥的不足。收获前 20 天内不应使用速效氮肥。合理采用根外施肥技术，通过叶面喷施快速补充营养。

（2）有机肥与无机肥合理施用：一般有机肥的肥效较慢、长，而无机肥较快、短，在蔬菜施肥过程中必须合理施用，发挥各自的作用，以达到相互补充。蔬菜施肥还应根据当地不同季节的气候特点与当时的土壤状况，以及植株生长情况进行，根据土壤中养分含量和形态，结合植株生育对各元素的需求量，进行配方施肥。

5. 农药使用管理

为确保蔬菜的无公害，要对农药使用的种类、频次、浓度和时间进行严格的管理。

严禁使用剧毒、高毒性、高残留农药及其混配剂，如甲胺磷、1605、三氯杀螨醇等。积极推广使用高效、低毒、低残留农药及生物农药，如多菌灵、福美双、恶霉灵、苗菌敌等。

严格限制农药使用的次数和浓度。大田管理期最多允许喷洒两次农药，同一种允许使用的农药，在整个无公害生长期内只能使用 2～3 次，还要间隔使用。

安全间隔期管理。安全间隔期是指在蔬菜采摘之前的一段禁止使用农药的时期。

6. 病虫害防治

病虫害防治要以农业防治为主要手段，以化学防治作为辅助手段，同时与物理防治和生物防治相结合，以减少农药使用、减少污染，提高食品的品质，保障食品安全，同时降低蔬菜种植的成本。常见方法如下。

（1）农业防治方法：综合运用先进的栽培技术措施，创造有利于蔬菜生育而不利于病虫发生的环境条件，使蔬菜健壮生长和发育，增强植株抵抗力，从而控制部分病虫害的发生和蔓延。

清洁田园。经常性地对枯枝、老叶、病果和杂草等进行手工清理，并进行深埋。

微滴灌。在灌溉上采用微滴灌技术，对灌溉进行分区管理，阻断病虫害的传播途径。

（2）物理防治方法：应用物理防治措施，可有效防治蔬菜病虫害，而且能使蔬菜不受污染。其技术措施主要有：干热处理或温汤浸种消毒，以消灭或减少种传病害；利用太阳能高温闷棚和冬季翻耕低温杀死病菌虫卵；应用蔬菜嫁接技术；推广频振式杀虫灯诱杀害虫；用防虫网防虫；利用害虫的趋避性进行驱赶或诱杀等。

（3）化学防治方法：正确使用农药，严格控制化学防治措施是无公害蔬菜生产的关键问题。严禁使用高毒、高残留农药。推广使用高效、低毒、低残留农药。

（4）生物防治方法：利用生物天敌，防治蔬菜病虫害，做到以虫治虫，以菌治菌，以菌治虫，以尽可能不用或少用化学农药。目前推广应用的生物制剂主要有 Bt 乳剂、杀虫素、井冈霉素等。

二、无公害小麦生产技术

无公害小麦生产的产地要符合《大田作物产地环境条件》（NY 5332），整个生产技术包括选择合适的产地、优良的品种、整地、种子处理、施肥、科学防治病虫害和适时收获入仓等技术，其中核心技术是肥料的使用和病虫害的防治。

1. 产地选择

产地选择符合《大田作物产地环境条件》（NY 5332）标准的适合的地块。

2. 种子质量及处理

选择品质好、抗逆性强、高产的优质小麦品种。引种时必须遵循以下原则。

根据当地生态特点、生产条件与产量目标等选用良种。

注意品种的区域性和生育特点。

注意品种适当搭配。

避免盲目频繁换种。

注意品种纯度，防止混杂。

播前要精选种子、晒种，筛掉小、秕粒；做好发芽试验，种子发芽率要保证不低于95%。对有地下害虫发生的地块，用0.1

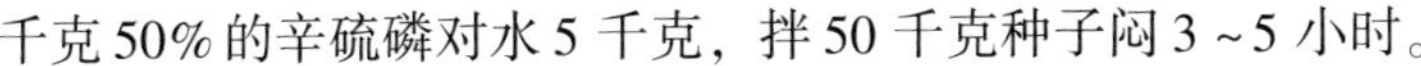

千克50%的辛硫磷对水5千克，拌50千克种子闷3~5小时。

3. 整地

麦田耕作整地是改善土壤条件的基本措施之一，一般包括耕翻和播前整地两个环节。在秋季深翻整地基础上，早春在土壤5厘米处地温稳定通过0℃时可进行耙地、整地播种，要求做到土表细碎平整。

4. 播种

抓住冷尾暖头适时播种及时进行顶凌播种。

基本苗数是实现合理密植的基础，通常采用“以地定产，以产定穗，以穗定苗，以苗定籽”的方法确定播种量。播种量还与实际生产条件、品种特性、播期早晚、栽培体系类型等有密切关系。一般每公顷播种量在260~300千克，以保证每平方米500~600株的密度。播种要均匀、一致，防止漏播；覆土要浅，以3~5厘米为宜，并要深浅一致。

5. 施肥

平衡施肥除了满足小麦对营养元素的需求外，还有对小麦合理群体结构的调控作用。具体的施用量、施用时期要有利于小麦合理群体结构的构建。决定小麦产量高低的根本在于土壤肥力，施肥对增产的贡献小于土壤基础肥力对产量的贡献，因此，应通过合理施肥来培肥地力。具体措施如下。

（1）基肥使用：增施有机肥。秸秆还田是一种既降低成本又培肥地力，还能保护环境的好办法。

分层施用化肥。第一次耕前施用，将基肥总量的2/3于耕前撒施，深耕翻埋深度要达到20~25厘米，精细整地，使肥料分布于根层中下部。第二次播前使用，使用化肥总量的1/3，再进行浅耙，使肥料均匀分布在根层中上部土壤中。

（2）追肥：尽量采用耧播、开沟条施或撒施后立刻浇水的办法进行。

冬前慎用肥水防旺长。返青期杜绝肥水，提温保墒促返青。

起身期看苗施肥促稳健生长，防群体过大。拔节期重施肥水，促壮秆发大穗。孕穗期饱浇水增加穗粒数，提高粒重。后期浇水防止早衰，巧施叶面肥，改善品质，提高产量。

6. 田间管理

（1）冬前管理：小麦从出苗到越冬开始前称为冬前时期，是培育冬季壮苗、保证安全越冬的重要时期，称为冬前管理。这个阶段的特点是小麦不断长叶、长根、长蘖。这一时期播种的冬小麦出苗后有 50～60 天生长时间，在管理中分为苗期和冬前两个阶段。

苗期管理的中心任务是保证苗全、苗匀，使基本苗达到预定指标。包括以下具体措施。

及时查苗补苗，确保苗全苗匀。

及时破除土壤板结，以利出苗和防止龟裂失墒。

酌情浇分蘖水。当土壤水含量低于 65% 时，小麦分蘖将受到影响甚至严重降低，因此当低墒不足时，应及时浇好分蘖水。

早管弱苗，促弱转壮。因苗追肥。防治苗期虫害。控制旺长，对过旺麦苗及早镇压。冬前管理主要是指对越冬前半个月的管理，中心任务是巩固壮苗，保证安全越冬。浇好冬水以稳定地温和土壤水分。追施冬肥。对于年前有旺长趋势，总茎数超过预计数量的麦田，可进行冬前压麦或深耕断根，以控制小麦生长。

（2）春季管理：小麦的春季管理主要包括返青起身期管理和拔节期管理。这两个时期是小麦穗数、穗粒数和合理群体结构形成的重要阶段。

当春季温度回暖，小麦从越冬期的休眠状态恢复生长，小麦返青是决定每穗小穗数目、提高分蘖成穗率，为穗数和穗粒数奠基的主要时期。其管理方向可归纳为促进麦苗早生根、早返青、培育春季壮苗；巩固年前分蘖，控制春季分蘖，提高成穗率，确保穗数；促进小穗分化，争取大穗；为营养生长和生殖生长奠定基础。主要技术措施包括以下几个方面。

耧麦或锄麦，不仅可以松土保墒，还能提高地温，促进根系发育。

根据苗情的生育特点和地力，决定是否施用返青肥。

根据墒情、地力、温度和苗情决定是否浇返青水。

应依是否需要保蘖为主要衡量指标决定是否施用起身期肥。

小麦起身后，植株生长进度加快，当穗分化进入小花分化期，茎的基部节间开始明显伸长，进入拔节期。拔节期的生育条件对小麦单位面积的穗数形成、每穗粒数的形成、合理群体结构的建立等都有重要影响。

在前期肥水得当、个体生育健壮、群体大小适中时，应视地力、苗色适量追肥，以防止后期脱肥。施肥量一般为全生育期施氮量的40%左右，施肥后应及时浇水。前期群体过大、麦苗有旺长趋势、土壤肥力又高时，应酌情少施或不施拔节肥，但要适时浇好拔节水，并在孕穗期视苗情酌情补肥。对群体和长相相似的麦田，肥水施用时机应看基本苗和分蘖质量。对于基本苗基本接近要求穗数的晚播麦田，肥水时间要看总茎数和苗色。

（3）后期管理：小麦孕穗至成熟期间统称为后期管理，在此期间不仅是决定穗数和穗粒数的关键时期，也是形成粒重，决定最后产量的关键时期。

小麦进入孕穗期后，营养体和结实器官已基本形成，单位面积穗数和每穗小穗数、小花也基本形成，但此期对小穗、小花、结实率影响极大，是制约每穗粒数的重要时期，同时对后期建造高光效的群体具有重要意义。小麦生长后期进入以籽粒形成为中心的开花受精、养分运输、籽粒灌浆、产量形成的阶段。该阶段的调控目标是保持根系活力，延长叶片功能期，防止早衰与贪青晚熟，促进光合产物向籽粒运转，争取粒重。后期管理的主要措施有：保证水分供应，按地力和苗情酌情追肥，防治病虫害，防止倒伏。

7. 病虫害防治

（1）小麦锈病：小麦锈病是小麦主产区经常发生的一种真菌性疾病，又叫“黄疸病”。根据锈病发生部位的不同，又分为条锈病、叶锈病和秆锈病。

条锈病是小麦锈病中危害最严重的一种，大多发生在小麦的叶片上，叶鞘、茎秆和麦穗也有发生，蔓延非常快。条锈病一般发病越早，损失越重，最重的可减产80%左右。

叶锈病表现出来的病斑显得比较散乱，呈橙褐色，在叶片上不规则地散生。叶锈病主要发生在我国西南、华北和东北麦区，对小麦生长发育的影响与条锈病相同。

秆锈病的发生部位以小麦的茎秆和叶鞘为主。秆锈病发生的病斑较大，呈红褐色，有点是椭圆形，有的是狭长形。秆锈病主要发生在我国东北、西北、内蒙古等春麦区，对小麦产量的影响决定于发病的早晚和轻重。如果小麦早期发病，减产最多可达74%～84%。

小麦苗期锈病病叶率达到10%，而且秋季气温偏高、雨水偏多时，立即喷洒三唑酮1 000倍液进行防治。在扬花抽穗期、灌浆期，当小麦锈病的发病率达到麦田的1%时，每亩用20%戊唑醇可湿性粉剂或40%戊唑双可湿性粉剂60克加水50千克喷雾防治。

（2）小麦白粉病：小麦白粉病也是由真菌引起的病害。感染白粉病的小麦，受害叶片初期形成灰白色的小霉点，以后逐渐扩大成圆形或椭圆形，并转变为绒絮状的霉斑，严重时甚至覆盖整个叶片。受害麦田一般减产5%～10%，严重的达到20%～70%。

小麦白粉病多发生于小麦秋苗至成熟期间，5—6月为暴发流行期。如果温度适宜、阴雨天多，麦田湿度又大、光照不多，白粉病最容易发生。

当小麦白粉病发病率达到麦田的10%时，每亩用40%戊唑醇加福美双可湿性粉剂30克或20%三唑酮乳油30毫升加水50千克稀释，喷雾防治。

（3）小麦赤霉病：小麦赤霉病又叫麦穗枯、烂麦头、红麦头，是小麦生长中、后期的重要病害之一。小麦在抽穗扬花期受到病菌侵染，先在个别小穗上发病，然后沿主穗轴上下扩展，直到临近的小穗。病部呈褐色或枯黄，潮湿时可产生粉红色霉层，空气干燥时病部和病部以上枯死形成白穗，严重时可损失30%～50%。

在有大量菌源存在的情况下，小麦抽穗到扬花期间只要有三天以上的降雨天气，就会造成赤霉病流行。开花后可以每亩用50%多菌灵可湿性粉剂或50%甲基托布津可湿性粉剂，加水稀释60～100倍，对麦穗喷雾防治。

（4）小麦纹枯病：小麦纹枯病是一种以土壤传播为主的真菌病害。随着高产品种的推广和水、肥、密度的增加，危害日益严重。感染纹枯病的小麦往往在叶鞘上形成中间为灰色、边缘为褐色的病斑。发生严重的病斑，如果侵入小麦茎部，小麦的根部会变黑、腐烂，这是纹枯病在小麦生长后期导致倒伏、死株和枯白穗的重要原因。

小麦苗期、返青拔节期和扬花抽穗期，纹枯病发病率达到10%以上时，每亩用20%三唑酮乳油150克喷雾防治。

（5）蚜虫：小麦蚜虫是小麦的重要害虫之一，又称腻虫或蜜虫。小麦蚜虫的发生规律是地下叶片的蚜虫最先产生，然后往上爬到穗上，如果温度过高，小麦蚜虫怕高温，会从穗上往下爬躲避强光。蚜虫吸食小麦的汁液，不仅阻碍小麦生长，而且传播病毒造成小麦感染其他病毒，一般可减产20%～30%，严重可达50%左右。

蚜虫主要发生在小麦灌浆期。小麦蚜虫的防治指标是百穗蚜虫量500头，可以用两种药物来防治：一是高效氯氰菊酯，每亩使用高效氯氰菊酯乳油10～15毫升；另一种是丁硫克百威，每亩使用20%的丁硫克百威乳油30～40毫升。

小麦蚜虫还可以采用天敌防治的措施，目前我国广泛应用的是七星瓢虫。如果田间七星瓢虫与蚜虫的比例大于 1∶120 时，就不必用农药了，仅靠七星瓢虫就可控制蚜虫危害。

（6）麦蜘蛛：麦蜘蛛主要为害小麦叶片，其次为害叶鞘和嫩穗，受害叶片发黄干枯。

麦蜘蛛虫害主要发生在小麦返青拔节期和扬花抽穗期。当 1 米长的单行小麦中，麦蜘蛛达到 600 头时，每亩可用 15% 哒螨灵 2 000倍液进行喷雾，每亩用药液 45 千克左右。

8. 适期收获

在蜡熟末期至完熟期，用联合收割机及时收获；在蜡熟初期至中期用割晒机或人工收获。

第四节　无公害农产品认证与管理

农产品质量认证始于 20 世纪初美国开展的农作物种子认证，并以有机食品认证为代表。到 20 世纪中叶，随着食品生产传统方式的逐步退出和工业化比重的增加，国际贸易的日益发展，食品安全风险程度的增加，许多国家引入“农田到餐桌”的过程管理理念，把农产品认证作为确保农产品质量安全和同时能降低政府管理成本的有效政策措施。于是，出现了 HACCP（食品安全管理体系）、GMP（良好生产规范）、欧洲 EurepGAP、澳大利亚 SQF、加拿大 On-Farm 等体系认证以及日本了 JAS 认证、韩国亲环境农产品认证、法国农产品标识制度、英国的小红拖拉机标志认证等多种农产品认证形式。

我国农产品认证始于 20 世纪 90 年代初农业部实施的绿色食品认证。2001 年，在中央提出发展高产、优质、高效、生态、安全农业的背景下，农业部提出了无公害农产品的概念，并组织实施“无公害食品行动计划“，各地自行制定标准开展了当地的无公害农产品认证。在此基础上，2003 年实现了“统一标准、统一标志、统一程序、统一管理、统一监督”的全国统一的无公害农产品认证。20 世纪 90 年代后期，国内一些机构引入国外有机食品标准，实施了有机食品认证。有机食品认证是农产品质量安全认证的一个组成部分。

另外，我国还在种植业产品生产推行 GAP（良好农业操作规范）和在畜牧业产品、水产品生产加工中实施 HACCP 食品安全管理体系认证。当前，我国基本上形成了以产品认证为重点、体系认证为补充的农产品认证体系。

一、无公害产品认证的定义

农产品质量安全认证是指农产品质量安全认证机构依据国家和行业的有关标准和认证规定，对区域内的农业生产环境、生产技术规程、产品质量等方面进行科学的监测和现场检查后，确认其符合相关标准，为农产品进入市场提供有效准入依据的认证行为。

无公害农产品认证工作是农产品质量安全管理的重要内容。开展无公害农产品认证工作是促进结构调整、推动农业产业化发展、实施农业名牌战略、提升农产品竞争力和扩大出口的重要手段。

无公害农产品认证的产品主要是老百姓日常生活离不开的“菜篮子”和“米袋子”产品，其产品质量必须达到我国对农产品质量的强制性标准和要求。也就是说无公害农产品认证的目的是保障基本安全，满足大众消费，属于政府推动的公益性认证，不收取费用。无公害农产品认证推行“标准化生产、投入品监管、关键点控制、安全性保障”的工作制度。从产地环境、生产过程和产品质量 3 个重点环节控制危害因素，保障农产品消费安全。

无公害农产品认证采取产地认定和产品认证相结合的模式，遵循从“农田到餐桌”全过程管理的指导思想，打破过去农产品质量安全管理分行业、分环节管理的做法，强调以生产过程控制为重点，以产品管理为主线，以市场准入为切入点，以保证最终产品消费安全为基本目标。无公害农产品认证的过程是一个自上而下的政府监管行为，产地认定主要解决生产环节的质量安全控制问题，是对农业生产过程的检查监督行为；产品认证主要解决产品安全和市场准入问题，是对管理成效的确认，包括产地环境、投入品使用、生产过程的监督检查及产品的准入检测等方面。

二、材料要求

申请人可以直接向所在县级农产品质量安全工作机构（简称“工作机构”）提出无公害农产品产地认定和产品认证一体化申请，并提交以下材料。

(1)《无公害农产品产地认定与产品认证申请书》。

(2) 国家法律法规规定申请者必须具备的资质证明文件（复印件）(如营业执照、注册商标、卫生许可证等)。

(3)《无公害农产品内检员证书》(复印件)。

(4) 无公害农产品生产质量控制措施。

(5) 无公害农产品生产操作规程。

(6) 符合规定要求的《产地环境检验报告》和《产地环境现状评价报告》或者符合无公害农产品产地要求的《产地环境调查报告》。

(7) 符合规定要求的《产品检验报告》。

(8) 以农民专业合作经济组织作为主体和“公司＋农户“形式申报的，提交与合作农户签署的含有产品质量安全管理措施的合作协议和农户名册（包括农户名单、地址、种养殖规模)；如果合作社申报材料中填写的是“自产自销型、集中生产管理”，请提供书面证明说明原因，并附上合作社章程以示证明。

(9) 大米、茶叶、咸鸭蛋、鲜牛奶等初级加工产品还需提供

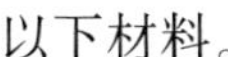

以下材料。

①加工技术操作规程。

②加工卫生许可证复印件或全国工业产品生产许可证复印件；如果是委托加工的，需提供委托加工协议和受委托方的加工卫生许可证复印件或全国工业产品生产许可证复印件。

（10）水产类需要提供产地环境现状说明，区域分布图和所使用的渔药外包装标签。

（11）无公害农产品产地认定与产品认证现场检查报告。

（12）无公害农产品产地认定与产品认证报告。

（13）规定提交的其他相应材料。

三、工作流程

1. 县（区）级工作

县（区）级工作机构自收到申请之日起 10 个工作日内，负责完成对申请人申请材料的形式审查。符合要求的，在《无公害农产品产地认定与产品认证报告》以下简称《认证报告》）签署推荐意见，区级连同申请材料报送地级工作机构，县级直接报送省级工作机构审查。不符合要求的，书面通知申请人整改、补充材料。

2. 地级工作

地级工作机构自收到申请材料、区级工作机构推荐意见之日起 15 个工作日内，对全套申请材料进行符合性审查，符合要求的，在《认证报告》上签署审查意见报送省级工作机构。不符合要求的，书面告之区级工作机构通知申请人整改、补充材料。

3. 省级工作

省级工作机构自收到申请材料及县、地两级工作机构推荐、审查意见之日起 20 个工作日内，应当组织或者委托地县两级有资质的检查员按照《无公害农产品认证现场检查工作程序》进行现场检查，完成对整个认证申请的初审，并在《认证报告》上提出初审意见。通过初审的，报请省级农业行政主管部门颁发《无公害农产品产地认定证书》，同时将申请材料、《认证报告》和《无公害农产品产地认定与产品认证现场检查报告》及时报送部直各业务对口分中心复审。未通过初审的，书面告之地、县级工作机构通知申请人整改、补充材料。

4. 农业部农产品质量安全中心

农产品质量安全中心对材料审核、现场检查（限于需要对现场进行检查时）和产品检测结果符合要求的，自收到现场检查报告和产品检测报告之日起，30 个工作日内颁发无公害农产品认证证书。不符合要求的，应当书面通知申请人。

无公害农产品认证证书有效期为 3 年。期满需要继续使用的，应当在有效期满 90 日前进行复查换证。

四、认证申请

第一条 凡符合《无公害农产品管理办法》规定，生产产品在《实施无公害农产品认证的产品目录》内，具有无公害农产品产地认定有效证书的单位和个人（以下简称申请人），均可申请无公害农产品认证。

第二条 申请人从中心、分中心或所在地省级无公害农产品认证归口单位领取，或者从中国农业信息网下载《无公害农产品认证申请书》及有关资料。

第三条 申请人直接或者通过省级无公害农产品认证归口单位向申请认证产品所属行业分中心提交以下材料（一式两份）。

①《无公害农产品认证申请书》。

②《无公害农产品产地认定证书》（复印件）。

③产地《环境检验报告》和《环境现状评价报告》（2 年内的）。

④产地区域范围和生产规模。

⑤无公害农产品生产计划。

⑥无公害农产品质量控制措施。

⑦无公害农产品生产操作规程。

⑧专业技术人员的资质证明。

⑨保证执行无公害农产品标准和规范的声明。

⑩无公害农产品有关培训情况和计划。

⑪申请认证产品上个生产周期的生产过程记录档案（投入品的使用记录和病虫草鼠害防治记录）。

⑫“公司加农户”形式的申请人应当提供公司和农户签订的购销合同范本、农户名单以及管理措施。

⑬要求提交的其他材料（详见种植业、畜牧业、渔业产品认证申请书）。

第四条 分中心自收到申请材料之日起，在10个工作日内完成申请材料的审查工作。

第五条 申请材料不符合要求的，中心书面通知申请人，本生产周期内不再受理其申请。

第六条 申请材料不规范的，分中心书面通知申请人补充相关材料。申请人在规定的时间内按要求完成补充材料并报分中心。分中心在5个工作日内完成补充材料的审查工作。

第七条 申请材料符合要求但需要对产地进行现场检查的，分中心组织检查员和专家组成检查组，进行现场检查。现场检查不符合要求的，中心书面通知申请人，本生产周期内不再受理其申请。

第八条 申请材料符合要求（不需要对申请认证产品产地进行现场检查的）或者申请材料和产地现场检查符合要求的，分中心书面通知申请人委托有资质的检测机构对其申请认证产品进行抽样检验。

第九条 产品检验不合格的，中心书面通知申请人，本生产周期内不再受理其申请。

第十条 中心在5个工作日内完成对材料审查、现场检查

（需要时）和产品检验的审核工作。组织评审委员会专家进行全面评审，在15个工作日内作出认证结论。

（一）同意颁证的，中心主任签发《无公害农产品认证证书》；

（二）不同意颁证的，中心书面通知申请人。

第十一条 中心根据申请人生产规模、包装规格核发无公害农产品认证标志。

第十二条 《无公害农产品认证证书》有效期为3年，期满如需继续使用，证书持有人应当在有效期满90日前按本程序重新办理。

第十三条 任何单位和个人（以下简称投诉人）对中心检查员、工作人员、认证结论、委托检测机构、获证人等有异议的均可向中心提出投诉。

第十四条 中心应当及时调查、处理所投诉事项，并将结果通报投诉人。

第十五条 投诉人对中心的处理结论仍有异议，可向农业部和国家认证认可监督管理委员会投诉。

第五章 有机农业

第一节 有机农业的内涵及特征

有机农业是相对于无机农业而言的，无机农业很好理解，又称石油农业和高效农业，主要靠输入农业以外的无机能量和无机物质，以推动农业生产中物质能量循环的速度，大量使用化肥以及农药和生长调节剂，生产过程中大量使用现代农业机械，进行规模化和企业化的生产，最大限度提高土地的生产效率。这一农业生产模式产生于第二次世界大战之后，在经历了快速发展，一些问题开始显现出来：土壤退化、大气和水源以及农产品污染，破坏了农业赖以存在的生态环境，甚至危害人畜健康。而有机农业恰恰与此相反，它在生产中完全或基本不用人工合成的肥料、农药、生长调节剂和畜禽饲料添加剂，而采用有机肥满足作物营养需求的种植业，或采用有机饲料满足畜禽营养需求的养殖业，以求对农业环境的零影响，实现农业的可持续、平衡发展。

一、有机农业的内涵

有机农业的概念起始于20世纪的20—30年代，最先由德国和瑞士提出，其起因是人类进入20世纪以来，随着新的知识、新的技术的发展和工业化程度的提高，特别是化学工业的发展，传统农业受到了极大的冲击，农业生产方式的革命使农业在一定意义上已经改变了其原有的特性，这种改变现在看具有两重性。

一是促进了农业生产，提高了产量，缓解了世界人口高速增长对食品的需求，因而具有积极性。二是给生态环境等带来许多不利的影响，因而又具有破坏性。因此，人们寻求可持续的农业生产方式和生产体系。与此同时，国外一些对环境和生态十分关注的农业生产者，也创立和发展了对农业生态环境有持续合理作用的有机农业生产方式。1924 年德国和奥地利出现了具有有机农业性质的“生物动力农场”；20 世纪 40—50 年代在瑞士和德国创立了以减少农场对外界的依赖性来保证其生存能力为目的的“Bioland 生物有机农业协会”，并随后发展成为德国现在最大的有机农业协会；1945 年美国有机农业的创始人罗代尔（J. I. Rodale），在 1945 年创办了 Rodale 有机农场。随着有机农业的发展和一些国际标准和国家标准的建立，到了 20 世纪 80 年代之后有机农业的概念被广泛接受。

从有机农业的提出到如今的快速发展，经历了近 1 个世纪，美国称之为再生农业，英国和西欧称生物农业，日本称自然农法，中国台湾省称有机农业，还有的称为生态农业、生物动力农业、低投入农业或持续农业等，其意思基本相同。但是，有机农业确切的定义目前还很难统一。事实上，要给有机农业精确地下定义是相当困难的，客观上存在着对有机农业所指的可持续生产方式在内涵上不甚明确和容易引起歧义等问题。这是因为，一是从普遍意义上讲，任何一种行为方式，都不可能永远持续不断地进行下去，在一个有限的世界里它总会受到这样或那样的限制，每当人类面临着这一时刻，总会意识到该有新的行为方式的诞生，并通过科学的进步和技术的创新来实现；二是这里所讲的可持续的农业生产方式，通常只是在人类现有认识水平上的可预见的持续，但现实世界里还有许多不确定和尚未人知的东西。因此，对有机农业的定义不应拘泥于当前的理解，而应定义出一个范围，在这个范围内可以有较大的灵活性。下面是几个关于有机农业的定义。

欧洲定义的有机农业：是指一种通过使用有机肥料和适当的耕作和养殖措施，以达到提高土壤的长效肥力的系数，在有机农业生产中仍然可以使用有限的矿物物质，但不允许使用化学肥料，通过自然的方法而不是通过化学物质控制杂草和病虫害，不允许使用基因工程技术。

美国定义的有机农业：是指一种完全不用或基本不用人工合成的肥料、农药、生长调节剂和畜禽饲料添加剂的生产体系。在这一体系中，尽可能地在最大的可行范围内采用作物轮作、作物秸秆、畜禽粪肥、豆科作物、绿肥、农场以外的有机废弃物和生物防治病虫害的方法来保持土壤生产力和耕作，供给作物营养并防治病虫害和杂草的一种农业。尽管该定义还不够全面，但还是描述了有机农业的主要特征。

1972 年，由美、法、英、瑞典和非洲几国共同发起一个致力于拯救农业生态环境促进健康安全食品的国际组织——国际有机农业运动联合会（International Federation Of Organic Agriculture Movements，IFOAM）。国际有机农业运动联合会（IFOAM）定义的有机农业：所有能够有利于促进环境、社会和经济的粮食纤维生产的农业系统。这些系统利用当地的土壤肥力作为成功生产的关键。有机农业旨在保护利用植物、动物和景观的自然能力，使农业和环境质量在各方面都达到最佳水平。有机农业通过限制施用化学合成的肥料、农药和药物，大大减少了外部投入。有机农业利用强有力的自然规律来提高农业产量和增强抗病能力。有机农业坚持遵循世界公认的原则，在当地的社会经济、地理气候和文化环境中加以实施。因此，IFOAM 强调并支持发展地方性的和地区性的自给体系。

中国国家环境保护总局有机食品发展中心（OFDC）定义的有机农业：是指遵照有机农业生产标准，在生产中不采用基因工程获得的生物及其产物，不使用化学合成的农药、化肥、生长调节剂、饲料添加剂等物质，而是遵循自然规律和生态学原理，协调种植业和养殖业的平衡，采用一系列可持续发展的农业技术，维持持续稳定的农业生产过程。这些技术包括选用抗性作物品种、建立包括豆科植物在内的作物轮作体系、秸秆还田、施用绿肥和动物粪便等措施培肥，保持土壤养分循环；采取物理的和生物的措施防治病虫草害；采用合理的耕作方式保护环境、防止水土流失，保持生产体系及周围环境的生物多样性等。

应该说，中国 OFDC 的定义还是比较清楚的，理解上也不会太困难，这是他们通过多年来对我国有机农业生产体系的检查和认证的不断总结，加上与国外同行的广泛交流所得出的认识。归纳一下，什么是有机农业？即有机农业是指一种按照有机农业生产标准，在生产中完全不使用化学合成的肥料、农药、生长调节剂、畜禽饲料添加剂等物质，也不使用基因工程生物及其产物的生产体系。有机农业生产体系的建立需要有一定的有机转换过程。

二、有机农业的特征

有机农业实质上是一种以农村社会经济与环境协调发展为原则，以农业清洁生产为指导，遵循自然规律和生态学原理而采取的可持续发展型农业。根据有机农业的定义，从长远来说，实行有机农业可以保证一个更为稳定有支持能力，有盈利的农业制度。因此，有机农业有以下特征。

1. 耕作与自然的结合，实行有机耕作增加土壤肥力

有机农业实践者尝试着尽最大可能获取饲料及充分利用农家肥料来保持土壤肥力的平衡。有机耕作的农民不用人工合成肥料，而是通过种植豆科植物，利用豆科作物的固氮能力来满足植物生长的需要，同时种植的豆科作物还可用作畜牧养殖的饲料，由牲畜养殖积累的圈肥再被施到地里，培肥土壤和植物。

利用土壤生物（微生物、昆虫、蚯蚓等）使土地固有的肥力得以充分释放。植物残渣、有机肥料还田以及种植间作作物有助于土壤活性的增强和进一步的发展。土地通过多年轮作的饲料种植还得到休养，农家牲畜的粪便也可被充分分解并释放出来。这样，自我生成的土壤肥力并不依赖于代价昂贵且耗费能源生产出来的化肥。从事有机耕作的农民不会在农场里简单地引进缺少的

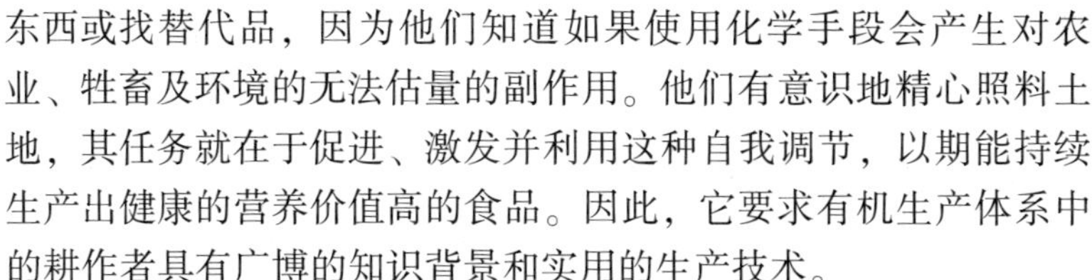

东西或找替代品，因为他们知道如果使用化学手段会产生对农业、牲畜及环境的无法估量的副作用。他们有意识地精心照料土地，其任务就在于促进、激发并利用这种自我调节，以期能持续生产出健康的营养价值高的食品。因此，它要求有机生产体系中的耕作者具有广博的知识背景和实用的生产技术。

2. 遵循自然规律和生态学原理

有机农业的重要原则就是充分发挥农业生态系统内部的自然调节机制。在有机农业生态系统中，采取的措施均围绕实现系统内养分循环，最大限度地利用系统内物质的目的，采用包括利用系统内有机废弃物质、种植绿肥、选用抗性品种、合理耕作、轮作、多样化种植、促进天敌、采用生物和物理方法防治病虫草害技术，建立合理的作物布局，满足作物自然生长的条件，创建作物健康生长的环境条件，提高系统内部的自我调控能力，从而抑制害虫的暴发。

3. 协调种植业和养殖业的平衡

养殖业是有机农场经营中的一个重要组成部分。有机生产标准只允许从外界购买少量饲料，实施有机耕作的农民只能养殖其土地能承载的牲畜量，即每公顷一个成熟牲畜单位，所以这种松散的牲畜养殖方式可以避免环境受太多牲畜或粪便的污染，因此牲畜养殖规模还取决于土地能容纳的粪便量。在这种情况下，饲料和作物的种植处于一种动态平衡且经济效益最大化。

4. 禁止使用基因工程获得的生物及产物

基因工程不是自然发生的过程，违背了有机农业与自然秩序相和谐的原则。而且许多科学事实已证明基因工程品种对其他生物、对环境和对人身体健康造成的影响。此外，基因工程品种还存在着潜在的、不可预见的破坏自然生态平衡的影响。因此，有机农业坚决反对应用基因工程技术。

5. 禁止使用人工合成物质

有机农业生产严格禁止使用人工合成的化学农药、肥料、植物生长调节剂、畜禽防病治病化学药剂和饲料添加剂等物质。生产的有机产品完全是一种品质高、无污染的安全产品。

三、发展有机农业的意义

1. 促进农业的可持续发展

我国作为一个发展中国家，正面临着发展经济和保护资源与环境的双重任务，但在发展经济的同时常常会导致环境的破坏与资源的浪费。在所有产业中，农业与资源环境的关系最为密切和特殊，农业生产既可以保护和改善生态环境，也可能对环境造成重大破坏并浪费大量资源。如不当的耕作造成水土流失；过度种植与放牧使土壤地力下降；过量的施用化肥和不当的灌溉破坏了土壤结构，加速了次生盐渍化，使土壤生产能力日益下降，而为了维持农田眼前的生产，愈益依赖于化肥，如此反复的恶性循环，导致土壤生态环境的恶化；为了防止有害生物的危害，大量使用化学农药和除草剂，虽然暂时控制住了病虫草的危害，保住了产量，但与此同时，杀灭了天敌，破坏了自然界的生态平衡，有害生物抗药性逐渐增强，最终会导致病虫害的暴发，甚至达到难以控制的地步；此外，森林和草原面积的减少使风沙加剧，人类生存环境更加恶化，农业的持续发展受到严重威胁；农药、化肥的滥用不仅污染了大气、土壤与河流，也直接威胁到我们的食品安全等，这些问题使发展经济与保护环境的矛盾越来越尖锐。目前人们已经认识到发展经济不能以牺牲人类赖以生存的环境为代价，世界各国都在积极探讨既能实现发展目标，又能保护和改善生态环境的途径，寻求农业持续发展之路，而发展有机农业是解决这一矛盾的重要途径。

当前，世界农业和农村发展主要面临食品质量与粮食安全、资源和生态环境安全、农民增收与经济安全等问题，而发展有机农业也正是解决这些问题的途径之一。

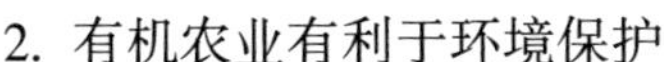

2. 有机农业有利于环境保护

现代农业主要依靠化肥、农药的大量投入。大量化学肥料的投入和农家肥用量减少使土壤有机质耗竭，土壤保水、保肥能力大大下降，这就加剧了水土流失和旱涝灾害。据研究，施入农田的化学氮肥有一半以上不能被植物利用而流入环境，我国“九五”期间重点治理的滇池、巢湖、太湖都是以水体富营养化为主要特征的，而从农田进入水体的化学氮磷肥是造成湖泊富营养化的重要原因。有机农业强调农业废弃物如作物秸秆，人畜粪便的综合利用，减少了外部物质的投入，既利用了农村的废弃物，也减轻了农村废弃物不合理利用所带来的环境污染；农药在杀死害虫的同时，也伤害有益生物特别是鸟类及益虫，进而危及整个生态系统，使生物多样性减少。有机农业主要利用作物本身的抗性（如栽培抗病虫品种、利用抗性砧木等）防治病虫害，或利用天敌、微生物制剂取代农药，或以套袋、诱杀板、捕虫灯等物理方法防治病虫害。

化学肥料和合成农药的生产均需要消耗能源，通常是石油、煤炭等不可再生能源。发展有机农业可以减少化肥、农药的生产量，从而降低人类对不可再生能源的消耗，同时也减轻化肥农药在生产过程中所产生的工业污染。

在生态敏感和脆弱区发展有机农业可以加快这些地区的生态治理和恢复，特别是水土流失的防治和生物多样性的保护。实践表明，在常规农业生产地区开展有机农业转换，可以使农业环境污染得到有效控制，天敌数量和生物多样性也能迅速增加，农业生产环境可以得到有效地恢复和改善，土地、水资源、植被和动物界所受到的破坏与损害的程度将较轻。

3. 提高食品质量安全性

有机食品不用人工杀虫剂、除草剂、杀菌剂及化学肥料，产品较为卫生安全。大量施用化学氮肥，蔬菜中的硝酸根与亚硝酸根含量可能会累积，有机栽培主要使用有机肥料，基本没有这种风险。

有机农产品主要通过有机肥提供营养物质，它所吸收的养分也与施用化肥者不同，通常有机食品风味和口感会比一般食品好一些，如按有机方式栽培的稻米的糖含量较高，而直链淀粉含量较低，有机栽培的水果其糖度、酸度及矿物质含量较高，风味浓郁，不会出现因不当施用化肥而出现异味。

近年来，越来越多的科学研究表明，食物中的农药残留对人体的影响不仅表现为直接的毒害，间接危害也很严重。有报道说，农药在降解过程中将形成各种各样的中间体，其中某些中间体的分子结构与动物体内的雌性激素十分相似，这可能是导致整个生物界雄性退化的重要原因。在日本，儿童皮肤过敏症非常普遍，也可能与食用基因工程食物或食物中的农药残留有关。近几年，发达国家消费者对基因工程食物的潜在影响普遍比较担忧，而有机食品禁止引入基因工程技术，可以消除人们的疑虑。

4. 有机农业可获得良好的经济效益

根据联邦德国农业部的农业年度报告，以有机农业生产方式从事生产的农业企业多年平均纯收入水平，无论是按单位土地利用面积、单位劳动力还是农户计算，均至少不低于以常规方式生产的同类农业企业。这主要是因为有机农业的企业通过投入较多劳动的方法，自己来进行土地肥力保护和植物保护工作（而常规农业则是通过购入化肥与农药来“购入”土地肥力和植物保护），并且用自己所生产出来的饲料而不是购入饲料。这就是说，其生产的购入物资成本较低。

再者，目前国际市场上有机食品的价格比常规食品高20%～50%，有些产品（如豆类等）可高出一倍甚至更多，生产加工厂家和贸易部门拓宽了国内外市场的同时，也依靠自身产品的质量优势，获取了较高的销售价格。近年来国内很多单位积极开拓有机食品这一新兴环保产业，通过开发有机食品帮助部分农民脱贫致富，促进农村经济和环境的持续发展。

另外，有机农业生产企业本身也越来越多地将一些营销部门的功能承担过来，即他们自己也从事营销。通过直销、定点供应、连锁店和专卖店的短链销售，减少流通环节，获取更高的利润。

5. 有机农业可增加我国农产品的市场竞争力，促进经济的协调发展

我国有机农业生产基地和有机食品发展，是以市场为导向逐步发展起来，走的是产、供、销一体化的道路。邻近南京的江苏省溧水县共和乡原为贫困乡，近几年靠发展有机农业吸引了很多国内外客商到该乡投资，现在有机食品生产、加工和贸易已经初具规模。在我国这样的例子还有很多。

6. 有机农业可增加就业机会

由于有机农业单位面积产量和单畜生产力较低，减轻了对过剩农产品市场的压力，这将减轻政府为消除过剩产品所必须支付的财政补贴负担，有助于保持市场物价的稳定，保护生产者的利益。由于传统农业中的农药、化肥和杀虫剂等农业措施在有机农业中尚未找到良好的替代措施，很多诸如病虫草害防治等农业劳动要通过手工来完成，所以有机农业也是一种劳动密集型产业，可以增加就业机会。

中国地域辽阔，传统农业基础好，劳动力资源丰富，又有生态农业、生态建设的基础，发展有机农业具有较低的成本优势和品种丰富的优势，面临快速增长的国际市场和已经开始启动、有巨大潜力的国内市场，中国有机农业发展前景光明。随着人们对食品安全问题关注度的持续提升，对有机食品需求偏好的增强，有机食品市场将迅速发展。毫无疑问，发展有机农业，开发有机食品是实现我国农业可持续发展的战略选择，也是社会资金的重点投入领域。

第二节　有机农产品标准与法规

有机农产品是纯天然、无污染、安全营养的食品，也可称为“生态食品”。它是根据有机农业原则和有机农产品生产方式及标准生产、加工出来的，并通过有机食品认证机构认证的农产品。

一、有机农产品的标准

标准是对在一定范围内的重复性事物和概念所作的统一的规定，它是某个领域科学技术的高度浓缩与概括，又是一种指导、约束、限制人们在社会生产中的技术性活动的规范性文件。

有机产品标准是应有机农业的实践和认证需要产生而发展的。它是有机产品生产者从事有机产品生产活动的技术、行为规范；是有机产品认证机构进行有机产品质量认证和质量控制的基础，也是有机产品贸易者、市场监管部门，维护生产者和消费者利益、规范经营行为的法律依据。

有机农业标准发展至今，已初步形成了世界范围内不同层次的标准体系，主要表现在国际水平、地区水平、国家水平和认证机构水平 4 个方面。

1. 从国际水平上看，有机标准有 IFOAM 的基本标准和 CAC 标准

国际有机农业运动联合会（IFOAM）作为有机农业生产方式的积极倡导者，在世界范围内有很大的影响。IFOAM 在尊重有机农业发展历史及其目标的基础上，结合有机生产的自愿性特点和有机农业地域性强的特征，充分考虑以生产者和消费者为主的多方面的意见，在公开的求同存异的基础上，建立了一套有机农业生产的基本标准。IFOAN 在标准制定上的目标是：在有机生产的各个部分都坚持有机农业的定义；确保有机产品的完整性和可靠性，确保有机标准不会成为贸易障碍；在一个协调的框架内允许

变化；确保公平的规则。

IFOAM 基本标准和准则作为国际标准已在 ISO 注册，是地区标准、国家标准和认证机构自身标准的基础，是标准的标准。IFOAM 基本标准每两年进行一次修改。IFOAM 标准委员会是负责标准修改和完善的专门机构。

CAC 标准是国际食品法典委员会制定的被世界各国普遍认可的食品安全标准。国际食品法典委员会是联合国粮农组织（FAO）和世界卫生组织（WHO）共同创建的，其宗旨在于保护消费者健康，促进食品贸易公平开展，协调所有食品标准的制定工作。目前，CAC 拥有 165 个成员国，中国是成员国之一。CAC 标准于 1993 年开始起草，虽然与 IFOAM 基本标准不完全相同，但具有协调和相容性，委员会在制定过程中考虑了 EU Regulation 2092/91 的要求。

2. 从地区水平上看，有欧盟标准

1991 年欧盟（EU）有关有机农业的规则被发表于 EU 的官方刊物。1999 年 12 月，欧盟委员会执定通过了有机产品的标志，这个标志可以由 EU 2092/91 规则下的生产者使用。EU 关于有机生产的 EU 2092/91 规则中有很多对消费者和生产者的保护。此外，其他地区目前仍未有自成一体的标准体系。

欧盟的有机农业标准作为第一部区域性有机法规，不仅隐含着更多对农村环境的关注，而且其发展和管理也显得更为成熟；又因欧盟是世界上最大的有机产品市场之一，其内部和以外的企业如果希望进入欧洲市场，就必须符合该法规的要求。因此它对于以后各国制定的有机法规和标准产生了重大影响，成为迄今为止对有机农业运动影响最大的法规之一。

3. 从国家水平上看，除了 15 个欧盟成员国外，日本、阿根廷、澳大利亚、美国、智利、匈牙利、以色列、瑞士等国家都有自己的标准

不同国家的有机标准的发展历程各异，但共同的特点是发展

历史短，主要集中在近10年。

4. 从认证机构水平上看，基本上每一个认证机构都建立了自己的认证标准

这里需要说明的是一个国家可以有一个认证机构，也可以有多个认证机构，这些认证机构多数是民间的，也可以是官方的（如中国的认证机构OFDC）。不同认证机构执行的标准都是在IFOAM基本标准的基础上发展起来的，但侧重点有差异。

二、我国有机产品的国家标准

中国有机产品的标准发展经过了一个从分散到规范的过程。2004年之前，中国没有统一的有机产品标准，各个机构制定自己的有机认证标准。如国家环保总局有机产品认证中心制定的OFDC认证标准，杭州茶叶研究所制定的有机茶认证标准。随着中国有机产业的发展和中国认监委的成立，2004年认监委发布实施了试行标准——《有机食品认证规范》，在全国范围内试点实施。经过一年的摸索和实践，在《有机食品认证规范》的基础上，认监委正式发布实施有机产品的国家标准《GB 19630.1－4—2005》。至此，该标准成为中国有机产品生产、经营、认证实施的唯一标准。

（一）标准制定的原则

1. 以国际有机农业标准（IFOAM）和（CAC）为基础

IFOAM是有机食品生产的民间机构，其目的在于促进全球有机农业的发展，从技术和可操作性角度，提出了有机食品生产的最低标准，作为各国制定有机农业标准的基础。国际食品法典委员会CAC发布的《有机食品生产、加工、标志和销售指南》是规范全球有机农业生产、加工、标志和销售的综合标准。为促进中国有机农业的发展与国际接轨，促进有机产品和体系的国际认证，我国《有机产品》国家标准采用国际和国外先进标准为基础。

2. 参考其他国家的标准

为了促进和加快我国有机农业标准与其他国家的互认，在具体指标和物质投入表中，参考了欧盟委员会有机食品（EEC）No. 2092/2091 法规、欧盟委员会有机食品（EEC）No. 1788/2001 法规、美国有机食品生产法规（NOP）、德国 NATURLAND 有机水产养殖标准等，保证了标准的衔接性和先进性。

3. 结合中国有机农业生产的实际

为结合我国有机农业生产的实际情况，《有机产品》国家标准在国家环保局发布的《有机（天然）食品标志管理章程》、《有机（天然）食品生产和加工技术规范》和国家环保总局有机食品发展中心发布的《OFDC 有机认证标准》以及中国认证机构国家认可委员会发布的《有机产品生产和加工认证规范》等基础上，进行完善和修改。

（二）标准的内容

中国《有机产品》标准分为 4 部分，第 1 部分：生产；第 2 部分：加工；第 3 部分：标志与销售；第 4 部分：管理体系。

《有机产品第 1 部分生产》内容主要包括：作物种植、食用菌栽培、野生植物采集、畜禽养殖、水产养殖、蜜蜂养殖及其产品的运输、贮藏和包装。是农作物、食用菌、野生植物采集、畜禽、水产、蜜蜂及其未加工产品的有机生产通用规范和要求。

《有机产品第 2 部分加工》主要包括：有机产品加工的通则，根据第 1 部分生产标准生产的未加工产品为原料进行加工及包装、贮藏和运输的全过程，包括食品、饲料和纺织品。是有机产品加工的通用规范和要求。

《有机产品第 3 部分标志与销售》：按《有机产品第 1 部分生产》《有机产品第 2 部分加工》生产或加工并获得认证的产品的标志和销售。是有机产品标志和销售的通用规范及要求。

《有机产品第 4 部分管理体系》主要包括：有机产品生产、加工、经营过程中必须建立和维护的管理体系，是有机产品的生产者、加工者、经营者及相关的供应环节质量管理的通用规范和要求。

三、有机产品的法律法规

（一）认证机构的授权和认可

1. 认证机构的授权

（1）授权机构：有机产品认证机构的授权机构为国家认证认可监督管理委员会（CNCA）。

（2）授权依据：《中华人民共和国认证认可条例》对国内认证机构资格的规定包括：有固定的场所和必要的设施；有符合认证认可要求的管理制度；注册资本不得少于人民币 300 万元；有 10 名以上相关领域的专职认证人员。从事产品认证活动的认证机构，还应当具备与从事相关产品认证活动相适应的检测、检查等技术能力。

《中华人民共和国认证认可条例》对国外认证机构资格的规定包括：设立外商投资的认证机构除应当符合上述条件外，还应当符合：外方投资者取得其所在国家或者地区认可机构的认可；外方投资者具有 3 年以上从事认证活动的业务经历；设立外商投资认证机构的申请、批准和登记，按照有关外商投资法律、行政法规和国家相关规定办理。

2. 认证机构的认可

（1）认可机构：有机产品认证机构的认可机构为中国认证机构国家认可委员会（CNAB）。

（2）认可依据：CNAB—AC23：2003 认证机构实施《有机产品生产和加工认证的认可基本要求》为我国认证的认可依据。该要求是依据 CNAB—AC21（ISO/IEC 导则 65）、国际认可论坛发布的相应指南文件和《IFOAM Criteria for Certification of Organic Production Processing》并结合中国的具体情况而制定的。

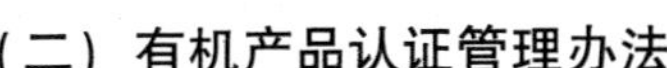

（二）有机产品认证管理办法

《有机产品认证管理办法》（以下简称《办法》）是为了维护消费者、生产者和销售者合法权益，进一步提高有机产品质量，加强有机产品认证管理，促进生态环境保护和可持续发展，根据《中华人民共和国产品质量法》《中华人民共和国进出口商品检验法》《中华人民共和国认证认可条例》等法律、行政法规的规定制定，自 2014 年 4 月 1 日起施行，同时废止国家质检总局 2004 年 11 月 5 日发布的《有机产品认证管理办法》。

《办法》分总则、认证实施、有机产品进口、认证证书和认证标志、监督管理、罚则、附则，共 7 章 63 条。

四、有机农产品标准的构成—以作物种植为例

（一）总则

1. 农场范围

农场应边界清晰、所有权和经营权明确；也可以是多个农户在同一地区从事农业生产，这些农户都愿意根据本标准开展生产，并且建立了严密的组织管理体系。

2. 产地环境要求

有机生产需要在适宜的环境条件下进行。有机生产基地应远离城区、工矿区、交通主干线、工业污染源、生活垃圾场等。

基地的环境质量应符合以下要求。

（1）土壤环境质量符合 GB 15618 中的二级标准。

（2）农田灌溉用水水质符合 GB 5084 的规定。

（3）环境空气质量符合 GB 3095 中二级标准和 GB 9137 的规定。

3. 缓冲带和栖息地

如果农场的有机生产区域有可能受到邻近的常规生产区域污染的影响，则在有机和常规生产区域之间应当设置缓冲带或物理

障碍物，保证有机生产地块不受污染。以防止临近常规地块的禁用物质的漂移。

在有机生产区域周边设置天敌的栖息地，提供天敌活动、产卵和寄居的场所，提高生物多样性和自然控制能力。

4. 转换期

转换期的开始时间从提交认证申请之日算起。一年生作物的转换期一般不少于 24 个月，多年生作物的转换期一般不少于 36 个月。

新开荒的、长期撂荒的、长期按传统农业方式耕种的或有充分证据证明多年未使用禁用物质的农田，也应经过至少 12 个月的转换期。

转换期内必须完全按照有机农业的要求进行管理。

5. 平行生产

如果一个农场存在平行生产，应明确平行生产的动植物品种，并制订和实施平行生产、收获、储藏和运输的计划，具有独立和完整的记录体系，能明确区分有机产品与常规产品（或有机转换产品）。

农场可以在整个农场范围内逐步推行有机生产管理，或先对一部分农场实施有机生产标准，制订有机生产计划，最终实现全农场的有机生产。

6. 转基因

禁止在有机生产体系或有机产品中引入或使用转基因生物及其衍生物，包括植物、动物、种子、成分划分、繁殖材料及肥料、土壤改良物质、植物保护产品等农业投入物质。存在平行生产的农场，常规生产部分也不得引入或使用转基因生物。

（二）作物种植

1. 种子和种苗选择

应选择有机种子或种苗。当从市场上无法获得有机种子或种苗时，可以选用未经禁用物质处理过的常规种子或种苗，但应制订获得有机种子和种苗的计划。

应选择适应当地的土壤和气候特点、对病虫害具有抗性的作物种类及品种。在品种的选择中应充分考虑保护作物的遗传多样性。

禁止使用经禁用物质和方法处理的种子和种苗。

2. 作物栽培

应采用作物轮作和间套作等形式以保持区域内的生物多样性，保持土壤肥力。在一年只能生长一茬作物的地区，允许采用两种作物的轮作。

禁止连续多年在同一地块种植同一种作物，但牧草、水稻及多年生作物除外。

应根据当地情况制定合理的灌溉方式（如滴灌、喷灌、渗灌等）控制土壤水分。

应利用豆科作物、免耕或土地休闲进行土壤肥力的恢复。

3. 土肥管理

应通过回收、再生和补充土壤有机质和养分来补充因作物收获而从土壤带走的有机质和土壤养分。

保证施用足够数量的有机肥以维持和提高土壤的肥力、营养平衡和土壤生物活性。

有机肥应主要源于本农场或有机农场（或畜场）；遇特殊情况（如采用集约耕作方式）或处于有机转换期或证实有特殊的养分需求时，经认证机构许可可以购入一部分农场外的肥料。外购的商品有机肥，应通过有机认证或经认证机构许可。

限制使用人粪尿，必须使用时，应当按照相关要求进行充分腐熟和无害化处理，并不得与作物食用部分接触。禁止在叶菜类、块茎类和块根类作物上施用。

天然矿物肥料和生物肥料不得作为系统中营养循环的替代物，矿物肥料只能作为长效肥料并保持其天然组分，禁止采用化学处理提高其溶解性。

有机肥堆制过程中允许添加来自于自然界的微生物，但禁止使用转基因生物及其产品。

在有理由怀疑肥料存在污染时，应在施用前对其重金属含量或其他污染因子进行检测。应严格控制矿物肥料的使用，以防止土壤重金属累积。

检测合格的肥料，应限制使用量，以防土壤有害物质累积。

禁止使用化学合成肥料和城市污水污泥。

4. 病虫草害防治

病虫草害防治的基本原则应是从作物—病虫草害整个生态系统出发，综合运用各种防治措施，创造不利于病虫草害滋生和有利于各类天敌繁衍的环境条件，保持农业生态系统的平衡和生物多样化，减少各类病虫草害所造成的损失。优先采用农业措施，通过选用抗病抗虫品种，非化学药剂种子处理，培育壮苗，加强栽培管理，中耕除草，秋季深翻晒土，清洁田园，轮作倒茬、间作套种等一系列措施起到防治病虫草害的作用。还应尽量利用灯光、色彩诱杀害虫，机械捕捉害虫，机械和人工除草等措施，防治病虫草害。

5. 污染控制

有机地块与常规地块的排灌系统应有有效的隔离措施，以保证常规农田的水不会渗透或漫入有机地块。

常规农业系统中的设备在用于有机生产前，应得到充分清洗，去除污染物残留。

在使用保护性的建筑覆盖物、塑料薄膜、防虫网时，只允许选择聚乙烯、聚丙烯或聚碳酸酯类产品，并且使用后应从土壤中清除。禁止焚烧，禁止使用聚氯类产品。

有机产品的农药残留不能超过国家食品卫生标准相应产品限值的5%，重金属含量也不能超过国家食品卫生标准相应产品的限值。

6. 水土保持和生物多样性保护

应采取积极的、切实可行的措施，防止水土流失、土壤沙化、过量或不合理使用水资源等，在土壤和水资源的利用上，应充分考虑资源的可持续利用。

应采取明确的、切实可行的措施，预防土壤盐碱化。

提倡运用秸秆覆盖或间作的方法避免土壤裸露。

应重视生态环境和生物多样性的保护。

应重视天敌及其栖息地的保护。

充分利用作物秸秆，禁止焚烧处理。

第三节　有机种、养殖技术

一、有机农业的基本要求—以作物种植为例

（一）作物种植基地的建设

1. 种植历史

基地的种植制度和管理方法影响有机种植基地的转换年限和操作的难易程度，因此，在选择基地时应注意以下几个方面。

一是种植作物的种类和种植模式；二是种植业的主要构成和经济地位；三是经济作物种植的种类、比例、效益；四是当地主要的病虫害种类和发生的程度；五是作物的产量；六是肥料的种类、来源和土壤肥力增加的情况；七是病虫害防治方法。

2. 基地条件

（1）环境条件：有机生产基地是有机产品的初级产品、加工产品、牲畜饲料的生长地、产地的生态环境条件直接影响有机产品的质量，因此，开发有机食品必须合理选择有机食品产地。

环境条件主要包括大气、水、土壤等环境因子。

选择空气清新，水质纯净、土壤未受污染或污染程度较轻，具有良好农业生态环境的地区。生产基地应避开繁华的都市、工业区和交通要道的中心，在周围不能有污染源，特别是上游或上风口不能有有害物质或有害气体排放。

农田灌溉水、渔业水、牲畜饮用水和加工用水必须达到国家规定的有关标准，在水源和水源周围不能有污染源或潜在污染源。

土壤重金属的背景值位于正常值区域，周围没有金属或非金属矿山，没有严重的农药、化肥、重金属的污染，同时，要求土壤具有较高的土壤肥力和保持土壤肥力的有机肥源。

（2）社会条件：有充足的劳动力从事有机农业的生产。

（3）生态条件：

①基地的土壤肥力及土壤检测结果分析。分析土壤的营养水平和有机农业的土壤培肥措施。

②基地周围的生态环境。包括植被的种类，分布、面积、生物群落的组成；建立与基地一体化的生态控制系统，增加天敌等自然因子对病虫害的控制和预防作用，减轻病虫害的危害和生产投入。

③基地内的生态环境。包括地势、镶嵌植被、水土流失情况和保持措施。若存在水土流失，在实施水土保持措施时，选择对天敌有利，对害虫有害的植物，这样既能保持水土，又能提高生物多样性。

④隔离带和农田林网的建立。一是起到与常规农业隔离的作用；二是起到有机田块的标识、示范、宣传、教育的作用。其宽度应与周围作物的种类和作物的生长季节的风向有关；隔离带的树种和类型（多年生还是一年生；乔木还是灌木；诱虫植物还是驱虫植物等）因情况而定。

（二）有机农业生产基地的转换

1. 有机农业转换的概念

有机农业转换是指在一定的时间范围内，通过实施各种有机农业生产技术，使土地全部达到有机农业生产标准要求。

有机转换期是指从有机管理开始直到作物或畜禽获得有机认证之间的这段时间。

2. 有机农业转换的意义

有机农业建立有机转化过程和有机转化期的目的如下。

（1）土地残留物质的分解和土壤肥力的培养：目前实施有机农业生产的土地，除了极少数为新开垦或多年的荒地之外。大部分均已开发多年，并有多年常规农业的种植历史。在常规农业生产中，已经向土地投入了大量的人工合成的化肥、农药和对土壤有害的物质（如除草剂和硝酸盐等），这些物质不能在短期内全部分解，需要一段时间的土壤改良，使土壤达到有机农业生产的标准。

（2）生产技术的改进和完善：有机农业的最大特点是禁止使用各种人工合成的化学物质，这是对现代常规农业生产方式的全部否定；常规农业的生产技术是以提高产量为目的，而有机农业则要求在保证一定产量的前提下，追求有机农产品的品质。因此，生产者在决定实施有机农业生产的时候，首先面临的是生产技术问题，生产者不但要彻底转变思想，而且要在具体操作上初步掌握有机农业生产技术，才能保证有机农业转化的顺利进行，这也需要一定时间的学习和实践经验的积累。

（3）环境建设：常规农业以化学防治为主要手段、与生态系统内及周边的环境没有太大的关系，但有机农业是以农业防治和生物防治为基础，保护和利用自然天敌是有机农业生态系统良性循环的核心，也是实现低投入、高产出的主要技术和措施，因此必须经过一段时间的建设，才能逐步完善生态环境，建立生态平衡。

（4）质量管理体系的建立与完善：目前，我国特别是农业生产的管理水平和从业者的文化素质较低，因此质量控制与跟踪体系（如相应文件与记录）的建立与完善均需要一段时间的努力才能实现。

3. 有机农业转换时间

时间一年生作物的转换期一般不少于 24 个月，多年生作物的转换期一般不少于 36 个月。新开荒地或撂荒多年的土地和一直按传统农业方式耕种的土地也要经过至少 12 个月的转换期。

转换期的开始时间从申请认证机构认证之日起计算。如果申请者在申请前已经在当地主管部门、环保部门或认证机构分中心的监督下进行有机生产（监督部门必须与申请者没有利益冲突），并能提供相应的书面证明材料和土地利用的历史资料，经认证机构核实后，转换期的开始时间可以从生产者实际开始有机生产的日期算起。

已通过有机认证的农场一旦回到常规生产方式，则需要重新经过有机转换后才有可能再次获得有机认证。

4. 有机转换的内容

（1）制定增加土地肥力的培肥制度。

（2）制定持续供应系统的肥料和饲料计划。

（3）制定合理的肥料管理计划和有机食品生产配套的技术和管理措施。

（4）创造良好的生产环境，减少病虫害的发生，并制订开展农业、生物和物理防治的计划和措施。

5. 有机转换计划的制订

（1）对基地或企业的基本情况进行调查和分析，了解企业或实施有机生产的种植面积、种植历史、养殖规模和生产的管理，明确转换的目标。

（2）设计未来的农业生产体系的概况和将要面临的问题。

（3）必须解决与有机农业思想和有机食品标准相违背的问题。

（4）在专家的指导下，精心拟订一个详细的转换计划，包括作物的茬口安排，水土保持的措施；有机肥的堆制、施用；土壤耕作；灌溉的方式；预防性的植物保护措施；生态环境的设计及利用；档案的格式、记录与保管。

（三）有机农业的土壤培肥与施肥技术

1. 有机农业对土壤及其肥力的要求

（1）土层深厚：土层深厚才能为作物生长和发育提供充足的水分和养分。

（2）土壤固、液、气三相比例适当：一般土壤中，固相为40%、液相为20%～40%、气相为15%～37%。

（3）土壤质地疏松：土壤质地关系到土壤的温度，通气性、透气性、透水性、保水性和保肥性能。质地过于沙，通透性好，而保水保肥性差，土壤升温快，土温高；相反，质地过黏，通气透水性差，而保水保肥性好，土壤升温慢，土壤温度低。因此，质地疏松的土壤，最适合作物根系的生长和正常发育。

（4）土壤温度适宜：土壤温度直接影响到植物根系的生长、活动和土壤生物的生存。

（5）土壤酸碱度适中：多数作物适应的土壤酸碱度为6.5～7.5。

（6）土壤有机质含量高：土壤有机质代表土壤供肥的潜力及稳产性是评价土壤肥力的一个重要的综合指标。土壤有机质大于2%为肥沃土壤，等于1%为中等肥力土壤，小于0.5%为贫瘠土壤。

（7）土壤生物丰富：土壤生物指标应包括土壤微生物的生物量、微生物的活性、微生物的群落结构、土壤生物多样性、土壤酶等。利用生物指标可以监测土壤被污染的程度，反映土地种植制度和土壤管理水平。

2. 有机农业土壤培肥技术

（1）土壤施肥量的确定：作物施肥数量的多少取决于作物产量需要的养分量、土壤供肥能力、肥料利用率，作物栽培要求等因素，其中根据作物经济产量，确定有效的施肥量，是保证植物营养平衡和持续稳产的关键。

（2）施肥技术：肥料种类的选择要求有机化、多元化、无害化、低成本。

肥料种类主要有农家肥、堆沤肥、矿物肥料、菌肥。

施肥时期：基肥的使用要遵循数量要大、防止损失、肥效持久，要有一定的深度，养分要完全；种肥是播种（或定植）时施于种子或幼苗附近，或与种子混播，或与幼株混施的肥料。施用种肥时要按照速效为主，数量和品种要严格的原则进行。用量不宜过大，还要注意使用方法，否则，就会影响种子发芽和出苗。

施肥方式主要有撒施、条施、穴施、环施和放射状施等。

（四）有机农业的病虫草害防治技术

有机农业是一种完全或基本不用人工合成的化肥、农药、除草剂、生长调节剂的农业生产体系，要求在最大范围内尽可能依作物轮作、抗病虫品种和综合应用其他各种手段控制作物病虫害的发生。它要求每个有机农业生产者从作物、病虫害等生态系统出发，综合应用各种农业的、生物的、物理的防治措施，创造不利于病虫草滋生和有利于各类自然天敌繁衍的生态环境，保证农业生态系统的平衡和生物多样化，减少各类病虫草害所造成的损失，逐步提高土地生产力，达到持续、稳定增产的目的。从事有机农业生产，既可保护环境，减少各种人为的环境和食品污染，又可降低生产成本，提高经济效益。

1. 病害防治技术

（1）农业防治：农业防治也称环境管理或栽培防治。其目的是在全面分析寄主植物、病原物和环境因子三者相互关系的基础上，运用各种农业调控措施，减少病原物数量，提高植物抗病性，创造有利于植物生长发育而不利于病害发生的环境条件。农业措施大多是农田管理基本措施。主要包括抗病品种的应用、建立合理的种植制度，其中，轮作是一种古老的防病技术。保持田园卫生，清除收获后遗留的病株残体，生长期拔除病株与铲除发病中心，施用净肥以及清洗农机具、工具、农膜、仓库等。同时，还要加强栽培管理，改进栽培技术、合理调节环境因子，改善栽培条件，调整播期，优化水肥管理等都是重要的农业防治措施。

（2）生物防治：生物防治措施通过调节植物周围的微生物环境减少病原物接种体数量，降低病原物致病性和抑制病害的发生。同时调节土壤环境，增强有益微生物的竞争能力是控制植物根病的一项措施。向土壤中添加有机质，可以提高土壤碳氮比，有利于拮抗菌的发育，能显著减轻多种根病。利用耕作和栽培措施，调节土壤酸碱度和土壤物理性状，也可以提高有益微生物的抑病能力。如酸性土壤有利于木霉孢子萌发，增强对立枯丝核菌的抑制作用；而碱性土壤有利于诱导假单孢杆菌的抑病性。

（3）物理防治：物理防治主要是利用热力、冷冻、干燥、电磁波、超声波等手段抑制、钝化或杀死病原物，达到防治病害的目的。各种物理方法多用于处理种子、苗木、其他繁殖材料和土壤。

2. 虫害防治

（1）生物防治措施：生物防治是一门研究和利用寄生性天敌、捕食性天敌以及病原微生物来控制害虫的理论与实践技术。我国是世界上最早利用天敌昆虫防治害虫的国家。害虫天敌的种类按其作用方式分为寄生性天敌、捕食性天敌、昆虫病原微生物三大类。

（2）物理防治措施：物理防治也称为物理机械防治，根据有害生物的某些生物学特性，利用各种物理因子、人工和器械防治有害生物的植物保护措施。常用的方法有人工和简单机械捕杀、温度控制、诱杀、隔阻等。物理防治见效快，常常可把病虫消灭在盛发期前，也可作为害虫大量发生时的一种应急措施。

（3）药物防治：生物农药包括除了组成整个生物界的三大生物，即植物、微生物和动物。可以说生物农药包含了地球上所有类别的生物。

（4）农业防治措施：农业防治是在掌握农业生态系统中作物—环境—有害生物三者相互关系的基础上，充分利用农业生产过程中各种耕作、栽培和田间管理措施，有目的地创造有利于作物生长发育而不利于有害生物发生、繁殖和为害的环境条件，以达到控制其数量和为害，保护作物的目的。农业防治措施主要包括耕作防治、改进耕作制度、种植诱集植物、调整播种方式和密度、抗虫品种的利用等。

3. 杂草防治方法

杂草防治是将杂草对人类生产和经济活动的有害性降低到人们能够承受的范围之内。杂草的防治不是消灭杂草，而是在一定的范围内有效控制杂草。

（1）物理性除草：物理性除草是指用物理性措施或物理性作用力，如机械、人工等，致使杂草个体或器官受伤受抑或致死的杂草防治方法。它可根据草情、苗情、气候、土壤和人类生产、经济活动的特点等条件，运用机械、人力、火焰、电力等手段，因地制宜地适时防治杂草。物理性治草对作物、环境等安全、无污染，同时，还兼有松土、保墒、培土追肥等有益作用。

（2）农业防治：农业防治是指利用农田耕作、栽培技术和田间管理措施等控制和减少农田土壤中杂草种子基数，抑制杂草的出苗和生长，减轻草害，降低农作物产量和质量损失的杂草防治的策略方法。农业治草是杂草防治中重要的和首要的一环。

土地耕耙、镇压或覆盖、作物轮作、水渠管理等均能有效地抑制或防治杂草。应当根据作物种类、栽培方式、杂草群落的组成结构、变化特征以及土壤、气候条件和种植制度等的差异综合考虑、配套合理运用，才能发挥更大的除草作用。

（3）生态防治：生态治草是指在充分研究认识杂草的生物和生态学特性、杂草群落的组成和动态，以及“作物—杂草”生态系统特性与作用的基础上，利用生物的、耕作的、栽培的技术或措施等限制杂草的发生、生长和危害，维护和促进作物生长和高产，而对环境安全无害的杂草防治实践。通过各种措施的灵活运用，创造一个适于作物生长、有效地控制杂草的最佳环境，保障农业生产和各项经济活动顺利进行。

(4) 生物防治：生物防治就是利用不利于杂草生长的生物天敌，像某些昆虫、病原真菌、细菌、病毒、线虫、食草动物或其他高等植物来控制杂草的发生、生长蔓延和危害的杂草防治方法。生物治草的目的不是根除杂草，而是通过干扰或破坏杂草的生长发育、形态建成、繁殖与传播，使杂草的种群数量和分布控制在经济阈值允许或人类的生产、经营活动不受其太大影响的水平之下。在杂草生物防治作用物的搜集和有效天敌的筛选过程中，必须坚持“安全、有效、高致病力”的标准。在实行生物治草的过程中，无论是本地发现的天敌还是外地发现的天敌，都必须严格按照有关程序引进和投放，特别需要做的是寄主专一性和安全性测验。通过这种测验来明确天敌除能作用于目标杂草外，对其他生物是否存在潜在的危害性。

二、有机蔬菜种植技术

（一）产地环境

有机栽培是一种不用化肥和农药的生产方式，因此园区的选择很重要，一般选择土壤、空气、水源都没有被污染的地块建园，并且土壤质地要好。有机蔬菜的生产环境必须满足 3 个要求。其一是必须保证生产地块的土壤未受重金属污染。其二是用于有机蔬菜生产的灌溉水质应达到农田灌溉水标准。第三是有机蔬菜生产区及其周围的空气和水体不受污染。

（二）栽培管理

1. 品种选择

应使用有机蔬菜种子和种苗，在得不到已获认证的有机蔬菜种子和种苗的情况下（如在有机种植的初始阶段），可使用未经禁用物质处理的常规种子。应选择适应当地的土壤和气候特点，且对病虫害有抗性的蔬菜种类及品种，在品种的选择中要充分考虑保护作物遗传多样性。禁止使用任何转基因种子。

2. 轮作换茬和清洁田园

有机基地应采用包括豆科作物或绿肥在内的至少 3 种作物进行轮作；在 1 年只能生长 1 茬蔬菜的地区，允许采用包括豆科作物在内的两种作物轮作。前茬蔬菜收获后，彻底打扫清洁基地，将病残体全部运出基地外销毁或深埋，以减少病害基数。

3. 配套栽培技术

通过培育壮苗、嫁接换根、起垄栽培、地膜覆盖、合理密植、植株调整等技术，充分利用光、热、气等条件，创造一个有利于蔬菜生长的环境，以达到高产高效的目的。

(三) 肥料使用

有机蔬菜生产与常规蔬菜生产的根本不同在于病虫草害和肥料使用的差异，其要求比常规蔬菜生产高。

1. 施肥技术

只允许采用有机肥和种植绿肥。一般采用自制的腐熟有机肥或采用通过认证、允许在有机蔬菜生产上使用的一些肥料厂家生产的纯有机肥料，如以鸡粪、猪粪为原料的有机肥。在使用自己沤制或堆制的有机肥料时，必须充分腐熟。有机肥养分含量低，用量要充足，以保证有足够养分供给，否则，有机蔬菜会出现缺肥症状，生长迟缓，影响产量。针对有机肥料前期有效养分释放缓慢的缺点，可以利用允许使用的某些微生物，如具有固氮、解磷、解钾作用的根瘤菌、芽孢杆菌、光合细菌和溶磷菌等，经过这些有益菌的活动来加速养分释放养分积累，促进有机蔬菜对养分的有效利用。

2. 培肥技术

绿肥具有固氮作用，种植绿肥可获得较丰富的氮素来源，并可提高土壤有机质含量。一般每亩绿肥的产量为 2 000千克，按含氮 0.3% ~0.4%，固定的氮素为 68 千克。常种的绿肥有：紫云英、苜蓿、蒿枝、兰花籽、箭筈豌豆、白花草木樨等 50 多个绿肥品种。

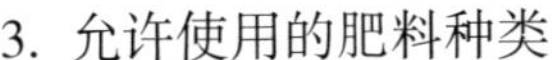

3. 允许使用的肥料种类

有机肥料，包括动物的粪便及残体、植物沤制肥、绿肥、草木灰、饼肥等；矿物质，包括钾矿粉、磷矿粉、氯化钙等物质；另外还包括有机认证机构认证的有机专用肥和部分微生物肥料。

4. 肥料的无害化处理

有机肥在施前 2 个月需进行无害化处理，将肥料泼水拌湿、堆积、覆盖塑料膜，使其充分发酵腐熟。发酵期堆内温度高达 60℃以上，可有效地杀灭农家肥中带有的病虫草害，且处理后的肥料易被蔬菜吸收利用。

5. 肥料的使用方法

（1）施肥量：有机蔬菜种植的土地在使用肥料时，应做到种菜与培肥地力同步进行。使用动物和植物肥的比例应掌握在 1∶1 为好。一般每亩施有机肥 3 000 ~ 4 000 千克，追施有机专用肥 100 千克。

（2）施足底肥：将施肥总量 80% 用作底肥，结合耕地将肥料均匀地混入耕作层内，以利于根系吸收。

（3）巧施追肥：对于种植密度大、根系浅的蔬菜可采用铺肥追肥方式，当蔬菜长至 3 ~ 4 片叶时，将经过晾干制细的肥料均匀撒到菜地内，并及时浇水。对于种植行距较大、根系较集中的蔬菜，可开沟条施追肥，开沟时不要伤断根系，用土盖好后及时浇水。对于种植株行距较大的蔬菜，可采用开穴追肥方式。

（四）病虫草害防治

1. 农业措施

（1）选择适合的蔬菜种类和品种：在众多蔬菜中，具有特殊气味的蔬菜，害虫发生少。如韭菜、大蒜、洋葱、莴笋、芹菜、胡萝卜等；毛豆在有机蔬菜是选择较多。在蔬菜种类确定后，选抗病虫的品种十分重要。

（2）合理轮作：蔬菜地连作多会产生障碍，加剧病虫害发生。有机蔬菜生产中可推行水旱轮作，这样会在生态环境上改变和打乱病虫发生小气候规律，减少病虫害的发生和危害。

（3）科学管理：在地下水位高，雨水较多的地区，推行深沟高畦，利于排灌，保持适当的土壤和空气湿度。一般病害孢子萌发首先取决于水分条件，在设施栽培是结合适时的通风换气，控制设施内的温湿度，营造不利于病虫害发生的温湿度环境，对防止和减轻病害具有较好的作用。此外，及时清除落蕾、落花、落果、残株及杂草，清洁田园，消除病虫害的中间寄主和侵染源等，也是重要方面。

2. 生物、物理防治

有机蔬菜栽培是可利用害虫天敌进行害虫捕食和防治。还可利用害虫固有的趋光、趋味性来捕杀害虫。其中较为广泛使用的有性引诱剂、黑光灯捕杀蛾类害虫，利用黄板诱杀蚜虫等方法，达到杀灭害虫，保护有益昆虫的作用。

3. 利用有机蔬菜上允许使用的某些矿物质和植物药剂进行防治

可使用硫黄、石灰、石硫合剂波尔多液等防治病虫。可用于有机蔬菜生产的植物有除虫菊、鱼腥草、大蒜、薄荷、苦楝等。如用苦楝油 2 000 ~ 3 000倍液防治潜叶蝇，使用艾菊 30 克/升（鲜重）防治蚜虫和螨虫等。

4. 因不能使用除草剂，一般采用人工除草及时清除

还可利用黑色地膜覆盖，抑制杂草生长。在使用含有杂草的有机肥时，需要使其完全腐熟，从而杀灭杂草种子，减少带入菜田杂草种子数量。

杂草控制通过采用限制杂草生长发育的栽培技术（如轮作、种绿肥、休耕等）控制杂草；提供使用秸秆覆盖除草；允许采用机械和电热除草；禁止使用基因工程产品和化学除草剂除草。

三、有机水果种植技术

(一) 产地环境

有机水果生产需要在适宜的环境条件下进行。有机水果生产基地应远离城区、工矿区、交通主干线、工业污染源、生活垃圾场等。基地的环境质量应满足国家有机产品标准产地环境的要求。

通过园外种植花椒、紫穗槐、蔷薇、牧草、蓖麻等景观植物，国内种植具有挥发性的薄荷、紫苏和白三叶等功能植物或自然生草，建设以景观和功能性为一体的有机果园生态环境。

(二) 品种和种苗的选择

应选择适应当地的土壤和气候特点、对病虫害具有抗性的水果种类及品种，在品种的选择中应充分考虑保护作物的遗传多样性。

应采用有机方式育苗，根据季节、气候条件的不同选用日光温室、塑料大棚、连栋温室、阳畦、温床等育苗设施，创造适合种苗生长发育的环境条件，培育健苗、壮苗和无病虫苗。

允许使用砧木嫁接等物理方法提高水果的抗病和抗虫能力及获得有机种苗和接穗。

(三) 施肥

培肥土壤是增强树势的最重要的栽培技术之一；强壮的树势能够提高果树树体对病害如苹果腐烂病、粗皮病，桃流胶病等病害的抵抗能力。

土壤基础培肥措施：改革目前果园清耕的土壤管理制度，进行果园生草。土壤生草是提高果园土壤有机质含量的最有效的措施。采用生草的土壤管理制度能防止土壤的流失，促进土壤团粒结构的形成，提高土壤有机质的含量。并且由于豆科植物能固定空气中的氮素，禾本科植物的根系能大量地形成麦根酸，还具有活化土壤中一些难以被果树利用的矿质营养元素的功效，从而能改善果树的树体营养状况。

土壤快速培肥措施：一是作为基肥大量施用经发酵的腐熟优质有机肥，禁止使用未经腐熟的畜禽粪便，限制使用未与秸秆混合沤制的有机肥；二是根据果树营养需求种类和时间，制作营养叶面肥，满足果品特殊生长阶段的特殊需求；三是通过来自有机原料生产的土壤环境调节剂，改变土壤的 pH 值，促进土壤和肥料养分的吸收。

（四）病虫害防治

1. 预防措施

建立相对独立的果园生态系统：在地块、果园或综合农场的周围应用木本植物品种的紧密种植带——“活篱笆”技术，建立独立的有机果园生态景观，通过生物多样性达到生态系统稳定性，同时奠定建立生态平衡的物质基础。

制造控制有害生物天敌的生存和繁殖的场所：果园周围的活体植被与果园生态系统构成完整的生态有机整体，一方面是果园外天敌迁入果园的诱集植物，可以将果园以外的有益昆虫吸引到果园周围，作为果园天敌的储备库；另一方面，防止果园内天敌在食物不足的条件下迁出果园，避免天敌资源的流失和天敌在迁入、迁出过程的大量死亡。

保护和增殖自然天敌；通过生态环境改良、良好的果树栽培管理和禁止使用化学合成的农药，保护自然界的天敌；通过种植诱集天敌的植物和建立天敌的栖息地，招引果园外的天敌在园内建立和繁殖种群。

2. 防治措施

农艺防治措施：包括土壤培肥、果树修剪、冬春清洁果园越冬病虫源和果树休眠期病虫铲除措施。病虫枝条、病果、病叶等集中深埋或烧毁，冬季刮除老翘皮，萌芽前用高压喷水枪对树干、大小枝条进行冲洗、消毒，以减少初侵染源。

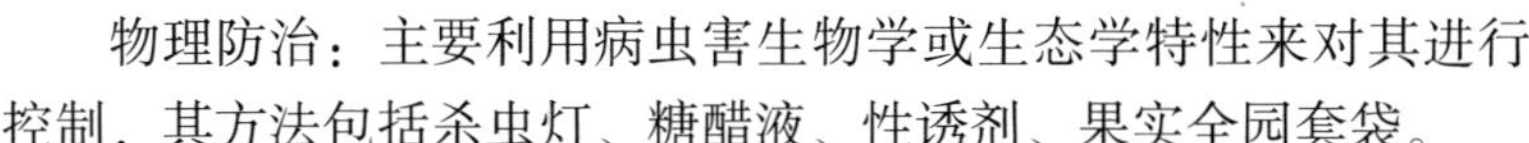

物理防治：主要利用病虫害生物学或生态学特性来对其进行控制，其方法包括杀虫灯、糖醋液、性诱剂、果实全园套袋。

生物防治：释放捕食性和寄生性天敌；高密度放置人工合成的雌性昆虫性激素的诱集、迷向和生物源制剂。

药剂防治：采取植物源农药、矿物源农药，将病虫害控制在经济危害水平以下。

（五）杂草防治

果园杂草控制是多年生果树生产中需要人力和物力的工作，在实施有机生产的果园中主要采用人工除草、机械割草、种植覆盖作物和动物除草等技术。

四、有机猪养殖技术

（一）有机猪的概念

所谓有机猪，就是根据有机产品国家标准和《有机产品认证管理办法》的规定，在猪的生产过程中不使用生长激素、化学色素和防腐剂等化学物质，不使用基因工程技术，符合国家食品卫生标准和有机食品技术规范要求，并经国家有机食品认证机构认证，许可使用有机食品标志的猪。

（二）猪只引入

在有机猪的饲养过程中，不能添加抗生素等药物来预防猪病的发生，因此对种猪的选择除包括繁殖性能好、生长速度快、瘦肉率高外，还要求种猪的适应性强、健康状况良好和抗病力强等，且不能从受到基因工程产品污染的种猪场引种。不得从疫区引进猪种。

需要引进种猪时，种猪最好来自有机种猪场，从常规猪场引进的种猪应从具有种猪经营许可的种猪场引进并进行检疫。引进的种猪隔离观察 15 ~ 30 天，经兽医检查确定为健康合格后，方可供繁殖使用，引入后必须按照有机方式饲养。

（三）猪场建设

（1）有机猪饲养场应远离交通要道（如公路、国道）、屠宰场、饲养场、水源保护区、居民区、医院、学校、食品加工厂、药厂及仓库等。

（2）猪场场地的环境质量对生产有机猪有直接的影响：有机猪饲养场周围生态环境良好，自然光照充足，应避免过度的太阳辐射和风、雨、雪等侵袭；要对猪场所在地的大气、用水和土壤进行质量检测。

（3）有机猪饲养场分区合理：包括生产区、生产辅助区和生活区。生产区和生活区必须严格分开；饲料库应建于场内的常年主导风向上风处；猪场应建消毒室、兽医室、引进种猪隔离舍、病猪隔离舍和病死猪无害化处理间，位置应距离猪舍的下风50米以上。

（4）猪舍应建在地势高燥、排水良好、易于组织防疫的地方，场址用地应符合当地地利用规划的要求。

（四）饲养条件

1. 饲料和饲料添加剂

（1）应以有机饲料进行饲养：养猪场的饲料生产基地必须符合有机生产条件。当有机饲料供应短缺时，可使用常规饲料。但常规饲料消费量在全年消费量中所占比例（以干物质计）不得超过15%，日粮中常规饲料的比例不得超过总量的25%。初乳期仔猪必须由母猪带养，并能吃到足够的初乳。禁止早期断乳，或用代乳品喂养仔猪，哺乳期至少需要6周。允许使用同种类的有机奶喂养哺乳期仔猪。在无法获得有机奶的情况下，可以使用同种类的非有机奶。

（2）在有机猪生产中，提倡使用天然的添加剂，包括天然的中草药、维生素和矿物质元素，禁止使用化学合成的各类添加剂，严禁添加违禁药物。

（3）在有机猪生产中所使用配合饲料中的所有配料必须获得有机认证；添加的矿物质元素和维生素要来自天然产物，但不能含有禁止使用的添加剂或保护剂；配合饲料的营养要求及各种成分，要满足国家相关规定的要求；配合饲料经国家相关机构测试，能够满足动物各生命阶段的营养需求。

2. 水

（1）经常保持有充足的饮水，水质符合有机产品养殖的要求。

（2）经常清洗消毒饮水设备，避免细菌滋生。

（五）饲养管理

1. 人员

（1）饲养员应定期进行健康检查，传染病患者不得从事养猪工作。

（2）场内兽医人员不准对外诊疗猪及其他动物的疾病，猪场配种人员不被对外开展猪的配种工作。

2. 饲喂

（1）饲料每次添加量要适当，少喂勤添，防止饲料污染、腐败。

（2）根据饲养工艺进行转群时，按体重大小、强弱分群，分别进行饲养，饲养密度要适宜，保证猪只有充足的躺卧空间。

（3）每天打扫猪舍卫生，保持料槽、水槽、用具干净、地面清洁。经常检查饮水设备，观察猪群健康状态。

（六）疾病防治

1. 疫病预防

养猪场应依据《动物防疫法》及其配套法规的要求结合本场实际情况，有选择地进行疫病的预防接种工作，并注意选择适宜的疫苗、免疫程序和免疫方法。

2. 兽药使用

一般情况下不使用常规药物，必须用药治疗时，根据所用药物执行停药期，停药期应是规定停药期的 2 倍。所用兽药必须符合《中华人民共和国兽药典》《中华人民共和国兽药规定》《兽药质量标准》《兽用生物制品质量标准》《进口兽药质量标准》和《饲料药物添加剂使用规范》的相关规定。所用兽药必须来自具有《兽药生产许可证》和产品批准文号的生产企业，或者具有《进口兽药许可证》的供应商。

3. 疫病监测

养猪场应依照《动物防疫法》及其配套法规的要求，结合当地实际情况，制定疫病监测方案。常规监测疫病的种类至少应包括：口蹄疫、猪水泡病、猪瘟、猪繁殖与呼吸综合症、伪狂犬病、乙型脑炎、猪丹毒、布鲁氏菌病、结核病、猪囊尾蚴病、旋毛虫病和弓形虫病。除上述疫病外，还应根据当地实际情况，选择其他一些必要的疫病进行监测。

（七）废弃物处理

（1）猪场废弃物处理实行减量化、无害化、资源化原则。

（2）粪便经堆积发酵后应作农业用肥。

（3）猪场污水经发酵、沉淀后才能作为液体肥使用。

（八）资料记录

（1）认真做好日常生产记录，记录内容包括引种、配种、产仔、哺乳、断奶、转群饲料消耗等。

（2）种猪要行来源、特征、主要生产性能记录。

（3）做好饲料来源、配方及各种添加剂使用情况的记录。

（4）兽医人员应做好免疫、用药、发病和治疗情况记录。

（5）每批出场的猪应有出场猪号、销售地记录，以备查询。

（6）资料应尽可能长期保存，最少保留 5 年。

第四节　有机农产品的认证程序

目前有机农产品已经风靡欧美等发达国家与地区了，在国内也逐渐的被人们接受。有机农产品关系到人们的饮食问题，所以有机农产品的认证程序较为严格，这也是为了进一步规范有机产品流入市场，更好的保护消费者的权益。

申请有机认证需要缴纳一定费用，但认证机构在认证过程中不允许有附加过分的财务或其他条件。认证机构的服务向所有申请者开放，每一个认证机构都有自己的一套认证程度，一般包括下面内容。

1. 申请

申请人提出正式申请，向有机认证机构或其代理索取有关申请表格和文件，如有机认证申请表、有机认证调查表和有机认证证书面资料清单等。申请人填写有机认证申请表和有机认证调查表，填写完毕寄回检查认证部门，同时准备按有机认证书面资料清单中的要求提供相关材料，并确认相关事宜。

2. 文件审查并制订检查计划

有机认证机构或其代理或分中心对申请人材料进行预审。审查合格后，根据申请人提供的项目情况，估算检查时间，制定初步检查计划、估算认证费用，并向申请者寄发受理通知书和有机认证检查合同。审查不合格的，当年不再受理其申请。

3. 签订的有机认证检查合同

申请人与有机认证机构签订有机认证检查合同。申请人根据检查合同要求，缴纳相关费用的50%～70%。申请人指定内部检查员配合认证工作，并进一步准备相关材料。

4. 实地检查评估

全部材料审查合格以后，有机认证机构指派检查员进行实地检查。检查员依据有机生产技术准则等的要求，对申请人的质量管理体系、生产过程控制体系、追踪体系以及产地、生产、加工、仓储、运输、贸易等进行实地检查评估。必要时，检查员可对水、土、气及产品抽样，由检查员和申请人共同封样送指定的质检机构检测。

5. 综合审查评估

有机认证机构根据申请人提供的申请表、调查表等相关材料以及检查员的检查报告和相关检验报告等进行综合评估，填写颁证评估表，提出评估意见。有机认证机构将评估意见报颁证委员会审议。

6. 颁证决议

颁证委员会对相关材料进行全面审查，做出同意颁证、有条件颁证、有机转换颁证或拒绝颁证的决定。

（1）同意颁证：申请内容完全符合有机食品标准，颁发有机食品证书。

（2）有条件颁证：申请内容基本符合有机食品标准，但某些方面尚需改进，在申请人书面承诺按要求进行改进以后，亦可颁发有机食品证书。

（3）有机转换颁证：申请人的基地进入转换期一年以上，并继续实施有机转换计划，颁发有机食品转换证书。产品按“转换期有机食品”销售。

（4）拒绝颁证：申请内容达不到有机产品标准的要求，颁证委员会拒绝颁证，并说明理由。

7. 签署认证协议，支付余款

有机认证机构与申请者签署认证协议，申请者支付相关费用的余款。

8. 颁发证书

根据颁证委员会决议，向符合条件的申请颁发证书。获证申请者在领证之前，需对检查员报告进行核实盖章，获有条件颁证机构申请者要按认证中心提出的意见进行改进做出书面承诺。

9. 有机食品标志的使用

根据有机产品证书有机产品标志管理章程，签订有机产品标志使用许可合同，办理有机标志的使用手续。

第六章　循环农业

第一节　循环农业的内涵及特征

一、循环农业的内涵

国外循环农业的发展最早可追溯到1909年有机农业的兴起，当时美国农业部土地管理局局长King在考察中国农业后，于1911年写成了《四千年的农民》一书，总结了中国农业始终兴盛不衰的经验。1924年，德国学者鲁道夫·施泰纳开设了“农业发展的社会科学基础”课程。其理论核心为：人类作为宇宙平衡的一部分，为了生存必须与环境协调一致；企业作为个体和有机体；要求饲养反刍动物；使用生物动力制剂；重视宇宙周期，其中就暗含了经济、环境和社会相互协调的思想。德国学者普法伊费尔将这些理论应用到农业生产实践中，从而产生了生物动力农业。至此，出现了有机农业的雏形。

1935年，有机农业的奠基人——英国的霍华德爵士出版了《农业盛典》一书，论述了土壤健康与植物、动物健康的关系。同年，日本学者冈田茂吉创立了自然农业，主张通过增加土壤有机质，不施用化肥和农药获得产量，提出在农业生产中尊重自然、重视土壤、协调人与自然关系的思想。1940年，美国的罗代尔受霍华德的影响，开始了有机园艺的研究和实践，并于1942年出版了《有机园艺》一书。同一时期，英国的伊夫·鲍尔费夫人第一个开展了常规农业与自然农业方法比较的长期实验。在她的推动下，1946年成立了英国“土壤协会”，该协会根据霍华德的理论，提倡返还给土壤有机质，保持土壤肥力，以保持生态平衡。1970年，美国学者威廉姆·奥尔布雷克特将生态学的基本理论纳入了有机农业的生产系统之中，提出了“生态农业”的概念。1981年，英国农业学家M. 华盛顿认为，生态农业是“生态上能自我维持，低输入，经济上有生命力，在环境、伦理和审美方面可接受的小型农业”，其中就包含了循环经济中的减量化的原则思想以及经济和环境相协调的可持续发展的思想。20世纪70—80年代，国际上成立了一批农业协会和研究机构，如1972年，国际上最大的有机农业民间机构——国际有机农业联合会（IFOAM）成立。此外，法国国家农业生物技术联合会（FNAB）和目前世界上最大的有机农业研究所——瑞士的有机农业研究所（Fi BL）也都成立于此时。从20世纪30年代有机农业的出现到现在，经过70年的发展，这种农业方式已经成为一种全球性的运动。

循环农业概念的提出是与我国循环经济战略发展密不可分的。国内“循环农业”一词首先由陈德敏等（2002）提出。他认为，根据循环经济的有关理论和中国的实际国情，遵循循环经济的原则，借鉴循环经济在工业发展中取得的经验，我国农业在生态农业的基础上应该向循环农业发展。吴天马（2002）最早提及“农业循环经济”的概念，他认为农业发展循环经济就是把循环经济的基本原理应用于农业系统，找到实施农业可持续发展战略的根本途径、实现形式、技术措施。吴天马与陈德敏的研究为以后我国循环型农业的发展奠定了基础，之后更多的学者开始研究“循环型农业”的问题，其中比较有代表性的有两位。周震峰等（2004）认为，“循环型农业是运用可持续发展思想和循环经济理论与生态工程学的方法，在保护农业生态环境和充分利用高新技术的基础上，调整和优化农业生态系统内部结构及产业结构，提高农业系统物质能量的多级循环利用，严格控制外部有害物质的投入和农业废弃物的产生，最大限度地减轻环境污染，使农业生产经济活动真正纳入到农业生态系统循环中，实现生态的良性循环与农业的可持续发展”，他强调了生态环境的保护，但没有注意到经济发展的重要性，与过去的生态农业并没有本质区别。郭铁民等（2004）提出，“循环农业是指运用生态学、生态经济学、生态技术学原理及其基本规律作为指导的农业经济形态，通过建立农业经济增长与生态系统环境质量改善的动态均衡机制，以绿色 GDP 核算体系和可持续协调发展评估体系为导向，将农业经济活动与生态系统的各种资源要素视为一个密不可分的整体加以统筹协调的新型农业发展模式”，他认为，要以经济建设为中心，保护生态环境是为了保障经济能持续稳定发展。宣亚南等（2005）综合了前面两种观点，将“循环型农业”定义为：“尊重生态系统和经济活动系统的基本规律，以经济效益为驱动力，以绿色 GDP 核算体系和可持续协调发展评估体系为导向，按照 3R 原则，通过优化农业产品生产至消费整个产业链的结构，实现物质的多级循环使用和产业活动对环境的有害因子零（最小）排放或零（最小）干扰的一种农业生产经营模式”。其实质是以环境友好的方式利用自然资源和环境容量，实现农业经济活动的生态化转向。这一定义将生态环境保护与农业经济建设融为一体，认为循环型农业是农业新的可持续发展模式。王鲁明、杜华章等也提出了自己对于循环农业定义的观点。邓启明等（2006）提议，将首创于国内的“循环型农业”“资源循环型农业”或“循环农业”等，统称“中国循环型农业”，简称“循环型农业”。各种有关“循环型农业”的定义的不同论述，表述虽然有所不同，但其基本内涵并无质的区别，目前还没有形成统一的说法。

循环农业是一种全新的理念和策略，是人口、资源、环境相互协调发展的农业经济增长新方式。循环农业运用可持续发展思想、循环经济理论与产业链延伸理念，通过农业技术创新和组织方式变革，调整和优化农业生态系统内部结构及产业结构，延长产业链条，提高农业系统物质能量的多级循环利用，最大程度地利用农业生物质能资源，利用生产中每个物质环节，倡导清洁生产和节约消费，最大程度地减轻环境污染和生态破坏，同时实现农业生产各个环节的价值增值和生活环境优美。

从本质上看，循环农业最主要特征是产业链延伸和资源节约。循环农业的概念经历了循环型农业、循环节约型农业、农业循环经济，最终演变为循环农业。从广义上看，循环农业是整个国民经济系统的一个子系统，在农业资源投入、生产、产品消费、废弃物处理的全过程中，把传统的依赖农业资源消耗的线性增长经济体系，转换为依靠农业资源循环发展的经济体系，倡导的是一种与资源、环境和谐的农业经济发展模式。

综上所述，循环农业是指通过农业技术创新和组织方式变革，调整和优化农业生态系统内部结构及产业结构，延长产业链条，提高农业系统物质能量的多级循环利用，最大限度地利用农业生物质能资源，利用生产中每一个物质环节，倡导清洁生产和节约消费，严格控制外部有害物质的投入和农业废弃物的产生，最大限度地减轻环境污染和生态破坏，同时实现农业生产各个环节的价值增值和生活环境优美，使农业生产和生活真正纳入到农业生态系统循环中，实现生态的良性循环与农村建设的和谐发展。循环农业最主要特征是产业链延伸和资源节约。

二、循环农业的特征

宣亚南等（2005）研究认为，我国循环型农业不仅具有循环经济的一般特点，还具有由农业自身产生的、一般循环经济所不具有的一些特点：

农业内部参与循环的物体大多互为食物，以生态食物链的形式循环，循环中的各个主体互补互动、共生共利性较强，实现资源利用最大化。绿色生产。绿色消费，农产品及其副产品在消费后回归大自然。循环领域不仅包括农业内部生产方式的循环，也包括对农产品加工废弃物的循环利用，通过废物利用、要素耦合等方式，延长农业生态产业链，形成协同发展的产业网络。清洁生产与农民增收有机结合；⑥由于小农户的存在，循环型农业面临着农民素质、土地规模、经济效益等一系列短期内难以克服的制约因素。

王鲁明等认为，循环型农业的主要特征是：一是将农业生产活动组织成“自然资源→产品→农业废弃物→再生资源”的循环流程，所有进入系统的物质和能源得到了合理、持久的利用；二提倡与工业相结合；三是正确把握生态效益和经济效益的结合点，延长产业链；四是重视农业的产业化经营，将农业清洁生产贯穿于生产和产品的生命周期全过程；五是农业生产过程中，生产和使用“绿色”农用化学品，改善农业生产技术，减少农业污染物的产生。

二者的表述所包含的意思基本相同，都遵循了循环型农业的基本原则，即“3R”原则，主要体现在资源利用节约化、生产过程洁净化、产业链接生态化、废物循环再生化、大众消费绿色化等方面。

除此之外，也有学者将循环型农业的基本特征作了更为简要和抽象的概括，黄贤金等认为循环型农业的基本特征有 3 个：一是生产流程的“循环”化设计；二是环境目标与经济目标相互依存，实现资源节约与高效利用；三是低污染，甚至零污染排放。袁久和（2005）则将其概括为协调性、持续性和系统性。

由此可见，循环农业是现代农业的一种新型发展模式，是转变农业发展方式的有益探索；循环农业的驱动力是经济效益，最终目标是要实现经济效益和生态环境效益的双赢；发展循环农业必须要依托现代农业技术和手段；发展循环农业不能只局限在农业领域，要延伸产业链，实现农、工、商之间的交叉利用和共同发展，即农业产业化是实现循环农业发展的具体形式。

第二节 循环农业的理论与实践

一、循环农业的理论基础

循环农业是指运用可持续发展思想和循环经济理论与生态工程学方法，结合生态学、生态经济学、生态技术学原理及其基本规律，在保护农业生态环境和充分利用高新技术的基础上，调整和优化农业生态系统内部结构及产业结构，提高农业生态系统物质和能量的多级循环利用，严格控制外部有害物质的投入和农业废弃物的产生，最大程度地减轻环境污染，把农业生产经济活动真正纳入到农业生态系统循环中去，建立农业经济增长与生态系统环境质量改善的动态均衡机制，实现生态的良性循环和农业的可持续发展。

（一）循环经济理论

循环经济（Circular Economy）是对物质闭环流动型（Closing materials cycle）经济的简称，一般认为美国经济学家 K·鲍尔丁（K. E. Boulding）1962 年提出的“宇宙飞船理论”被认为是循环经济思想的雏形；英国环境经济学家珀斯和特纳 1990 年在《自然资源和环境经济学》一书中首次正式使用了“循环经济”一词，之后循环经济发展模式受到国际社会的广泛重视。概括地讲，循环经济是一种以资源的高效利用和循环利用为核心，以“减量化、再利用、资源化”为原则（简称 3R 原则），减量化（Reducing）原则要求减少进入生产和消费流程的物质量，因此又叫减物质化，这一原则有利于避免先污染、后治理的传统发展方式；再利用（Reusing）原则的目的是延长产品和服务的时间强度，减少生产和消费中废弃物的产生，这一原则可以防止物品过早地成为垃圾；资源化或再循环（Recycling）原则要求物品在完成使用功能后重新变成可以利用的资源。循环经济的理念核心是把传统“资源－产品－污染排放”的“单向单环式”的线性经济，改造成“资源－产品－再生资源－产品－再生资源”的“多向多环式”与“多向循环式”相结合的反馈经济及循环经济综合模式，使传统的高消耗、高污染、高投入、低效率的粗放型经济增长模式转变为低消耗、低排放、高效率的集约型经济增长模式。在宏观层面上，循环经济要求对产业结构和布局进行调整，将循环经济理念贯穿于社会经济发展的各领域、各环节，建立和完善全社会的资源循环利用体系；在微观层面上，要求节能降耗，提高资源利用效率，实现减量化，并对生产过程中产生的废弃物进行资源化利用，同时根据资源条件和产业布局，延长和拓宽生产链条，促进产业间的共生耦合。

（二）生态系统物质循环与能量流动原理

物质和能量是所有生命运动的基本动力，能流是物流的动力，物流是能流的载体，生物有机体和生态系统为了自己的生存和发展，不仅要不断地输入能量，而且还要不断地完成物质循环。进入生态系统的能量和物质并不是静止的，而是不断地被吸收、固定、转化和循环的，形成了一条“环境—生产者—消费者—分解者”的生态系统各个组分之间的能量流动链条，维系着整个生态系统的生命。自然系统依靠食物链、食物网实现物质循环和能量流动，维持生态系统稳定；农业生态系统则要借助人工投入品及辅助能维持正常的生产功能和系统运转。在生态系统中，能流是单向流动的，并且在转化过程中逐渐衰变，有效能的数量逐级减少，最终趋向于全部转化为低效热能，由植物所固定的日光能沿着食物链逐步被消耗并最终脱离生态系统；生态系统中某些贮存的能量，也能形成逆向的反馈能流，但能量只能被利用一次，所谓再利用是指未被利用过的部分。但物流不是单向流动，而是循环往复的过程，物质由简单无机态到复杂有机态再回到简单无机态的再生过程，同时也是系统的能量由生物固定、转化和水散的过程，不是只能利用一次，而是重复利用，物质在流动的过程中只是改变形态而不会消灭，可以在系统内永恒地循环，不会成为废物。

任何生态系统的存在和发展，都是能流与物流同时作用的结果，二者有一方受阻都会危及生态系统的延续和存在。参与生态系统循环的许多物质，特别是一些生物生长所不可缺少的营养物质既是用以维持生命活动的物质基础，又是能量的载体。以太阳能为动力合成有机物质，沿食物链逐级转移，在每次转移过程中都有物质的丢失和能量的散逸，但所丢失的物质部分都将返回环境，最终分解成简单的无机物，然后被植物吸收、利用，而所散逸的能量则将不能被再利用。但相对于生态系统而言，由于日光能为主要能源，是无限的，而物质却是有限的，分布也是很不均匀的。因此，农业生态系统如果调控合理，物质可以在系统内更新，不断地再次纳入系统循环，能量效率也得到持续提高。

（三）生态位与生物互补原理

生态位（Niche）是指生物在完成其正常生活周期时所表现出来的对环境综合适应的特征，是一个生物在物种和生态系统中的功能与地位，生态位与生物对资源的利用及生物群落中的种间竞争现象密切关联。生态位的理论表明：在同一生境中，不存在两个生态位完全相同的物种，不同或相似物种必须进行某种空间、时间、营养或年龄等生态位的分异和分离，才可能减少直接竞争，使物种之间趋向于相互补充；由多个物种组成的群落比单一物种的群落能更有效地利用环境资源，维持较高的生产力，并且有较高的稳定性。在农业生产中，人类从分布、形态、行为、年龄、营养、时间、空间等多方面对农业生物的物种组成进行合理的组配，以获得高的生态位效能，充分提高资源利用率和农业生态系统生产力。随着生态学概念也不断深化，已从单纯的自然生态系统转移到社会—经济—自然复合生态系统，生态位概念也进一步拓展，不在局限于单纯的种植业系统或养殖业系统，甚至拓展到整个农业经济系统。

生态系统中的多种生物种群在其长期进化过程中，形成对自然环境条件特有的适应性，生物种与种之间有着相互依存和相互制约的关系，且这一关系是极其复杂的。一方面，可以利用各种生物及生态系统中的各种相生关系，组建合理高效的复合生态系统，在有限的空间、时间内容纳更多的物种，生产更多的产品，对资源充分利用及维持系统的稳定性，如我国普遍采用的如立体种植、混合养殖、轮作，以及利用蜜蜂与虫媒授粉作物等。另一方面，可以利用各种生物种群的相克关系，有效控制病、虫、草害，目前正兴起的生物防治病虫害及杂草，以及生物杀虫剂、杀菌剂、生物除草剂等生物农药技术已展示出广阔的发展前景。

（四）系统工程与整体效应原理

按照系统论及系统工程原理，任何一个系统都是由若干有密切联系的亚系统构成的，通过对整个系统的结构进行优化设计，利用系统各组分之间的相互作用及反馈机制进行调控，可以使系统的整体功能大于各亚系统功能之和。农业生态系统是由生物及环境组成的复杂网络系统，由许许多多不同层次的子系统构成，系统的层次间也存在密切联系，这种联系是通过物质循环、能量转换、价值转移和信息传递来实现的，合理的结构将能提高系统整体功能和效率，提高整个农业生态系统的生产力及其稳定性。著名生态学家马世骏先生曾把生态学的基本原则高度浓缩概括为八个字："整体、协调、循环、再生"，其中"整体、协调"点明了生态系统合理而协调的横向关系，而"循环、再生"则蕴含着生态系统永续运转的特性。

农业生态系统的整体效应原理，就是充分考虑到系统内外的相互作用关系、系统整体运行规律及整体效应，运用系统工程方法，全面规划，合理组织农业生产，通过对系统进行生态优化设计与调控，使总体功能得到最大发挥。实现生态系统物种之间的协调共存、生物与环境之间的协调适应、生态系统结构与功能的协调发展以及不同生态过程的协调，建立起一个良性循环机制，使系统生产力和资源环境持续保持增值与更新，满足人类社会的长远需求，达到生态与经济两个系统的良性循环。

（五）农业区位及地域分异原理

19世纪初期德国经济学家杜能（T. H. Von. Thünen）根据资本主义农业和市场的关系，探索因地价不同而引起的农业分带现象，创立了农业区位理论，它是一种从空间或地区方面定量地研究自然和社会现象的理论。经济学家对这一理论又进行了发展，从自然区位向经济区位、市场区位、生态经济区位等拓展，并结合比较优势理论等，有效推进了农业区域化、规模化、专业化生产发展。农业生产受自然因素限制比较明显，农业发展必须因地制宜、扬长避短，充分发挥区位优势、经济优势、市场优势和科技优势，比较优势是区域分工的基本原则，也是进行农业结构调整的重要理论依据。

由于地形、地势、气候、土地、社会经济、人文等要素的相似与差异，区域存在着聚合与分离的现象，而农业生产是自然和人工环境与各类农业生物组成统一体，其地域分异特征显著。农业地域分异规律包括自然地理、人文地理、生物地理的差异，造成了农业生产及生态经济类型差异性；尽管随着社会经济持续发展，农业从传统性、自给性、粗放性向现代性、商品性、集约性方向发展的规律是相同的，但农业的地域性、多样性仍将长期存在。我国幅员辽阔，自然与社会经济条件格外复杂，发展循环农业必须使物种和品种因地制宜，彼此之间结构合理，相互协调。依据地区环境，构建有特色的循环农业模式。要考虑地区全部资源的合理利用，对人力资源、土地资源、生物资源和其他自然资源等，按照自然生态规律和经济规律，进行全面规划，统筹兼顾，因地制宜，并不断优化其结构，充分提高太阳能和水的利用率，实现系统内的物质良性循环，使经济效益、生态效益和社会效益同步提高。

（六）农业可持续发展原理

可持续发展的本质涵义就是要当代人的发展不应危及后代人的发展能力和机会，实现资源最佳效率和公平配置，实现人与自然的和谐及协同进化。自 20 世纪 80 年代可持续农业兴起以来，世界各国在理论和实践上的探索不断深入，尽管理解和作法各有不同，但总的发展目标是相同的，即保障农业的资源环境持续、经济持续和社会持续等。资源环境持续性主要指合理利用资源并使其永续利用，同时防止环境退化，尤其要保障农业非再生资源的可持续利用，包括化肥、农药、机械、水电等资源。经济持续性主要指经营农业生产的经济效益及其产品在市场上竞争能力保持良好和稳定，这直接影响到生产是否能维持和发展下去，尤其在以市场经济为主体的情况下，一种生产模式和某项技术措施能否推行和持久，主要看其经济效益如何，产品在国内外市场有无竞争能力，经济可行性是决定其持续性的关键因素。社会持续性指农业生产与国民经济总体发展协调，农产品能满足人民生活水平提高的需求，既要保证产品供应充足，保持农产品市场的繁荣和稳定，尤其是粮食和肉蛋产品的有效供给，又要保证产品优质、价格合理，能满足不同消费层次对优质农产品的需求，满足社会经济总体发展的需求。社会持续性直接影响着社会稳定和人民安居乐业的大局。

农业可持续的 3 个目标是相辅相成的，三者不可分割。即在合理利用资源和保护生态环境的基础上，努力增加产出，满足人类不断增长的物质需求，同时促进农村经济发展，提高农民收入和社会文明。偏废任何一个方面，把持续性仅仅理解为生态环境上的持续性是片面的和脱离实际的。

二、循环农业的实践模式

近年来，全国各地运用循环经济理念，结合区域优势条件，开展多样化的循环农业发展道路的探索，各地赋有创新性的生产实践为推动循环农业发展积累了宝贵经验，主要体现在以下 3 个方面。

（一）政府推动，成效显著

我国政府高度重视循环农业建设工作，党的十七届三中全会明确提出，要大力发展节约型农业、循环农业、生态农业，加强生态环境保护。连续几年的中央一号文件都明确提出要大力发展循环农业的要求。2006 年中央一号文件提出，要“推进现代农业建设，积极发展循环农业”。2007 年中央一号文件提出，要“加强农村环境保护，减少农业面源污染，鼓励发展循环农业、生态农业，有条件的地方可加快发展有机农业。”

国家有关部委及地方各级政府不断加大农村污染防治和生态保护力度，研究出台了多项政策措施，环保部门、财政部门出台了“以奖促治”方案，建设部门开展了“农村人居环境治理”，国家发展改革委员会设立了一批循环农业发展项目与农业清洁生产项目，农业部从 2005 年开始“农村清洁工程”建设，2007 年提出“循环农业促进行动”，开展循环农业试点市工作，2011 年出台了“关于加快推进农业清洁生产的意见”“关于进一步加强农业和农村节能减排工作的意见”，提出了一批促进农业环境污染防治方案。

2007 年农业部在优势农产品主产区、大中城市郊区、重点水源保护区、草原生态脆弱区等不同功能区，选择具有代表性的地市，整市推进，开展循环农业试点示范。“十一五”期间，以河北邯郸、山西晋中、河南洛阳、辽宁阜新、山东淄博、江西吉安、湖北恩施等 10 个地区为重点，在全国选择 500 个县，建设 1 万个自身良性循环的零污染的生态新村。在地市范围内，出台扶持发展循环农业的政策法规，鼓励和引导农民采取循环农业技术。

2011 年年底，农业部先后出台了《关于加快推进农业清洁生产的意见》和《关于进一步加强农业和农村节能减排工作的意见》。通过意见的实施，推动农业由单向式资源利用向循环型综合利用、集约高耗型向节约高效型转变，拓展和延伸农业产业链条，将传统“资源—产品—废弃物”的线性生产方式转变为“资源—产品—废弃物—再生资源”的循环农业方式，稳步推进农业生产清洁化、农村废弃物资源化。

政府部门取得了相应的成效。河北省邯郸市制定了“34567”循环农业发展目标，即“3”，3 个发展目标：再生、高效、涵养；“4”，建设“技术体系、标准体系、检测体系和法规保障体系”4 个支撑体系；“5”，抓好“农业资源再生循环利用、高效利用、涵养保护、节约型农业、农业功能拓展延伸”5 种循环模式；“6”，实施“农产品加工、生物质能源、秸秆青贮、有机肥加工、食用菌生产加工、乡村清洁工程”6 项示范工程；“7”，落实 7 项推进措施。经过 3 年的努力，到 2010 年，全市基本实现农业增长方式和农民生活方式的转变，农村农业废弃物基本上得到无害化处理与资源化利用，农村生态环境明显改善，农产品质量与农业效益明显提高，建成国家级循环农业示范市。目前，已在全国 19 个省区市建成农村清洁工程示范村 1 400多个，开发出了一系列较为成熟的生活垃圾、污水、人畜粪便处理工艺与配套设备。示范村的生活垃圾、污水、农作物秸秆、人畜粪便处理利用率达到 90% 以上，为每户平均节省肥料成本 150 元，增收 80 元，节约能源开支 200 元左右。

（二）形成了一批可推广的发展模式

国内学者对于农业循环经济发展模式的分类大都是以 3R 原则为指导，在某个行业内或不同的产业间总结、归纳农业循环经济发展模式。例如，周颖、尹昌斌等从产业发展目标、产业空间布局两个方面对国内循环农业模式进行分类，国内基于产业发展目标的循环农业模式主要分为生态农业改进型、农产品质量提升型、废弃物资源利用型和生态环境改善型 4 类；基于产业空间布局的循环农业模式可从微观层面、中观层面、宏观层面划分，其中宏观层面又可分为生态村镇型循环农业发展模式和区域型循环农业产业化模式。俞花美等根据海南省发展热带农业的优势、发展中存在的主要问题以及当前海南省可持续热带农业发展的 2 种主要模式，列出了海南热带农业循环经济的 9 种典型模式，包括林牧复合生态工程、胶园立体种植模式、桉树林多层次结构模式、观光可持续农业模式、畜禽粪便利用型模式、精准热带农业模式、热带农业清洁生产模式、热带农产品深加工模式、生态农业产业化模式。

耿晨光等依据循环理念和长三角平原水网地区自身特点，建立了长三角平原水网区循环农业圈层发展模式，该模式为以城乡为中心构建同心圆的圈层循环农业发展模式，包括城乡结合部为第 1 圈层的旱—稻模式，以蚕桑、苗木、经济林等多年生农林产业及水产畜牧业为主的第 2 圈层的“种—养—加”模式，以及以优质高产粮油、蔬菜生产基地为主的第 3 圈层规模农业模式。该模式中的循环生产链结具有良好农业生产应用前景，组装集成畜禽粪便分散式土地处理、农业秸秆基质化、蚯蚓堆肥等技术要点，具有良好的经济效益、环境效益和社会效益。

寇冬梅等结合贵州喀斯特山区农业和农村发展的资源环境约束的实际情况，提出了适合贵州推广的循环农业经营模式，一是以农村庭院为中心的循环农业经营模式，主要包括以能源（沼气）建设为中心环节的家庭循环农业模式、物质多层次循环利用模式和种、养、加，农、牧、渔综合经营型模式；二是规模化经营的循环农业模式，主要包括专业户模式和集体（区域）协调统一模式。以上模式虽然表面上种类繁多，但都受 3R 原则指导。总结归纳不同的学者提出的循环农业发展模式，可将其分为农业复合型循环模式、农业生态保护型循环模式、农业废弃物循环再利用模式和产业链循环模式 4 类。

（1）农业复合型循环模式：农业复合型循环模式就是在同一土地管理单元上立体种植，横向延伸，建设农林牧副渔一体化。

其中包括农村庭院型发展模式、立体农业循环模式、以畜牧业为核心的发展模式、依托养殖业农业循环经济发展模式、果业循环体系、秸秆循环体系。此外，还包括农林型模式、农渔—农畜型模式、农林牧副渔各业兼有的综合型模式等。

（2）农业生态保护型循环模式：生态保护型发展模式以生态农业的提升和整合为基础，通过合理投入现代化技术与传统农业，使农业生态系统维持理想状态并保持良好的物质能量循环，从而达到人与自然协调发展。主要包括：绿色有机农业模式、以改善生态环境为重点的合理调控模式、优美村镇型循环经济模式、生态农业园循环经济模式。另外，还有生态林业、生态养殖业、生态种植、生态畜牧业以及生态渔业生产模式等。

（3）农业废弃物循环再利用模式：以农业废弃物资源的多级循环利用为目标，将农业生产过程中的废弃物处理再利用，特别是农业产生的废水、废气、废渣的综合利用，使整个过程只有资源概念无废弃物，各环节实现资源共享，变污染负效益为经济正效益，是集能源、环保、资源为一体的最典型的农业循环经济发展模式。这种模式主要有能源与资源循环模式、食用菌养殖模式、海产品加工模式等。

（4）产业链循环模式：该模式以产业为链条，将种植业、养殖业和农产品加工业联为一体，使上游产业的产品或废弃物转变成下游产业的投入资源，通过多层次产业间的物质和能量交换，在同一个产业系统中，提高资源和能源的利用率，从而使资源和能源消耗少、转换快，废弃物利用高，减轻环境污染。农产品加工模式就是用该模式的原理进行设计的。

结合现有的我国农业产业化经营组织模式的基本类型，依托农业产业化经营，归纳与创新循环农业发展的组织方式和运行机制。循环农业组织模式主要包括以下几种类型：一是“农民协会＋农户（企业）”的循环农业组织模式；二是“龙头企业＋基地＋农户”的循环农业组织模式；三是主导产业带动型的循环农业组织模式，以“主导产业＋农户”为基本模式，从利用当地资源，发展特色产业和产品入手，发展一乡一业，一村一品，形成区域性主导产业，围绕主导产业发展产加销一体化经营；四是农村清洁社区（乡、村）型循环农业组织模式；五是区域产业闭合圈、社会共同参与的循环农业模式，以“商品基地（农场＋园艺场）＋农户”为基本模式。

（三）明确了未来的发展方向

循环农业以“减量化、再利用、资源化”的循环经济理念指导农业生产，实现资源利用节约化、生产过程洁净化、产业链接生态化、废物循环再生化和大众消费绿色化，推动了农业功能拓展，与其利用模式相对应的，未来其主要利用方向体现在如下几个方面。

（1）农业资源的节约化利用：在农业资源利用方面，紧紧围绕农业增长方式转变，实行节约化利用，以提高资源利用效率为核心，以节地、节水、节肥、节药、节种、节能和资源综合循环利用为重点，大力推广应用节约型技术，实现集约化经营的资源节约型农业，提高农业资源循环利用和农业可持续发展能力。

（2）农业废弃物的资源化利用：目前，我国是世界上农业废弃物产出量最大的国家。据统计，每年产生的农业废弃物大约有40多亿吨，其中，畜禽粪便排放量26.1亿吨，农作物秸秆7.0亿吨。各种农业废弃物的数量不断增多，但是这些农业废弃物大多数没有被作为一种资源利用，随意丢弃或者排放到环境中，对生态环境造成很大的污染，制约农业可持续发展。因此，要进一步加强对农业废弃物资源的开发和利用，实现变废为宝。农业废弃物的主要利用方式：一是秸秆资源化利用，包括：秸秆还田、秸秆饲料化、秸秆气化、固化和炭化、材料化、作为工业原料利用及食用菌生产等方式；二是畜禽粪便资源化利用，包括：肥料化、饲料化、燃料化等途径。

（3）产业链延伸与价值链条拓展：大力发展农产品深加工，

延伸农业产业链条，拓展农业增值空间，增加农业的整体效益，有利于推进农业结构调整，促进农业增效、农民增收，提高农产品国际竞争能力，促进农业由主要追求数量增长向注重质量和效益的根本转变，是我国传统农区的广大农村地区实现可持续发展的重要途径。现阶段应大力发展玉米深加工、大豆深加工、稻米深加工、小麦深加工、畜禽产品加工、蛋类深加工及水产品深加工。

（4）农业清洁生产与农村社区建设：农业清洁生产贯穿整个农业生产活动的产前、产中、产后过程，未来的重点发展方向：一是发展高效生态农业。通过实施基本农田建设、庭院生态经济开发、农业废弃物综合利用、农业污染控制等工程，推广适用的生态农业技术模式。二是研发农业清洁生产技术。研究开发与农业清洁生产有关的清洁农药、清洁肥料、清洁饲料添加剂、安全的生物农药等生物制剂，以及农业生物产品工程技术等。三是积极推动乡村清洁工程。以村为单元，推进人畜粪便、农作物秸秆、生活垃圾和污水等“三废”向清洁燃料、有机肥料、高效饲料等“三料”的资源转化，实现经济、生态和社会三大效益。四是着力建设循环型社区。开发沼气、太阳能等可再生能源，减少外部能量输入，要推广使用节能环保新技术。开发利用秸秆植物能源和沼气资源技术，推广应用太阳能、风能技术，推广饮用水简易消毒净化技术，开发村镇生活垃圾、粪便的收集与堆肥处理技术等。

三、实践模式实例

迁安市“乐丫”种、养、加结合型模式

河北省迁安市地处唐山北部片麻岩丘陵山区，优越的地理条件和气候资源使迁安市成为唐山市谷子、核桃和板栗等农产品的主产区。迁安市“乐丫”农产品开发有限公司依托区域特色产业及资源优势，采取“公司＋基地＋农户”的组织方式，辐射带动大五里、五重安和木厂口等乡镇发展各类干果、杂粮基地 50 个，近 10 000户农民走上产业化道路，初步形成种、养、加结合型循环农业模式。现已开发果树生产基地约 33.3 公顷，农业示范园 1 座、农产品加工厂 1 座、农副产品超市 3 个，总资产近 2 000万元，拥有板栗、核桃、杂粮加工生产线及干果、杂粮、干菜生产基地 25 个。

1. 模式结构特征

产业链结构“乐丫”种、养、加结合型模式由 3 条产业链条组成。

①山上种树→饲草喂牛（喂鸡）→粪便发酵（沼气）→沼肥喷施果树。建设沼气生态工程，构建循环农业模式的还原系统。生产环节以沼气池建设为纽带，充分利用畜禽养殖过程中产生的粪便发酵制沼气。推广沼肥综合利用，构建循环农业模式的作物生产系统。沼肥综合利用将上一级生产废弃物作为下一级生产原料，形成无害化循环。沼液喷施果树可提高果树产量，改善果品品质，增加果品商品价值。

②饲草喂鸡（喂牛）→干粪养蝇蛆→蝇蛆喂鸡→下脚料果树施肥。建设蝇蛆养殖和柴鸡养殖项目，构建循环农业模式的畜禽养殖系统。利用山地林草资源优势发展散养柴鸡，节约饲料投入，提高鸡蛋和鸡肉的品质，开创有机农产品品牌。利用干燥的鸡粪和牛粪饲喂蝇蛆，蝇蛆一方面为柴鸡提供优质蛋白饲料；另一方面生产蝇蛆的下脚料是优质有机肥料，可用于果树施肥，促进果树增产。

③山上种树→枯枝残叶生产菌棒→林间栽种食用菌→市场直销。建设林、菌结合项目，完善循环农业模式的特色种植系统。探索农林废弃物资源开发利用新途径，大胆采用木屑、柴草、枝条等作为菌棒生产原料，利用林间荫蔽搭小拱棚，发展林下经济，以这种方式开辟了一条物质循环的新途径。

2. 主要生产环节

蝇蛆养殖。种蝇养殖阶段按照每组每天奶粉、红糖等 25 克量进行投喂，每 3 组可为 1 槽蝇蛆提供营养，目前养殖规模为 100 槽。蝇蛆生长阶段的配料比例是鸡粪 70%，牛粪 20%，麦麸、谷糠等 10%。

柴鸡散养。在凤凰山 33.3 公顷天然林场内，采用放牧为主、补饲为辅，控制合适密度的方式饲养柴鸡。林场内柴鸡放养密度为 1 500只/公顷左右，采用“全进全出制”，2007 年养殖规模为 7 000只，每天产蛋 245 千克。

果树种植。利用凤凰山区片麻岩土壤母质有利条件，先后引进核桃、板栗和大枣等优良树种，大力发展林果业。2007 年栽种核桃 1 500株、板栗 2 000株、大枣 4 600株，产核桃 1 500千克、板栗 3 000千克、大枣 4 000千克。

食用菌种植。充分利用林下闲置空地，将剪下的树枝、杂草、木屑和秸秆等作为生产食用菌菌棒的原料，在撂荒地上栽种食用菌，实现两者的优势互补和增产增收。2007 年公司试种食用菌 1.33 公顷，共投放 5 万棒，年产鲜菇达 50 吨。

沼气发酵。山庄内建沼气池 5 个，平均每年产沼气 300 立方米，可解决 46 户农户生活用能问题；并配备生物灯 3 盏，可有效进行生物防治。

农产品加工。加工项目有石碾石磨传统粮食加工、干果类食品加工和农副食品加工 3 大类，并已形成有机农产品的品牌有“乐丫”牌核桃、板栗、大枣、山地鸡蛋、甘薯粉条、石磨面粉、石磨黏面、石磨豆面、石磨甘薯面、石碾小米、石碾秫米和石碾玉米等十几种。

3. 模式效益分析

“饲草喂鸡（喂牛）→干粪养蝇蛆→蝇蛆喂鸡→下脚料果树施肥”产业链效益分析：蝇蛆养殖项目的固定投资包括建设种蝇房和养蛆房，购置养蛆槽、木架子、尼龙丝网、水槽、食槽、铁锹和推车等用具等。生产投资主要是种蝇生产阶段的营养配料投入，以及工人工资和水电费。蝇蛆养殖项目固定投资成本 3.038 万元，1 年的生产成本为 10.8 万元，人员工资 2 万元，水电费 0.3 万元，则成本投资核算 16.138 万元。

蝇蛆养殖项目的经济收入主要包括 3 部分。

①出售鲜蛆收入。每个养殖槽可产鲜蛆 3 千克，100 个养殖槽每天产蛆 300 千克，鲜蛆的营养价值高于豆粕，市场价值为 4 元/千克，每天鲜蛆的经济效益为 1 200元。蝇蛆养殖的时间是 6 个月，1 年的经济效益是 8 万元。

②节约肥料成本。养殖种蝇所剩的下脚料是优质肥料，可用于山上果树施肥，每吨下脚料价值 600 元，每天可产生 2 吨下脚料。果树 1 年施肥量约 60 吨，用于果树施肥的养蝇下脚料有 30 吨，可节约肥料成本 2 万元。

③鸡肉鸡蛋收入。用鲜蛆喂养柴鸡，可使柴鸡蛋和鸡肉品质提高，其价格各增加 4 元/千克。2007 年山上散养柴鸡 7 000只，日产蛋量达 245 千克，1 年销售鸡蛋收入 60 万元、鸡肉 6 万元，2 项合计 66 万元。

综上所述，蝇蛆养殖项目 1 年的经济收益为 76 万元，扣除成本 16.138 万元和蝇蛆养殖项目税收 4 万元，1 年纯利润为 55.862 万元。

“山上种树→枯枝残叶生产菌棒→林间栽种食用菌→市场直销”产业链效益分析：林菌结合项目的固定投资主要是搭建小拱棚的费用，生产投资包括菌棒原材料成本以及出菇期工人的工资。林、菌结合项目 1 年的成本投资为 8.8 万元，经济效益包括食用菌销售收入和林木增加产值。

①食用菌产值。食用菌的生产季节为 3 月制菌棒，5 月发好菌棒，6 月出菇，7 月采收，平均生产周期为 5 个月。每只菌棒生产鲜菇 1 千克，按食用菌市场平均价格 5 元/千克计算，则 1.33 公顷林地内 5 万只菌棒食用菌的销售收入为 25 万元。

②林木的增加产值。林间套种食用菌，每亩林地可促进林木生产0.5立方米，按木材价值700元/立方米左右计算，每亩林地可增收350元，则1.33公顷林地可增收约0.7万元。

综上所述，该林、菌结合项目1年的经济收益为25.7万元，扣除成本8.8万元，则1年纯利润为16.9万元，可获纯利润约12.68万元/公顷。

第三节　循环农业的运营模式

一、循环农业运营模式

目前中国各地农村涌现出诸多循环农业模式，并取得了良好的效果，归纳起来可分为以下四类。

立体种养型复合生态系统的生产模式。该模式立足于适量投入、立体种养、高效利用、固碳减排。以稻田复合种养生态农业模式为例，通过稻田养鸭能显著减少甲烷排放，降低增温潜势，其减缓综合温室效应的潜力是常规淹水稻田的1.6倍左右。子模式有稻鸭共生型、稻鱼共生型等。湖北省就准备“十三五”在适宜地区大力推广稻田养鱼。

资源利用型循环利用系统的生产模式。该模式立足于优化环节、合理循环、减少废弃、防控污染。以秸秆资源化循环利用模式为例，该模式以循环农业的理论为指导，以南方特色食用菌产业为核心，通过循环利用秸秆资源、充分利用废弃物，形成多途径开发模式。其有效链接可实现每亩栽培草生菌可增产增收100元，同时减少稻草焚烧造成的环境污染。通过产业链延伸效益，生产菌渣有机肥每吨利润60元。农作物栽培中菌渣有机肥替代化肥量30%，减少了化肥投入。子模式有“粮—肥”模式、“粮—菌”模式、“粮—能”模式、“粮—畜”模式、“粮—材”模式，以及“粮—菌—肥”模式、“粮—沼—菌—肥”模式等。

林下增汇型优化调控系统的生产模式。该模式立足于农林复合、农牧配套、合理调控、促碳中和。以林下经济模式为例，林下发展草菇，原料成本低，可以循环利用，种草菇后的培养基废料可做林地肥料，促进林木生长和增加森林碳汇。子模式有“林—菌”林—菜”“林—药材”等，该模式适宜林场发展。

种养互补型生态循环系统的生产模式。该模式立足于发挥功能、优势互补、统筹集成、和谐发展。该模式核心是发展农村沼气，建立以沼气为纽带的生态循环系统，既减少温室气体排放又促进农业增产增效。研究表明，建造一个 8 立方米的沼气池，每年可节柴 2 000 千克以上，相当于 3.5 亩薪炭林或 6 亩用材林的年产林木蓄积量。同时，畜禽粪便经沼气池发，沼肥中含有多种植物生长所需的氨基酸酵，既杀灭了病菌，又增加了肥效。该模式实际就是“养殖—沼气—种养”模式，子模式有“猪—沼—稻”“猪—沼—鱼”“猪—沼—茶”“猪—沼—果”，以及“猪—沼—鱼—珠”“猪—沼—太阳能—蔬（果、林）”等。

二、循环农业模式具体实例

实例 1——河北临漳 5 种模式搞活循环农业

临漳县发展循环农业，改善生态环境，围绕农作物下脚料和畜禽粪便，探索出了 5 种循环农业模式。

肥料化。采用机械化、堆沤和生物菌快速腐熟等方式，推广农作物秸秆粉碎还田，形成“农作物资源→秸秆→还田”的循环利用。据统计，该县农作物秸秆粉碎还田面积已达 80% 以上，每亩年节约化肥 100 千克 左右。

饲料化。把畜牧养殖与秸秆综合利用有机结合起来，发展规模化养殖，推进“农作物秸秆→青贮→规模化养殖→畜禽粪便堆沤还田”的循环利用。全县养殖户年可收集青贮秸秆 4.5 万立方米，节约饲料 5.2 万吨。

基料化。以发展林下食用菌栽培为主，利用小麦秸秆与牛粪混合制成基料，发展草菇、双胞菇、鸡腿菇等林下经济，实现“农作物秸秆+牛粪=基料→生产食用菌→下脚料还田”的循环利用。年消耗玉米芯和小麦秸秆10万吨，食用菌年产效益近2亿元。

能源化。开展庭院“一建四改”（建沼气池，改厕、改圈、改厨、改院），实现了“人畜粪便→沼气池→沼气用于炊事用能”的循环利用，全县沼气池总量现已突破5万户。探索以玉米秸秆为主作为沼气发酵原料的新路子，突破不搞养殖建沼气池的难题，形成了“玉米秸秆→粉碎→堆沤、压实→沼气发酵原料→沼气池→产沼气用于炊事用能（沼肥用于大田生产）”的循环农业。目前，该项技术的推广，年可使全县消耗玉米秸秆10万吨，节约用煤费用4 000多万元。

产业化。引进北京嘉禾木科技有限公司清洁造纸项目，形成了一条依托农作物秸秆生产清洁纸浆，从黑液治理中提取木质素，利用造纸废渣生产有机肥，利用生产中的余热和秸秆建设热电联厂，把热能、电能用于企业生产，把造纸中段水综合处理后回用于农田灌溉，把清洁纸浆提供给全县及周边中小造纸厂这样一个资源充分利用、环境科学保护的循环经济产业链。据统计，项目建成后年可处理小麦秸秆12万吨，年经济效益3 500万元。

实例2——邯郸市循环农业建设模式的探讨

2007年9月农业部决定在全国选择10个有一定工作基础的市作为循环农业示范市，邯郸市被列为全国10个循环农业示范市之一，为邯郸市农业及农村经济的发展带来了机遇。我们以循环农业示范市建设为契机，积极探索，大胆试验示范，总结筛选出了一批适合邯郸市农业发展的循环模式，有力推进了邯郸循环农业发展。

（1）以秸秆综合利用为核心的废弃物资源化模式：这种模式主要以秸秆综合利用为主，分布在平原地区的粮食主产区。经过对农作物秸秆综合利用，可以基本杜绝秸秆的燃烧，秸秆的利用率得到很大的提高。数据显示，2008 年全市生产农作物秸秆总量为 670.03 万吨，综合利用量达到 439.6 万吨，占秸秆总量的 65.6%，其中机械还田利用秸秆 164.5 万吨；快速堆腐、高温堆肥利用秸秆 160 万吨；饲料化过腹还田利用秸秆 40 万吨；秸秆气化利用秸秆 25.1 万吨；工业原料利用约秸秆 40 万吨；栽培食用菌利用秸秆 10 万吨。综合利用途径有秸秆肥料、秸秆饲料、秸秆能源、秸秆基料和秸秆原料化利用等。

（2）以畜禽粪便利用为核心的废弃物资源化模式：这种模式主要以畜禽粪便综合处理为主，不仅通过饲喂家畜、家禽延长了农作物秸秆的处理链条，而且使农作物废弃物利用达到了循环闭合的效果。该模式主要以沼气池为关键环节，将种养加链接起来，适合有养殖规模和传统的村、户，以及人畜分离、实行小区集中养殖的村，特别是农牧交错地区大力推广实施。该模式即可以通过以户为单位建立“三位一体”，发展“猪—沼—果”“猪—沼—菜”“猪—沼—粮”等生态链条，建立农户循环农业，同时可以以龙头企业为单位建立综合利用系统，建立以沼气为核心的循环链条。农户投资 3 000 ~ 4 000元建 1 个 10 立方米的沼气池，产沼气 400 ~ 500 立方米，产沼液、沼渣 25 吨左右。“三沼”综合利用，可节省煤电支出 500 ~ 700 元/年，节省化肥、农药支出近 200 元/年，并且沼肥用于叶面喷施、底施、追肥，可使粮食增产 15% ~ 20%、蔬菜增产 30% ~ 40%，1 个 10 立方米沼气池每年节本增效在 1 500元以上，相当于人均增加收入 300 ~ 500 元。既可以生产出高效优质的清洁能源，又可为发展无公害和有机食品提供大量肥料。

2008 年底全市户用沼气池保有量已突破 45 万户，占到总农户的 25% 以上，建成沼气示范村 600 个、沼气生态农业示范园 16 处，建成大中型沼气工程 16 000立方米，建成沼气生态农业示范基地 9.33 万公顷。依托沼气建设，每年可为农户提供优质生活燃气约 1.8 亿立方米，提供优质有机肥约 1 000万吨，示范户增

收节支1 500元以上，总体实现农民增收节支6亿元。

（3）以食用菌为核心的废弃物资源化模式：该模式是以农业废弃物为原料种植食用菌，并对废弃的菌棒（料）进行资源化再利用，主要集中在邯郸市的农业主产区，该模式将食用菌生产和养殖、大田生产及加工有机地结合起来，大大促进了农业结构调整，使农业生产效益和农业废弃物资源化利用率得到明显提高。通过利用途径的有机结合，种植业的废弃物基本达到“零排放”。

（4）以农业生产生活废弃物综合利用为核心的资源化模式：这种模式主要以村、户为单元，主要针对农业和农村生产生活中的废弃物开展循环利用。该模式主要依托农村清洁工程，通过建立农村物业管理站，利用垃圾分拣手段，配合庭院的“一建三改”，积极实施废弃物资源化利用，达到了“田园、家园、水源”的净化目标。

2008年该市利用乡村废弃土地建成乡村综合物业管理服务站10处，总面积3公顷，建设物业管理、服务用房56间；垃圾处理池14个，总容积300立方米，日可处理生活垃圾约10吨；污水处理池25个，总容积2 700立方米，日处理生活污水90吨；建设街道和田间垃圾收集池500个，户用污水收集池2 000个，户用沼气池1 700个，改厕2 000个，户配分类垃圾收集桶8 300个，配备垃圾运输车辆、沼液抽取车20辆；示范村测土配方施肥推广面积533.33公顷；病虫害综合防治0.087万公顷；建设无公害农产品生产基地9个，面积0.053万公顷；建立秸秆生产食用菌、固体垃圾生产免烧砖等废弃物资源化生产厂2个，完善乡村清洁循环利用模式10个。

（5）以节能减排为核心的高效农业种植模式：这种模式主要针对当前农业生产中农药、化肥和农膜等农业投入品的不合理使用，水资源利用率较低，土地资源利用不尽合理等问题，以节水、节地、节肥、节药等资源节约为主要内容的高效农业种植模式。主要技术有农田节水技术、合理控害技术、配方施肥技术、半精量播种技术、免耕栽培节能技术等。

2008 年邯郸市完成以测土配方施肥技术为主要内容的节肥技术 20.67 万公顷，节肥 1.6 万吨；完成以良种良法配套、农机农艺结合、旱作农业等综合技术为核心的节水技术 10 万公顷，节水 4 000万立方米；完成以小麦一喷多效、棉花一喷多治和实用新型药械等为重点的节药技术 53.33 万公顷（次），节约化学农药 378.5 吨；完成以小麦、棉花、玉米精量半精量播种为核心的节种技术 56 万公顷，节种 1 200万千克；推广先进农机化技术和机具，抓好农机燃油降耗减排，全市在春耕、三夏和秋收作业期间实现节油 7 256吨。

（6）以农业功能延伸到工业再到农业的循环模式：这种模式链条主要是“农业副产物—工业原料—工业副产物—农用产品—农业生产”，即利用农业生产的废弃物用于工业生产，工业生产的副产品用于农业生产用所需的投入品，再回用于农业生产，通过这样的闭合链条，使农业生产和工业生产有机结合起来，为拓宽农业产业化龙头的生产领域提供了好的思路。如用麦草生产纸浆，过滤后的污泥加入麦糠进行发酵，生产出的有机肥再用于蔬菜生产。

实例 3——京津冀循环农业生态产业链典型模式与问题

（1）“三位一体”的农场生态产业链：该模式以沼气为纽带，将种植、养殖纳入循环体系，实现畜禽养殖、沼气生产和蔬菜、玉米等种植相互依存，构成能源生态综合利用体系的循环农业模式。根据具体情况，此模式又可细分成“畜—沼—果”“畜—沼—菜”“畜—沼—鱼”等各具特色的模式。以“畜—沼—果”为例，每家农户通过建立沼气池，用水果、蔬菜残渣喂猪等动物，禽畜产生的粪便进入沼气池发酵产生的沼气为农户提供生活能源，沼液、沼渣作为农作物的肥料，既节省了化学肥料的使用，减少了农作物的残留，又提高了植物的抗病能力。

（2）立体复合型的农场生态产业链：立体复合型产业链利用

自然系统中各生物的特点，使处于不同生态位的各生物类群在系统中各得其所，互利共赢，该模式又可细分为立体种植型、立体养殖型、立体种养型等。如天津静海县4 000.02公顷林地食用菌种植基地，河北省平山镇的刘家会、丁西以核桃生产为主体的林业立体种植等均属于此种模式的典型。以天津宝坻黄庄镇稻蟹立体种养为例，蟹能清除田中的杂草，吃掉害虫，排泄物可以肥田，促进水稻生长；而水稻又为河蟹的生长提供丰富的天然饵料和良好的栖息条件。

（3）废弃物资源化利用的园区循环产业链：该模式按照农业废弃物循环利用的理念，将上游企业的废弃物或副产品作为下游企业的原材料，既能消化废弃物，又能节约能源资源、保护环境。如河北省平泉县通过技术创新，利用废菌糠生产平菇、鸡腿菇；大力发展活性炭、有机肥、生物质燃料压块等；利用废弃塑料袋加工制成塑料颗粒，生产出盛装食用菌所用的塑料容器。

（4）生态农业园产业链：该模式以有机农业为依托，把农业与第二、第三产业结合起来，发展集种植、养殖、农业观光、度假、食品加工、销售为一体的农业园区。在北京“蟹岛”内，种植业系统首先通过光合作用将物质和能量转化为有机农产品，大部分产品被旅游业系统直接消费，另一部分农产品和禽畜产品被输送到加工业系统。加工的产成品供旅游业系统游客消费，加工期间产生的可利用废弃物作为养殖业系统（次级消费者）的饲料。养殖业和旅游业产生的废弃物进入到沼气发酵系统，产生的沼渣和沼液返回到种植业系统，沼气作为旅游业系统的燃料和污水处理系统的发电动力。

实例4——探访河北津龙公司的现代农业发展之路：循环农业效益高 规模经营民受益

河北津龙公司立足实际、着眼长远，遵循市场经济规律和农业发展自身规律，从1998年开始，经过不断创新、探索，逐步走出一条现代农业产业化发展的成功道路。目前，该公司已经形成农业种植、饲料生产、畜牧养殖、食品加工、沼气发电等“五位一体”产业化综合发展模式，公司始终致力于发展循环农业，实现了生态养殖、食品加工、清洁能源、有机肥料、生态种植的有机统一，走出了一条低消耗、低排放、高效益的现代农业发展道路。6 月 6 日，记者走进位于衡水市景县龙华的河北津龙公司，零距离感受和探访该公司的绿色、高效、循环的综合发展之路。

(1) 沼气工程变废为宝 循环农业效益更高：走进河北津龙公司，在总经理贾亮的带领下，记者来到一处正在运转发电的大型沼气罐前。“我们现将公司养殖场的粪污进行预处理，然后通过一个动力泵将液体打入沼气发酵池中，再经过两次处理，生产出来的沼气就能进行发电了。你看，这个储气罐的顶子像皮球一样鼓了起来，这说明我们的沼气发酵设备正在运转。”因为正在发电，噪声非常大，贾亮一边指着眼前的发酵罐一边大声说，“目前，我们的日发电量在 1 万度左右，基本可以解决我们一半的总需电量，每度电按照 0.8 元计算，每天可以节约8 000多元呢!”

而在以往，随着养殖量的不断增加，这些粪污污染一度让该公司头痛不已。“作为一家从养殖业发展起来的企业，我们一直将其作为公司的重点板块来打造。目前，长期存栏生猪 6 万头，年出栏 10 万头。同时，奶牛存栏 2 800头、肉牛存栏 3 000头、肉驴存栏1 000头、羊存栏10 000只。”公司董事长贾连海告诉记者，“随着公司养殖规模的扩大，产品质量安全和环境污染问题也日渐凸显。为了解决这一制约我们发展的瓶颈问题，我们经过多方考察，最终发现沼气工程是个不错的选择。”

在具体实施过程中，公司把大型沼气工程作为循环经济的核心环节，上连养殖业，下连种植业，实现了农牧结合的发展。养殖业生产的粪污进入到大型沼气工程进行综合处理利用，生产沼气、沼液和沼渣。沼气用于发电，生产的电能用于养殖、种植、饲料生产等各个用电环节。沼液进入到有机肥车间，加工成有机肥，一部分用于公司种植使用，一部分供应市场。沼渣则被放入到公司已经建成的肥水一体化系统，用于农田灌溉施肥。

津龙公司此举不仅解决了环境污染问题，又保证了农业有机种植用肥，还实现了能源的再生利用，达到了污染的零排放。

以种植为节点，公司建立了自己的种子基地和工业化育苗车间，购置了 28 台大型机械，种植园区全部铺设了防渗管道和田间道路实行现代化耕作，生产的粮食除自用外其余销售到市场，农作物秸秆和牧草加工成动物饲料，形成了自身的小循环。

正是通过这样的循环产业链条，津龙公司将养殖、种植、饲料、沼气、屠宰加工等产业紧密链接起来，使一个环节的产品或副产品被下一个环节利用，实现变废为宝和产品的层层升值，经济、生态及社会效益明显。

（2）互补发展规避风险 有机生产确保安全："今年上半年，生猪收购价每千克都上不去 10 块钱，许多养猪户每出栏一头猪都要赔上 200 多块钱，很多人实在顶不住劲儿啦。可我们公司为啥在这种情况下依然能够挺住？最关键的是，我们已经形成了一个产业链条，猪自繁自养，饲料自己加工生产，生猪出栏后可以就地屠宰放入冷库或深加工。"贾连海董事长的这番话引起了记者的浓厚兴趣。

的确，农业产业化企业特别是龙头企业经营风险极高，一部分来自市场方面，一部分来自农户的转移，如何控制风险是检验企业成功与否的标志。津龙公司始终把拉长产业链条作为规避风险的有效途径。从一粒种子到一瓶牛奶，中间经历了无数环节，链条越长产品附加值就越高，企业竞争力就越大，抵御市场风险的能力就越强。

采访当日，该公司正在组织工人抢收小麦，记者看到他们除了拉回来一车车的小麦进行晾晒，还有拖拉机专门将打成捆的麦秸卸到指定位置。贾连海董事长指着这些金黄的麦秸捆说："这可是宝啊，经过生物技术处理，它们是饲喂驴子的好饲料，不仅要抢收回来，更要好好苫盖和保护，到了枯草时节，能顶大用呢！"

目前，津龙公司已经形成了“养殖”“种植”“屠宰加工”“饲料生产”“沼气发电”5大板块。与此同时该公司将这5大板块进行有机互补，既降低了风险，又促进了每个板块的发展。

近年来，随着国家对食品安全管理力度加大，有机食品越来越成为市场新宠。津龙公司在完善5大板块的同时，很好地解决了有机食品安全问题。他们以种植为起点，以饲料加工为中转，以养殖为龙头，以沼气为核心，以屠宰加工为终点，各个环节紧密连接，一个环节的产品或副产品被下一个环节利用，最终把健康安全的食品投向市场。公司致力发展生态农业，保障人们“舌尖上的安全”。启动建设了一个集新品种引进、新技术推广、综合技术配套、技术培训、生产加工销售、蔬菜冷链物流于一体的现代化设施农业基地，目前已建成智能温室2座，高温蔬菜大棚12座、拱棚32座、蔬菜库储存能力2 000吨，形成了育苗、种植、存贮一条龙，做到了每个环节的生产安全。

（3）土地流转产业发展 规模经营百姓受益：“天气预报说今天下午有雷阵雨，之前收割的麦子都在露天晾晒呢，按照津龙公司的要求，我赶紧过来组织人员把麦子转运到粮库里面去。”津龙公司的工人贾兰红对记者说。这位52岁的农家汉子是景县龙华镇贾吕村人，目前自家的10.5亩地全部流转给了津龙公司，之后自己和老伴儿来到津龙公司打起了工。俩人除了每年可以从公司拿到10 500元的土地租赁费，每个月还能拿到3 000多元工资，干得好，年底还能领上年终奖。“目前，我们公司常年用工500多人，对于流转了土地的村民优先录用，现在麦收农忙时节，我们还要再招一部分季节工，总用工人数1 000多人。遇到了这样的雷阵雨天气，工人中午不能休息，都要加班加点抢收小麦，我们还会给加班费。”贾连海解释。

据了解，津龙公司于2006年开始进行土地流转，与农户签订了长期稳定的租赁合同，打破了一家一户小规模分散经营的农业生产方式，成方连片发展种植产业，实现了现代农业的大发展。

目前，公司集中连片流转土地 2.1 万亩，涉及两个乡镇 13 个村 2 000多农户，种植粮食及蔬菜18 000亩，牧草3 000亩。

采访过程中，贾兰红告诉记者，受益于津龙公司的土地流转，贾吕村 80% 的家庭都有自己的小轿车。而他，也于今年初购置了一辆价值 9 万元的新轿车。

和贾兰红一样，龙华镇翟刘庄村的翟红也是土地流转的直接受益者。“以前家里有 10 亩地，每年忙死忙活的也就收入万把块钱。土地流转后，我每年打工净赚 2 万元。”作为津龙公司的员工之一，翟红的工资是按日结算的，日均 50 元，如果算上加班，她每月差不多能拿到2 000元。“这些钱完全可以支付家里平时的开销了。”翟红的丈夫在一家企业做焊工，每月的收入在 5 000元左右，现在这笔钱已经作为家庭的“固定资金”存了起来。

三、生态循环农业的发展对策

1. 提高对生态循环农业的认识

积极利用电视、报刊杂志等媒体，开展多层次、多形式的生态循环农业宣传，提高农民对发展生态循环农业的认识，营造发展生态循环农业的良好氛围。并定期举办生态循环农业培训，使广大经营户掌握发展生态循环农业必要的技能，顺利推进生态循环农业的发展。

2. 加大对生态循环农业的投入

政府应加大对生态循环农业发展的投入，安排生态循环农业专项资金，用于生态循环农业的规划、技术培训、经验交流和试验示范等活动；形成多渠道、多形式的投入机制，引导民间工商资本投资发展生态循环农业；通过政府财政补贴及银行贴息贷款等优惠政策，对生态循环农业项目给予重点扶持，集中优势力量探索发展生态循环农业的运行模式，示范带动生态循环农业的整体发展。

3. 加强技术创新，促进生态循环农业发展

积极推广动植物疫病防治、无公害标准化生产、测土配方施肥、畜禽废弃物资源化利用、秸秆综合利用、农村清洁生产、科学用药等技术，促进生态循环农业良性发展。加大生态循环农业的技术创新和技术引进力度，加快将新技术转化为现实生产力，提高生态循环农业的经济效益。

4. 合理开发农业资源，提高利用效率

生态循环农业发展对规模要求较高，但目前小规模生产并出现资源紧缺已是不争的事实，发展生态循环农业就必须规模化生产并重视有限资源，保护并合理开发资源，提高资源的利用效率，拓宽发展空间。

第七章　互联网颠覆传统农业

第一节　神奇的智慧农业生产

一、智慧农业的起源及发展

2009 年 1 月 9 日，IBM 全球副总裁麦特·王博士在“2009 中国 IT 产品创新与技术趋势大会”上作了主题为“构建智慧的地球”的演讲，提出了智慧地球的概念。智慧地球的核心是以一种更智慧的方法通过利用新一代信息技术来改变政府、公司和人们相互交互的方式，以便提高交互的明确性、效率、灵活性和响应速度。如今，信息基础架构与高度整合的基础设施的完美结合，使得政府、企业和市民可以做出更明智的决策。

智慧方法具体来说包括以下 3 个方面的特征：更透彻的感知、更广泛的互联互通和更深入的智能化。我国在农业领域引进信息技术主要起始于 80 年代初期。1981 年中国建立了第一个计算机应用研究机构—中国农业科学院计算中心，并引进了 FEL-IXC－512 系统，以此为标志 30 多年来大体上经历了起步、普及、提高的发展过程。20 世纪 80 年代是从应用起步逐渐转向普及，前 5 年主要是以科学计算、数学规划模型和统计方法应用为主，利用中小型计算机现有方法库和软件资源开发应用程序，后 5 年迅速转向应用微型计算机。农业部第一次把计算机农业应用研究列入“七五”攻关内容，第一本《计算机农业应用》专业刊物于 1986 年创刊并公开发行。1987 年农业部成立信息中心，推动了信息技术在行政管理中的应用，各类专用程序软件包大量开发应用于农业生产和管理。进入 20 世纪 90 年代，计算机应用得到了较快的发展。随着微机性能不断提高和软件开发逐渐增加，专家系统研究出现了高潮，管理信息系统和决策支持系统应用研究逐步深入，出现了一批科技成果。1991—1994 年底，农业系统计算机已超过万台以上，已形成了数千人的专业人员队伍，并于 1992 年成立全国性专业学术团体—计算机农业应用分会。2000 年以后进入了迅速提高的时期。微型计算机数量急剧增加，上网微机数量也在迅速增加，信息技术在农业领域的应用广度和深度都达到一个新的高度。中国的国民经济信息化和农业信息化计划，以及"863"高技术计划和科技攻关计划都把现代农业信息技术研究和开发列为优先领域。

目前，农业信息技术在农业中的应用已经从零散的点的应用发展到全面应用，应用目标也从最初的提高产量发展到现在的有竞争力的农产品、农业可持续发展、和谐农村、农村能源的有效利用和环境保护。如何利用信息技术，促进信息的有效流通和高效利用，使得农业生产系统、农业管理系统、农业市场系统、农村生活系统等农业系统的运转更加有效、更加智慧，即智慧农业，已经成为当前农业信息技术研究的兴趣点和关注点，同时，智慧农业也是计算机在农业中全面应用的必然趋势。

二、智慧农业的概念及内容

（一）智慧农业的概念

由于"智慧农业"的概念出现的时间很短，目前还没有一个公认的定义，我们认为智慧农业是：充分利用现在的信息技术，包括更透彻的感知技术、更广泛的互联互通技术和更深入的智能化技术，使得农业系统的运转更加有效、更加智慧、更加聪明，以使农业系统达到农产品竞争力强、农业可持续发展、和谐农村、有效利用农村能源和环境保护的目标。智慧农业着眼的不是农业信息技术在农业中的单项应用，而是把农业看成一个有机联系的系统，信息技术综合、全面、系统地应用到农业系统的各个

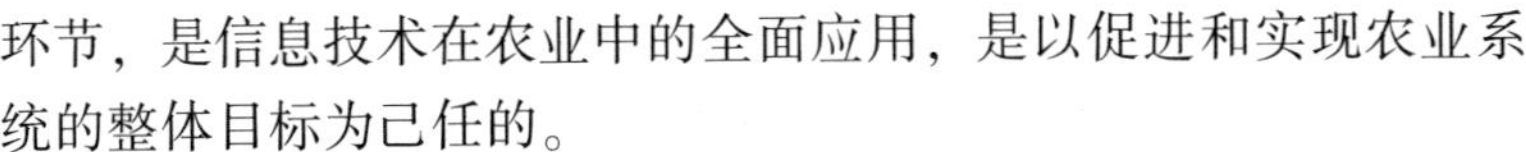

环节，是信息技术在农业中的全面应用，是以促进和实现农业系统的整体目标为己任的。

（二）智慧农业的主要内容

从应用领域分，智慧农业的内容大致分为：智慧管理、智慧生产、智慧组织、智慧科技、智慧生活5个方面。

1. 智慧管理

现代农业要求组织集约化生产，并实现农业可持续发展，因而首先必须摸清农业资源与环境现状，监测并预测其发展，加强农业的宏观管理与预警，从而达到合理开发与利用农业资源，实现农业的可持续发展。但由于我国农业资源类型多，区域差异大，变化快，而传统调查手段和方法难以达到快速、准确的目的，严重制约着有关农业资源管理政策与措施的制订。

到2020年，世界上每个人将拥有10亿晶体管，平均每个晶体管成本只有十万分之一美分，近两年全球共生产了300亿个RFI（无线射频识别）标记，传感器已被利用到整个生态系统和自然系统。信息的获取达到实时、低成本、快速和高精度的效果，土地、土壤、气候、水、农作物品种、动植物类群、海洋渔类等资源信息的获取不再困难，数据管理及空间分析能力将极大提高，现代农业宏观管理和预警决策手段更加丰富，管理和决策过程更加科学和智慧。

2. 智慧生产与经营

农业生产系统都由四大要素组成，即农业生物要素、农业环境要素、农业技术要素和农业社会经济要素。每个要素中，都包含有许多因素。将各种农业过程的内在规律与外在关系用数学模型表达出来，即建立农业数学模型，农业模型包括定量模型、定性模型或者定量与定性相结合的模型，在模型的基础上建立各种农业专家系统、农业模拟决策系统、农业自动化系统等，使得农业生产系统生产的产品更加安全、竞争力更强、资源环境保护更加有效，以使农业生产系统更加聪明和智慧。农村、农场、农业企业通过计算机系统对农业生产进行经营和管理，通过更广泛的互联互通，及时了解国内外的各种农产品的市场动向，以便做出其农业生产与经营的决策。大力发展农业电子商务，使得广大农民将有可能直接与国内外市场建立联系，以决定农业的生产与销售策略。更深入的智能化技术使得人工智能技术在农业中的应用不仅限制在专家系统方面，机器学习、神经元网络等智能技术将得到全面的发展和应用，而且应用领域不断扩展。

从应用范围看，智能技术不仅应用在传统的大宗农作物上，而且在经济作物、特种作物上开展应用。所开发的对象既包括作物全程管理的综合性系统，也包括农田施肥、栽培管理、病虫害预测预报、农田灌溉等专项管理系统。智能技术的应用也不再局限于示范区，有望较大面积的推广应用。从研究角度看，理论层面的研究将集中在专家知识的采集、存贮和表达模型、作物生长模型，形成智能技术的研究的核心和应用的基础。技术层面的开发将聚焦于集成开发平台、智能建模工具、智能信息采集工具和傻瓜化的人机接口生成工具。而且，智能应用系统的产品化水平将有质的飞跃，智能应用系统将像傻瓜相机一样，普通农民也能操作自如。

3. 智慧组织

现代农业是以国内外市场为导向，以提高经济效益为中心，以科技进步为支撑，围绕支柱产业和主导产品，优化组合各种生产要素，对农业和农村经济实行区域化布局、专业化生产、一体化经营、社会化服务、企业化管理，形成以市场牵龙头、龙头带基地、基地连农户，集种养加、产供销、内外贸、农科教为一体的经济管理体制、运行机制和组织体系。“基地 + 农户”“公司 + 农户”、农民经纪组织、农民合作社等各种组织将一家一户的小农业变成具有现代组织形式的现代农业，解决分散的农户适应市场、进入市场的问题。加入世贸组织后，国际农业竞争已经不是单项产品、单个生产者之间的竞争，而是包括农产品质量、品

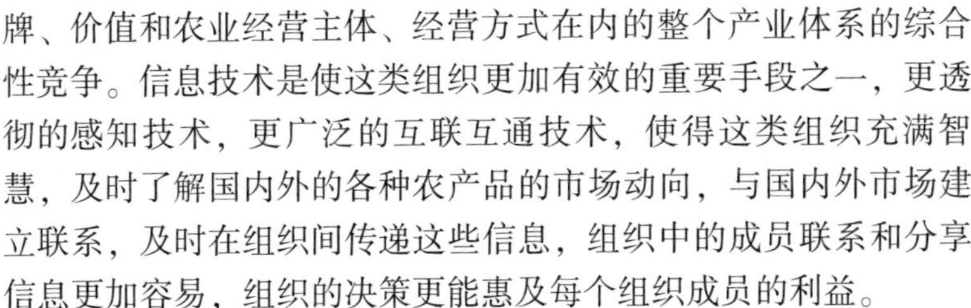

牌、价值和农业经营主体、经营方式在内的整个产业体系的综合性竞争。信息技术是使这类组织更加有效的重要手段之一，更透彻的感知技术，更广泛的互联互通技术，使得这类组织充满智慧，及时了解国内外的各种农产品的市场动向，与国内外市场建立联系，及时在组织间传递这些信息，组织中的成员联系和分享信息更加容易，组织的决策更能惠及每个组织成员的利益。

4. 智慧科技

要解决“三农”问题，必须重视农业科技作用的发挥，农村发展、农业进步、农民生活改善，都依赖于农业科技，农业现代化是在现代科学基础上，以现代科学技术和装备武装农业，用现代科学方法管理农业的农业发展新模式。过去的几十年，信息技术已经被广泛地应用到农业科学研究中，主要包括统计分析、模拟分析、文献数据库和科学数据库等几个方面。在田间统计分析研究工作中，提出了不少算法和实现程序，如作物数量性状遗传距离的计算方法、近交系数的计算方法等，并产生了一些有影响的农业应用软件，如遗传育种程序包、PC－1500 袖珍机常用统计程序包、鸡猪饲料配方软件包、农业结构系统分析包等。模拟分析是采用信息技术对农作物、畜禽的生长过程进行模拟，并可以在短短的几分钟内得出模拟结果，以制定最佳的农艺措施和喂养措施，还可以对作物及畜禽的物种起源、发展过程进行再现，因而成为农业科学研究的重要技术手段。如中国农业科学院农业信息研究所开发的“小麦管理实验系统”可以模拟小麦生长的全过程，能通过控制反馈机制，优化水、氮管理，按照产量目标选择适宜品种和管理措施，并实现了模拟结果可视化。

在信息技术日益发达的今天，e-science 被提上日程，它的目标就是使得农业科研信息更加智慧与高效。e-science 将会把我们的科学家们从第一代互联网络的应用，比如 E-mail 的发送、Web 上的信息查询，带入依托互联网平台直接从事我们的科研工作，来进行更深层次的、更大范围的学科的研究和开发。农业野外台站、生态网、大气监测站、三地灾害监测站、田间试验站等会安装更多的智慧型传感器，农业科学家获得科学数据将变得更加容易。农业科学家足不出户，就能把农业模型放到异地的大型计算中心进行计算和模拟，网络的协同工作使得农业科学家之间的交流更加方便，整个科研系统的效率成倍提高。

5. 智慧生活

十六届五中全会对新农村建设提出了“生产发展、生活宽裕、乡风文明、村容整洁、管理民主”的方针，描绘出一幅新农村的美好蓝图。其内涵包括：发展新产业，打牢物质基础，千方百计增加农民收入，促进农民持续增收；建设新村镇，改善农村人居环境，使农村的发展得到合理规划。构筑新设施，改善农村的生产生活基础设施，包括清洁安全饮水、道路交通、电力、信息网络及农业基础设施建设等。培育新农民，加强基础教育和职业培训，推进农村科技推广和医疗卫生体系等，造就“有文化、懂技术、会经营、守法纪、讲文明”的新型农民。树立新风尚，加强和完善农村民主法制建设，创造和谐的发展环境，倡导新风尚。

信息技术在新农村建设中大有可为，信息技术的应用将使得新农村的生活更加智慧。例如尽管半个世纪前世界卫生组织曾称赞过中国的三级医院系统和以农民为中心的农村医疗体系，中国的医疗保健体系远远不能满足经济和社会发展的需求，39% 的农村居民和 36% 的城市居民无法承担专业的医疗治疗。发展和完善新农村的医疗体系，必须采取智慧的方法进行信息共享管理。实时信息共享可以降低药品库存和成本并提高效率。有了综合准确的信息，以及远程医疗技术，医生就能参考患者之前的病历和治疗记录，增加对病人情况的了解，从而提高诊断质量和服务质量。

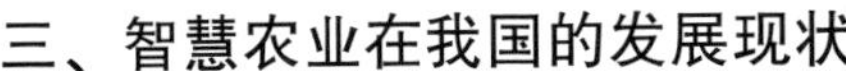

三、智慧农业在我国的发展现状

（一）政策方面

我国是世界农业大国，农业是我国的传统和基础产业。我国政府部门高度重视我国农业的发展，先后出台了《农业科技发展“十二五”规划》《关于加快推进农业科技创新持续增强农产品供给保障能力的若干意见》《全国农垦农产品质量追溯体系建设发展规划（2011—2015）》等政策，全力支持“十二五”期间我国农业的发展。物联网技术有望在农业部确定的200个国家级现代农业示范区获得农业部和财政部资金补贴，并开展3G、物联网、传感网、机器人等现代信息技术在该区域的先行先试，推进资源管理、农情监测预警、农机调度等信息化试验示范工作，完善运营机制与模式。

（二）技术方面

随着物联网技术的不断发展，越来越多的技术应用到农业生产中。目前，RFID电子标签、远程监控系统、无线传感器监测、二维码等技术日趋成熟，并逐步应用到了智慧农业建设中，提高了农业生产的管理效率、提升了农产品的附加值、加快了智慧农业的建设步伐。

（三）应用方面

智慧农业建设的脚步日益加快，先进的农业应用系统被广泛推广，越来越多的农民群众接受了这种“开心农场”式的生产方式。目前，利用RFID、无线数据通信等技术采集农业生产信息，以帮助农民及时发现问题，并且准确地确定发生问题的位置，使农业生产自动化、智能化，并可远程控制。

四、智慧农业在中国面临的机遇与挑战

发展智慧农业，是中央有关政策的要求，是转变农业发展方

式的现实需求，也是现代信息技术发展到一定阶段的产物。党的十八大做出了“促进工业化、信息化、城镇化、农业现代化同步发展”的战略部署，在这四化中，农业现代化是短板，而农业信息化是农业现代化的关键，对农业信息化和智慧农业提出了新的更高的要求，全国各地构建智慧城市都把智慧农业作为重要的建设内容和板块。李克强总理于2015年3月5日在政府工作报告中提及要制定“互联网+”行动计划，智慧农业是“互联网+农业”的重要抓手，“互联网+”必将推动智慧农业快速发展。

当前，我国农业发展面临着资源、市场和生态多重瓶颈，迫切需要利用信息技术对农业生产的各种资源要素和生产过程进行精细化、智能化控制，对农业行业发展进行专业化、科学化管理，以减少对资源环境的依赖，突破资源、市场和生态环境对农业产业发展的多重约束，从而推动农业产业结构的升级和生产方式的转变。近年来，世界各国信息技术发展迅猛，我国信息技术创新和研发也取得了长足进步，物联网、移动互联网、云计算、大数据等现代信息技术的日渐成熟，使得农业信息化从单项技术应用转向综合技术集成、组装和配套应用成为可能。信息技术的不断进步为智慧农业的快速发展提供了坚实的技术条件，也带来了难得的发展机遇和一系列的挑战。以农业物联网为例，我国农业物联网处于起步阶段，在技术、应用、产业和机制方面还面临着一系列发展瓶颈。

首先，关键技术和装备匮乏。目前农业物联网应用多在环境信息感知和数据传输环节，终端的信息处理和智能控制应用环节较少，尚未形成农业物联网“感知—传输—处理—控制”的应用“闭环”。特别是低成本、高信度的环境信息传感器和生命信息感知技术产品，适合农村不同地理环境的高通量、低资费的信息通信技术，支持闭环控制应用的终端技术难题亟待解决。

其次，应用效果和效益不佳。农业物联网具有明显的“人—机—物”一体化特征，应用目标是智能化的按需控制和智慧化的精细管理，这需要农业知识模型特别是各种农业动植物环境阈值模型的支撑。目前农业物联网数据资源的细分和数据挖掘尚未有效开展，大田、设施、畜禽、水产等领域的环境与生命体之间的知识模型和实用控制阈值库没有建立，计算机分析控制缺乏参照，控制的可靠性低，农业物联网的优越性没有得到发挥，应用效益和效果大打折扣。

再次，产业发展滞后。由于农业物联网应用模式多样且都规模较小，大型 IT 公司参与积极性不高，尤其是缺乏大型的传感器制造商和运营商。目前，我国农业物联网推广应用多是由高校和科研单位承担，农业物联网专用传感、控制设备量产能力不强，价格高、稳定性差、运行维护不及时等问题较突出，已经成为农业物联网发展的主要瓶颈。

最后，可持续运行机制尚未建立。我国农业物联网处于起步阶段，应用技术不成体系，推广应用尚未规模化，运行机制不可持续，在很多地方农业物联网应用还在一定程度上存在摆样子、走过场的情况，真正进入生产经营主体管理决策环节的应用还不多。迫切需要政府加大扶持力度和科学引导，建立并完善农业物联网快速发展的政策环境，鼓励消费需求和民营资本进入，形成可持续发展机制。

五、加快发展智慧农业的对策

当前，我国智慧农业的发展正处在起步阶段，未来一个时期，随着现代信息技术速向农业领域渗透，国家“互联网 +”行动计划的出台以及智慧城市建设的深入和拓展，都市智慧农业的发展将进入加速期，将成为农业现代的制高点，也将成为智慧城市的一道亮丽风景线。展望未来，发展智慧农业要注意以下几个方面。

（一）抢抓“互联网 +”战略机遇

智慧农业概念的提出与我国现代农业发展的迫切内在需求相

吻合，既是历史机遇的巧合，也是农业发展的必然。智慧农业良好的发展前景，不是概念的炒作。我国目前农业发展正处于由传统农业向现代农业转变的拐点上，农业生产智能化、农业经营网络、农业管理数字化、农业服务精准化是必然发展趋势。一定要牢牢抓住“互联网+”战略机遇，深入推动互联网和农业生产、经营、管理和服务的融合。科学谋划，分步推进。英国演化经济学家卡萝塔·佩蕾丝认为，每一次大的技术革命都形成了与其相适应的技术—经济范式。这个过程会经历两个阶段：第一阶段是新兴产业的兴起和新基础设施的广泛安装；第二个阶段是各行各业应用的蓬勃发展和收获，每一个阶段大概需要20~30年的时间。当前互联网进入中国已经有21个年头，进入农业不过10年左右，物联网、云计算和智能终端作为新基础设施被广泛安装才刚刚开始。因此，从现在开始大概到2025年都是智慧农业的培育阶段，智慧农业的成熟和蓬勃发展大概还需要20~25年的时间，也就是说到2050年，智慧农业将完全进入成熟期。因此，推进智慧农业是一项长期的工程，要科学谋划，分步推进，切忌好高骛远。

（二）推进都市智慧农业需要政府引导

智慧农业是高新技术在农业中的具体应用，具有基础薄弱、一次性投入大、受益面广和公益性强的特点，在当前投入产出效益不高、农民收入水平较低、农业信息化市场化运作还不完善的情况下，需要公益性行业专项支持。建议根据我国现代农业发展需求，按照“发展急需、技术成熟、示范效益好”的原则，实施一批有重大影响的智慧都市农业应用示范工程，建设一批国家级智慧城市、智慧农业示范基地，推动都市智慧农业跨越式发展。

（三）完善政策法规，优化都市智慧农业发展环境

研究制定都市智慧农业建设相关标准。加强都市智慧农业的法规建设，使智慧农业建设法制化，在信息发布、共享、保密、

可靠性以及信息市场规则上做到有法可依。建立健全相关工作制度，建立都市智慧农业建设考核评价指标体系，量化考核标准和办法，推动都市智慧农业建设的规范化和制度化。在加快推进智慧农业建设进程中，应统筹规划、研究制订基于物联网技术的智能化监测和自动化控制系统的应用示范，加大对重大项目建设、关键技术研发等方面的政策扶持，以提高软实力。强化顶层设计，制定都市智慧农业发展战略规划。都市智慧农业建设是一个动态的、渐进的、长期的过程，不可能一蹴而就，需要顶层设计、分阶段推进，只有在政府的规划引导下，智慧农业发展才能沿着正确的方向持续发展。因此，必须从全国层面加强顶层设计，制定都市智慧农业发展战略规划，从基础设施、专项应用和服务体系等方面入手，对智慧农业的建设任务进行合理布局和优化配置，形成全国统筹布局、部门协同推进、省市分类指导的智慧型都市农业发展格局。

（四）设立专项资金，推进智慧农业技术应用

在全国层面设立都市智慧农业发展专项资金，将智慧农业建设和发展经费纳入财政资金预算，明确资金使用时各区县的财政配套比例，发挥专项资金的引导和放大效应；各省市应从实际出发，争取资金支持，并按比例配套投入，进行基础设施建设、系统部署、系统改造、技术开发、信息服务等，以保持智慧农业建设进度与全国协调一致。完善体制机制，推进智慧农业建设市场化。政府部门应强化对智慧农业发展的宏观指导，以政策杠杆撬动效益农业。建立政府引导、科技支撑、企业运营的参与机制，将国家公益性补贴和市场化运作有效结合，完善多元投融资渠道机制。可通过鼓励金融机构开辟农业市场、降低涉农金融信贷门槛、设立科技投资风险基金、试行农业数据与服务资源的有偿交易等方式，弥补政府供给主体的功能缺陷，实现智慧农业的可持续发展。

（五）加强培训和宣传，提高全社会对智慧农业的认识

加强针对性的宣传，提高政府管理人员对智慧农业的认识。政府作为智慧农业建设的组织管理者，其管理人员对智慧农业的认识和应用能力对推进智慧农业建设起着决定性的作用。要通过多种形式的宣传、教育，提高农业部门领导和工作人员的信息化意识，强化管理者对智慧农业的重要性、严肃性、风险性、时效性的认识，切实加强服务能力建设。利用各种宣传手段，提高公众对智慧农业的认识。利用广播、电视、科技大集等形式面向公众进行宣传，推广利用智慧农业应用的典型案例，使公众了解智慧农业的优势，认识到智慧农业的重要性，将潜在的用户转变为现实的用户。组织建设一支高水平的人才队伍，利用高素质信息专业人才在智慧农业生产、消费的第一线引导和帮助公众，提高社会大众利用信息技术服务日常生活的意识。

第二节　智慧农业经营管理

传统的智慧是指生物领域中基于神经器官的感知、记忆、理解、情感、辨别、决定等综合能力。这里所说的“智慧”是依托物联网、云计算、大数据等新兴的计算机应用技，对农业生产中环境进行监测具有重要的生态、社会和经济意义。目前农业生产的环境信息数据和土壤环境信息数据的时实采集、海量存储和有效的传输必须依靠的物联网技术、大数据存储技术、网络连接技术，进而实现农作物生长环境的动态监测、海量存储和智能处理等操作，为精准农业生产、生态环境监测及病虫害预测提供有效的技术支持及数据决策服务。物联网云的智能农业生产模式为农业生产的环境数据信息和土壤数据信息监测提供了技术方案，为推进我国农业生产智能监测工作的信息化、自动化与智能化提供了一种有效的新思路。

一、建立与智慧城市相匹配的智慧农业生产技术体系，促进现代农业发展

现代农业具有高度集约化、装备化、设施化的特点，是农业起步和发展最快的区域，要现代信息技术武装农业，尤其是提高设施农业智能化水平。推广基于环境感知、实时监测、自动控制的设施农业环境智能监测控制系统，提高设施园艺环境控制的数字化、精准化和自动化水平。开展农情监测、精准施肥、智能灌溉、病虫草害监测与防治等方面的信息化示范，实现种植业生产全程信息化监管与应用，提升农业生产信息化、标准化水平，提高农作物单位面积产量和农产品质量。积极推动全球卫星定位系统、地理信息系统、遥感系统、自动控制系统、射频识别系统等现代信息技术在现代农业生产的应用，提高现代农业生产设施装备的数字化、智能化水平，发展精准农业。

综合利用 GIS 技术、3G 技术、互联网技术和物联网技术等，开发智慧果园管理系统，将果园种植、生产管理、产品加工、仓储物流、市场营销、质量安全与溯源等有机结合在一起，提高规模化果园的生产管理水平，用灵活、便捷的智慧化管理方式，实现生产过程中对果树、土壤、环境等的实时监测，使果园管理不再受到时空局限，从而合理使用农业资源、降低生产成本、改善生态环境、提高农产品产量和质量。

提高畜禽与水产养殖智能化水平。以推动城郊畜禽规模化养殖场、池塘标准化改造和建设为重点，加快环境实时监控、饲料精准投放、智能作业处理和废弃物自动回收等专业信息化设备的推广与普及，构建精准化运行、科学化管理、智能化控制的养殖环境。在国家畜禽水产示范场，开展基于个体生长特征监测的饲料自动配置、精准饲喂，基于个体生理信息实时监测的疾病诊断和面向群体养殖的疫情预测预报。

二、发展农产品冷链物流与电子商务

应用物联网创新技术，加快冷链物流信息化建设。运用专业的物流管理信息系统建立农产品全生命周期信息档案，科学地整合生产、分销、仓储运输、配送等供应链上下游的信息。充分利用现有技术，加快建设一批冷链物流示范工程，实现冷链农产品全生命周期和全过程实时监管，促进冷链运输管理的透明化、科技化、一体化。推进国家农产品质量安全追溯管理信息平台建设，开发农产品质量安全追溯管理信息系统。探索依托信息化手段建立农产品产地准出、包装标识、索证索票等监管机制。加快建设农产品质量安全监测、监管、预警信息系统，实行分区监控、上下联动，切实保障城乡食品安全。积极开展电子商务试点，探索农产品电子商务运行模式，逐步建立健全农产品电子商务标准规范体系，培育批农业电子商务平台。鼓励和引导大型电商企业开展农产品电子商务业务，支持涉农企业、农民专业合作社发展在线交易，积极协调有关部门完善都市农产品物流、金融、仓储体系，充分利用信息技术逐步创建最快速度、最短距离、最少环节的新型农产品流通方式，促进城乡一体化发展。

三、以信息化推动休闲旅游农业发展，促进城乡文化融合

面向城市人群的休闲、旅游和度假需求，通过完善农村信息基础设施，利用现代信息技术、移动互联网技术，对休闲农业进行数字化、智能化和网络化的改造，对休闲农业的产品开发和推广环节广泛实现信息化管理与服务，以满足供求双方对信息的实时与精准化需求。打造面向都市人群的休闲农业资源信息服务平台，开发“休闲农业”App应用，让公众及时了解当地休闲农业资源情况、休闲特色项目所在和休闲农业的决策规划，使休闲农业的产品或服务得到更广泛、更快捷的传播。

四、建立生态环境监测预警系统，为农业发展提供生态保障

利用现代信息技术，建立实用、高效、统一、安全的都市生态环境信息监测预警系统。建立集统一的生态环境数据中心、整合的环境监控信息、实用的地理信息系统、便捷的移动信息平台等为一体的“农业生态环境监测预警”系统，使生态环境监测实现信息化、智能化、可视化，切实保障农业生态环境质量。

第三节 农产品质量安全追溯体系

随着农产品贸易全球化的迅速发展，农产品质量安全已不仅涉及人类健康、生命安全，也关系到国家经济发展、社会稳定。消费者风险意识和自我保护意识的提高，农产品质量安全问题对社会经济发展所产生的负面影响的扩大以及世界贸易组织协议的作用，使得各国政府对农产品质量安全管理体系的构建和完善空前重视。研究我国农产品质量安全管理体系的建设，对于保障消费者身体健康，促进我国现代农业的发展，增加农民收入，提高农产品在国内外市场的竞争力等方面均具有十分重要的意义。

一、农产品质量安全的意义

农产品质量安全是指农产品的内在品质与外在因素对人体健康的影响状况。广义的农产品质量安全还包括农产品满足运输、加工、消费、出口等方面的需求。农产品质量安全水平指农产品符合规定的标准或要求的程度。当前，提高农产品质量安全水平，就是要提高防范农产品中有毒有害物质可能产生的危害的能力。一般来说，农产品质量安全水平是一个国家或地区经济社会发展水平的重要标准之一。

通常，不安全的农产品具有以下几个明显的特点。

（1）危害的直接性：农产品的质量不安全主要是指其对人体健康造成危害。大多数农产品一般都直接消费或者加工后被消费。受物理性、化学性和生物性污染的农产品均可能直接对人体健康和生命安全产生危害。

（2）危害的隐蔽性：农产品质量安全的水平或程度仅凭感观难以辨别，需要通过仪器设备进行检验检测，有些甚至还需要进行人体或动物实验后确定。由于受科技发展水平等条件的制约，部分参数或指标的检测难度大、检测时间长。因此质量安全状况难以及时准确判断，危害具有较强的隐蔽性。

（3）危害的累积性：不安全农产品对人危害的表现，往往经过较长时间的积累。如部分农药、兽药残留在人体内累积到一定程度后，就可能导致疾病的发生并恶化。危害产生的多环节性：农产品生产的产地环境、投入品、生产过程、加工、流通、消费等各环节，均有可能对农产品产生污染，引发质量安全问题。

（4）管理的复杂性：农产品生产周期长、产业链复杂、区域跨度大；农产品质量安全管理涉及多学科、多领域、多环节、多部门，控制技术相对复杂；加之我国农业生产规模小，生产者经营素质不高，致使农产品质量安全管理难度大。

二、我国的农产品质量安全管理体系

质量安全管理体系（Quality Management System）是指在质量方面指挥和控制组织的管理体系，通常包括制定质量安全方针、目标以及质量安全策划、质量安全控制、质量安全保证和质量安全改进等活动。实现质量安全管理的方针目标，有效地开展各项质量安全管理活动，必须建立相应的管理体系，这个体系就叫质量安全管理体系。农产品质量安全管理体系是一个涉及多部门、诸多控制环节的综合管理体系。目前，随着新形势的发展，我国的农产品质量安全管理体系已初步形成，包括农产品质量安全监测体系、安全法律法规体系、安全标准体系、安全认证体系和保障体系等。

我国农产品质量安全管理体系的研究起步较晚，这是由我国农业生产所处的阶段性决定的。20 世纪 90 年代前，我国农业生产的重点是提高农产品产量。进入 20 世纪 90 年代，我国农业生产进入新的发展阶段，实现了农产品供给由长期短缺到总量平衡、丰年有余的历史转变，农产品质量安全管理体系的研究才逐渐被重视。近年来农产品质量安全事故频发，使得对农产品质量安全管理体系的研究不断得到重视。

从发展脉络看，农产品质量安全管理体系的研究大致分为 4 个发展阶段，即农产品质量管理起步阶段（20 世纪 80 年代后期到 90 年代初期）、农业标准化阶段（90 年代中后期）、农产品质量安全管理阶段（“十五”时期）和农产品质量安全体系初步构建阶段（“十一五”时期）。在农产品质量管理起步阶段，主要研究提高农产品质量内涵和实质、提高农产品质量的意义、影响农产品质量的因素和提高农产品质量等，这一时期的研究更多地从生产和技术角度出发，探讨提高农产品质量的途径，没有涉及农产品质量安全问题。在农业标准化阶段，研究主要围绕农业标准化的意义和作用、农业标准化与农业现代化、农业标准化与农业产业化以及农业标准的制定进行，也很少涉及农产品质量安全问题。在农产品质量安全管理阶段，研究者开始从影响农产品质量安全的各个环节入手，从全面质量管理、信息不对称理论入手，研究了农产品市场上的质量信号的传导和提高农产品质量安全的基本原则和途径。

三、农产品质量管理的方法

目前，存在 4 种方法，即数理统计分析、抓关键的少数、人机料全面控制和 QC 新老工具运用。此外还有方针目标管理、建立健全质量保证体系、促进基础工作建设等。农产品质量安全管理理论是在现有质量管理理论基础上，结合农业生产和农产品特点提出来的关于农产品质量管理的一般性理论，是现有质量管理理论的继承和发展。所谓农产品全面质量管理是指把专业技术、经营管理、数理统计和思想教育结合起来，建立起从农产品的产前、产中到产后的一整套的质量管理体系，从而用最经济的手段，生产出符合标准和令消费者满意的农产品。该管理方法强调提高劳动者的工作质量，保证生产过程的质量，最终保证生产的农产品质量。由以往偏重后期检验转变为以先期预防为主，从管结果转变为管因素，即找出影响质量的各种因素，抓住关键环节，依靠科学理论、程序、方法，使农业生产经营的全过程都处于受控状态。因此，要提高农产品质量必须依靠全面质量管理，不仅涉及农业生产的产前、产中和产后管理，还涉及全员管理和全层面的管理。

（1）加大生产前投入品和产地环境检测、由定点检测机构对农产品质量安全产地环境质量进行监测和评价，以保证生产地域没有遭受污染；同时，还要加大投入品，如农药、化肥、兽药等的执法检查力度。

（2）加大生产中技术监控：由委托管理机构检查生产者是否按照农产品质量安全生产技术标准进行生产，检查生产企业的生产资料购买、使用情况，以证明生产行为对产品质量和产地环境质量是否有益。

（3）加大生产后产品质量监测：产后由定点产品监测机构对最终产品进行监测，确保最终产品质量。按照农产品质量安全包装标准，对符合标准的质量安全农产品进行包装。

（4）加大流通中冷藏运输标准的执行：建立能够配套供应农产品质量安全生产所需的各种肥料、农药、添加剂、饲料、馆料、培养基的农产品质量安全生产资料生产基地、流通体系，所用生产资料符合农产品质量安全生产的有关标准。流通营销服务包括生产资料供应服务和农产品质量安全销售服务。

（5）建立科学的质量管理体系，积极推广 ISO9000、

ISO14000、HACCP、GMP、GAP、TQM 等管理标准认证，建立科学的质量管理体系。

（6）在农业产业化的经营中实施全面质量管理：在产业经营中，农业企业不断地优化品种、提高质量、增加效益。积极调整种养植结构、品种结构，发展优质高产高效农业、提高质量。

（7）明确职责，建立健全农产品安全监管责任体系：农产品质量安全监管是一个涉及多部门的系统工程，明确各部门管理职责、加强管理和监督有助于工作的开展。建立和完善执法责任制、执法公示制、执法督察制、执法过错责任追究制，全面履行和落实法定职责。

（8）加大宣传力度，增强各层面对农产品质量安全监管工作重要性的认识：一是面向各级政府领导宣传，以取得理解和支持，把农产品质量安全执法工作当作一件大事来抓。解决监管部门后顾之忧，改变以罚代收、收费养人的被动局面。二是面向有关部门宣传，以得到部门间的配合支持，确保执法工作顺利进行。三是面向管理相对人宣传，让他们做到合法经营、诚信经营。四是面向社会宣传。增强消费者的维权意识，赢得他们对执法工作的支持。五是充分发挥舆论监督的作用，对执法中出现的大案要案予以曝光，扩大效果和影响，共同营造全社会关心和支持农产品质量安全监管执法的良好氛围。

目前，国内已经开发并推广应用相应的农产品质量安全全程管理及溯源体系的软件平台，如由国家农业信息化工程技术研究中心开发的果蔬类农产品质量安全管理体系、牛肉产品质量追溯系统、水产养殖产品质量管理系统等，利用计算机技术实现了对农业生产、流通过程信息的管理和农产品质量的追溯，具有农产品生产档案管理、条形码标签涉及和打印、基于网站和手机短信平台的质量安全全程管理即溯源等功能，界面简单、操作方便，适合于农业生产企业应用即公众查询。

四、我国农产品质量管理体系的现状

(一) 农业技术标准体系基本形成

质量技术标准体系是保障农业产业可持续发展的技术基础和行为规范。农业技术标准体系是农业行政执政的重要技术依据。没有完善的技术标准体系，检验检测体系建设和运行缺乏科学依据，认证认可工作也无从谈起。随着世界贸易组织（WTO）的加入，我国农业发展面临新的机遇与挑战。社会对农产品质量安全标准的需求日益迫切，农产品质量安全标准的作用日益凸显，农产品质量安全标准体系建设已引起全社会的高度关注。近年我国在农业标准制定上取得了长足发展，各行业不断制定行业标准，标准数量逐年增加。在国家标准化管理委员会统一管理和卫生、农业、质量监督检验检疫等相关部门的共同参与下，已经建立了包括国家标准、行业标准、地方标准和企业标准的标准框架体系。按照国家标准管理办法规定，国家标准、行业标准涉及农产品产地环境、主要农产品质量、安全卫生、检验检测、认证认可、高新技术及产品等方面，在全国范围内统一执行；地方标准包括区域性农产品的生产、加工技术规程和部分安全卫生标准，在本行政区域内有效；企业标准是指导企业生产的技术依据或操作指南在本企业有效。

近年来，农业部参与和组织制定农业国家标准、行业标准和地方标准，组织制定和发布了无公害和绿色食品行业标准。标准范围发展到了种植业、畜牧业、渔业、林业、饲料、农机、再生能源和生态环境等方面，基本涵盖了大农业的各个领域，贯穿了农业产前、产中、产后的全过程，已初步形成农业标准化体系，但现行标准体系水平不高，部分标准缺失，国家标准、行业标准、地方标准之间相互交叉、矛盾或重复。因此，需要尽快开展标准的制定和修订工作，尽快将国内的农产品质量安全标准与国际标准相接轨。

（二）农产品质量监管体系初步建立

我国已经初步建立了农产品质量安全监管体系。国家一级政府农产品质量安全监管工作主要由食品与药品监督管理局、卫生部、农业部、国家质检总局和商务部共同负责，向国务院汇报工作，并且自成体系，在省、市、县一级都分别设有相应的延伸机构，每个机构都有自己具体机构和管理范围。食品药品监督管理局主要负责食品、保健品、化妆品安全管理和的综合监督、组织协调和依法组织开展对重大事故查处，负责保健品的审批。卫生部主要负责拟定食品卫生安全标准，牵头制定有关食品卫生安全监管的法律、法规、制度，并对各地方执法情况进行指导、检查、监督，负责对重大食品安全事故的查处、报告，研究建立食品卫生安全控制信息系统。农业部主管种植养殖过程的安全，负责农田和屠宰场的监控以及相关法规的起草和实施工作，负责使用动植物产品中使用的农业化学物质等农业投入品的审查、批准和控制工作，负责境内动植物及其产品的检验检疫工作。国家质检总局主要负责农产品生产加工和出口领域内的安全控制工作，负责农产品质量安全的抽查、监管，并从企业保证农产品安全的必备条件抓起，采取生产许可、出厂强制检验等监管措施对农产品加工业进行监管，建立相关的认证认可和产品标识制度。商务部负责整顿和规范农产品流通秩序，建立健全农产品质量安全监测体系，监管上市销售食品和出口农产品的卫生安全质量。体系内的各部门采用分段监管的模式，各自监管职责范围内的有关农产品质量安全的相关事宜。

（三）检测检验体系正在加强

农产品质量安全检测检验体系，是依照国家法律、法规和有关标准，对农产品（含农业生态环境和农业投入品）质量安全实施监测的重要技术执法体系，在农产品质量安全评价、农业依法行政、市场秩序监管和促进农产品贸易发展方面担负着重要职责，对农业产业结构调整、农产品质量升级、农产品消费安全和提高农产品市场竞争力等方面具有重要作用。各级政府和农业部门对农产品质量安全检验检测体系高度重视，经过多年努力，我国农产品质量安全检验检测体系建设框架已经基本建成，通过各级政府投资建设，检测机构的条件有了一定的改善，从业人员素质得到了显著提高，检测能力基本能满足我国农业重点产业和产品的国家标准、行业标准和地方标准的规定，并初步形成了集质量评价、市场信息、技术服务和人才培训为一体，部、省、县级相互配套、互为补充的农产品质量安全检验检测体系，为加强农产品质量安全监管提供了技术支撑。农产品质量检验检测机构主要是以农业部门的质检机构为主，上至农业部、中国农业科学院等所属专业性质检中心为基础。下至地方省市级农科院的综合性质检机构，以及专业的检测和管理机构，开展对种子、农药、农机、畜牧、土肥、环境等检验检测。今后一段时间需要解决的问题就是进一步健全机构，建立相关的食品安全毒理学评价中心或者基层的检验室，提高检测技术手段。

（四）质量认证工作取得一定进展

认证是保证产品、服务和管理体系符合技术法规和标准要求的合格评定活动，是国际通行的对产品、服务和管理体系进行评价的有效方法。我国农产品质量认证工作可以追溯到改革开放初期，是在计划经济体制下各部门根据各自的职责建立起来，对各部门履行行政职能和行业管理起到过积极作用。但随着市场的逐渐开放，计划经济体制下制定的不同认证，在各部门各自为政的情况下，多头管理、多重标准、重复认证、重复收费的现象越来越明显。为提升我国农产品质量安全水平，尤其是加入世界贸易组织后，对农产品质量安全工作提出了更高的要求。我国于2002年出台《关于加强认证认可工作的通知》，建立全国统一的国家认可制度和强制性认证与自愿认证相结合的认证制度。

目前我国现有的农产品认证种类较多，按认证方式分主要有强制性认证和自愿性认证；按认证对象分主要有全国性认证、行业认证和地方认证；在产品认证方面，主要开展无公害农产品认证、无公害农产地认证、绿色食品认证、有机食品认证和QS质量安全认证等；在体系认证方面，主要有危害分析与关键点（HACCP）认证、投入品良好生产规范（GMP）认证和中国良好农业规范（ChinaGAP）认证、卫生标准操作规范认证（SSOP）、ISO9000体系认证和ISOMOOO体系认证等。此外，农业部还开展了农机产品质量认证以及种子认证试点为主的投入品认证工作。农产品认证除具有一般产品认证的基本特征外，还具有认证周期长、环节多、过程繁琐、地域差异大、风险评估因素复杂等特点。因此，下一步我国应逐步大规模推广各种体系与产品认证，规范生产者的行为，提高农产品质量安全水平，保障消费者权益。

（五）法律法规不断完善

严格、完善的法律法规体系是保证农产品质量安全管理顺利开展的重要保障。针对农产品质量安全标准、产地环境管理、生产管理、销售管理、质量安全监督管理等方面，我国农产品安全立法经历了从无到有，从综合立法到专门立法的过程。目前，农产品质量安全管理方面的法律法规体系主要包括4个方面：一是产地环境方面的法律法规，如《农业法》《环境保护法》《基本农田保护法》《清洁生产促进法》《大气污染法》《海洋环境保护法》《固体废物污染防治法》等；二是生产过程控制方面的法律法规，如《动物防疫法》《渔业法》《农业技术推广法》《农业转基因生物安全管理条例》等；三是农业投入品方面的法律法规，如《农药条例》《兽药条例》《饲料添加剂条例》等；四是终端产品管理方面的法律法规，如《农产品质量安全法》《食品安全法》《标准化法》《产品质量法》《无公害农产品管理方法》《绿色食品标志管理办法》等。

五、完善农产品质量体系的对策建议

（一）健全监管组织体系国家的监管组织体系

无论是相对分散管理还是相对统一管理模式，都非常注重多部门之间在监管领域以及环节上的分工明确和协调一致。在我国，涉及农产品安全监管的机构也很多，与美国不同的是，我国目前对农产品安全的监督管理职责主要是按照监管环节划分，即一个监管环节由一个部门监管，以分段监管为主，品种监管为辅这种由处于同一权力水平的不同部门分段管理的管理模式，由于缺乏相互沟通与衔接，加之各部门执行各自的部门法规，难以满足人们对农产品质量监管的要求。尤其食品药品部门的监管权威性不够，其他部门的管理职能交叉、管理缺位、职责不清和政出多门的问题长期没有得到有效解决。因此，必须进一步理顺农产品安全监管职能，明确责任，将现行的“分段监管为主、品种监管为辅”的模式逐渐向“品种监管为主、分段监管为辅”的模式转变，形成以农业部门和食品药品监管部门为主，其他部门履行相关职责并加强相互配合的“分工明确、协调一致”监管组织体系。

（二）完善质量标准体系

完善的农产品安全质量标准体系，是保证农产品质量，提高农产品安全，参与国际竞争的基础性条件。目前，我国农产品安全质量的相关标准由国家、行业、地方和企业 4 个等级的标准构成，而且都为强制性标准。在标准化监管方面，这些年有较大的改进，企业农产品安全水平明显提高。政府有关部门应借鉴国外发达国家在这方面的经验，分析国际农产品安全质量标准体系，加紧研究和制定适合我国的农产品安全质量标准体系，包括农产品本身的标准，加工操作规程等各项标准，以及标准体系的协调和统一。建立科学、统一、易于实际操作的农产品安全质量标准

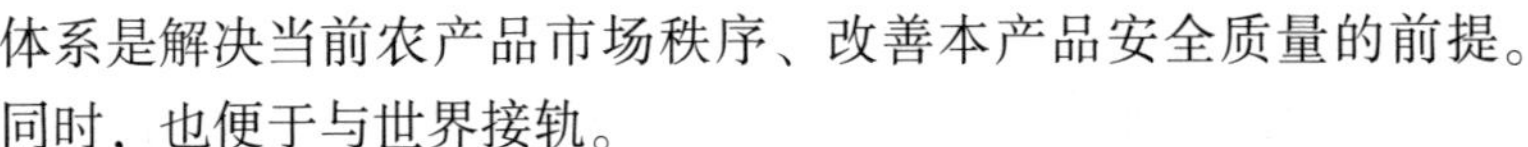

体系是解决当前农产品市场秩序、改善本产品安全质量的前提。同时，也便于与世界接轨。

（三）规范检测检验体系

建立合理的农产品检测体系是有效控制农产品质量安全的关键。规范合理的检测体系需要制定农业加工业检测标准，完善农产品供应链各环节的检测，建立并且完善农产品各级检测体系的管理，开展检验检测技术科学研究。此外要提高认识，科学定位监测体系，合理规划，发挥监测体系作用，创新机制，拓展监测服务领域，增加投入，提高监测能力水平以及加强培训，提高监测队伍素质。

（四）严格质量认证体系

遵守国际通用规则，因地制宜地制定适合本国的农产品质量安全管理与技术政策；严格源头治理、过程控制、全程服务农产品生产者是农产品质量安全管理的重点；满足消费需求，降低生产成本，提高生产效益是农产品质量安全管理的目的。在认证制度上，要不断完善农产品认证法律法规建设，强化制度保障；借鉴美国多元化农产品认证制度，实施强制性农产品认证；坚持政府推动为主，加大财政投入力度；积极签订多边互认协议。

（五）完善法律法规体系

我国虽然制定了一系列有关农产品安全的法律，如《农产品卫生法》《产品质量法》《消费者权益保护法》《农产品质量安全法》等，但缺乏一个统一、完整的法律体系，已不能适应当前农产品安全形势的要求，这直接影响到监管措施的实施，也和国际农产品质量安全方面的法律法规体系差距甚远。因此要加强与国际农产品法典委员会（CAC）的合作与交流，在《中华人民共和国农产品卫生法》的基础上，进一步修订、补充和完善有关农产品安全的法律、法规和条例，尽快出台《中华人民共和国农产品安全法》。明确各政府部门、农产品生产企业在农产品安全方面承担的义务和责任，明确农产品生产者、加工者是农产品安全的第一责任人，政府各部门通过对农产品生产者、加工者的监管，监督企业按照农产品安全法规进行农产品生产，并在必要时采取制裁措施，最大限度的减少农产品安全风险，把农产品卫生提升到农产品安全的高度。

第八章　农产品电子商务

第一节　农产品电子商务的内涵及功能

一、农产品电子商务的内涵

所谓电子商务是指在互联网上开展商务活动，所以一般将电子商务定义为利用网络和数字化技术从事的商业活动。按照电子商务专题报告的定义，电子商务是指通过电信网络进行的生产、营销和流通活动，它不仅指基于互联网上的交易，而且指所有利用电子信息技术来解决问题、降低成本、增加价值和创造商机的商务活动，包括通过网络实现从原材料查询、采购、产品展示、订购到出口、储运以及电子支付等一系列的贸易活动。

农产品电子商务就是在农产品生产、销售、初级加工以及运输过程中全面导入电子商务系统利用一切信息基础设施来开展与农产品的产前、产中、产后相关的业务活动。农产品是交易的对象，农产品的概念和农业的概念密切相关。广义农业包括种植业、畜牧业、林业、渔业以及农业服务业，所以广义的农产品包括了上述各部门的产品及其初级加工产品。

开展农产品电子商务就要在农产品生产与流通过程中引入电子商务系统，例如，生产之前需要利用信息设备搜集最新的需求信息，了解市场动态与趋势，利用市场信息进行生产决策，以保证生产出来的产品能够找到市场；在生产的过程中要及时了解影响农产品生产的各种信息，用以指导生产过程，过程中还要考虑到生产的标准化问题；交易中买卖双方可以通过电子商务平台进行咨询洽谈，签订电子合同，还可以通过网络进行支付结算；在产品运输过程中利用电子商务物流系统来监控整个运输过程。在农业部门应用信息手段开展农产品电子商务，实际上是将现代信息技术、网络技术等与传统农产品生产贸易结合起来，以提高效率，节约成本，扩大农产品的市场范围，改善农业价值链，提高农产品的竞争力。

二、我国发展农产品电子商务的必要性

电子商务所具有的开放性、全球性、低成本、高效率的特点，使其大大超越了作为一种新的贸易形式所具有的价值。它一方面破除了时空的壁垒，另一方面又提供了丰富的信息资源，不仅会改变生产个体的生产、经营、管理活动，而且为各种社会经济要素的重新组合提供了更多的可能，这些将影响到一个产业的经济布局和结构。

所谓农产品电子商务，就是在农产品生产销售管理等环节全面导入电子商务系统，利用信息技术，进行供求、价格等信息的发布与收集，并以网络为媒介，依托农产品生产基地与物流配送系统，使农产品交易与货币支付迅捷、安全地得以实现。我国虽为粮食主产区，但由于经济欠发达，产业信息化发展相对滞后。因此我们认为我国农产品发展电子商务不仅有其必要性、紧迫性，其产生的效益还有着巨大的潜力可挖。

1. 电子商务可以使落后地区的粗放经济更为集约化

电子商务以新生产力为基础，可从生产方式上高度解决从粗放到集约转变的问题。通过网络构建的各种商务平台所开展的电子商务把人与人、企业和企业、人和企业之间紧紧地联系起来，而这些平台本身通过相关的信息也得到丰富和加强。随着时间的推移，便会使企业产生大规模的集中。在这里有两个因素导致这个结果，一是利润的动力驱使许多客户关系型行业在互联网上出现；二是上升的利润往往会产生集约化程度很高的企业。

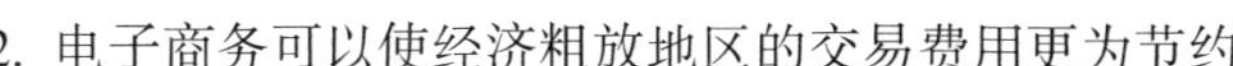

2. 电子商务可以使经济粗放地区的交易费用更为节约

电子商务的主要卖点，就是减少中间环节而降低交易成本。电子商务具有互联网低成本这样的技术特征，它使经济过程的中间成本耗费，不随社会化程度提高而相应提高，反而是交易范围在地域上越大，成本相对越低。农产品正是信息化水平偏低、交易费用偏高的行业，发展农产品电子商务恰恰蕴藏着很大的商机。尽管我国作为一个经济较落后的地区，但其发展电子商务的潜力还是巨大的。因此，通过恰当的方式来发展我国的农产品电子商务，显然尤为必要，并由此实现农产品经济的跨越式发展也是可以预期的。

3. 传统农产品突破生产的时空限制的需要

农产品的产销过程环节多、复杂且透明度不高，其交易市场集中度较低，买卖主体众多，交易信息的对称性较差。而电子商务跨越时空限制的特性，使得交易活动可以在任何时间、任何地点进行，非常适合这些分散的买卖主体从网络上获取信息并进行交易。尤其对我国这样地处交通不畅，信息闭塞西部落后地区意义更为重大。我国农产品的落后，一个重要原因是地域辽阔，地形地质条件又不利于交通，因而消息闭塞，信息不灵，这就造成了产销脱节及资源产品无法输出，而商品只有卖出去才能得到社会承认，其价值才能得到实现在农产品生产中导入电子商务，充分发挥其所具有的开放性和全球性的特点，打破传统生产活动的地域局限，使农产品生产成为一种全球性活动，每一个网民都可以成为目标顾客，不仅扩大农产品市场空间，解决生产中出现的增产不增收问题，还能为农民创造更多的贸易机会。

4. 创新交易方式，规避农产品价格波动风险的需要

众所周知，农产品是一种供给弹性较大而需求弹性较小的商品，并且农产品的生产都需要一定的生产周期，一旦决定本期农产品的生产规模，在生产过程完成之前一般不能中途改变。因此，市价的变动只能影响到下一个生产周期的产量，而本期的产

量只会决定本期的价格，这就是经济学中蛛网理论描述的状态。根据这一理论，当商品供给弹性大于需求弹性时，产品价格会处于一种越来越不稳定的状态，价格和产量的波动会越来越大。农产品生产的稳定直接关系到社会的稳定，为了保持这种稳定，除了采取必要的政策措施以外，应该开展农产品电子商务，让农产品的生产者能够以一种新的途径及时地了解生产信息，根据市场合理地组织生产，避免产量和价格的巨大波动带来的不稳定。

另外，我国作为蔗糖、水果等一批农副产品的主产区，在加入世贸组织后，将面临着严峻的挑战。我国若能借助于农产品电子商务的广泛开展，将有助于农户使用更高级的手段来减小国际市场的冲击，从而更好地对抗农产品价格波动的风险，例如运用农产品的期货交易。国外一些发达国家，如美国、日本的农场主都参与期货市场的交易，通过期货市场的套期保值和价格发现二大功能保护其利益，其中套期保值可用来规避农产品价格波动的风险，并从期货市场中获得具有权威性、预期性的农产品期货价格信息，这将对农产品产销影响巨大。但从目前情况看，由于人多地少的现状，农民尚未具备直接进行相关的期货或远期合同交易的条件。但是在今后市场风险加大的背景下，面对激烈的国际市场竞争，他们对规避农产品价格风险的需求是真实的" 如果建立起相关农产品集中的网上交易市场，则可以及时发布汇集相关产品价格信息，从而给农产品的产销决策提供参考；若能以网络电子交易为纽带，把分散的套期保值需求集中起来入市操作，也不失为规避农产品价格波动的风险，稳定产销的一个好办法。

三、电子商务的功能

电子商务可提供网上交易和管理等全过程的服务，因此它具有广告宣传、咨询洽谈、网上购、网上支付、电子帐户、服务传递、意见征询、交易管理等各项功能。

（一）广告宣传

电子商务可凭借企业的服务器和客户的浏览，在互联网上发播各类商业信息。客户可借助网上的检索工具迅速地找到所需商品信息，而商家可利用网上主页和电子邮件，在全球范围内作广告、告宣传。与以往的各类广告相比，网上的广告成本更低廉，而给顾客的信息量却更丰富。

（二）咨询洽谈

电子商务可借助非实时的电子邮件，新闻和实时的讨论织来了解市场和商品信息，洽谈交易事务，如有进一步的需求，还可用网上的白板会议来交流即时的图形信息。网上的咨询和洽谈能超越人们面对面洽谈的限制，提供多种方便的异地交谈形式。

（三）网上订购

电子商务可借助互联网提供购物平台直接订购商品和服务。网上的订购通常都是在产品介绍的页面上提供十分友好的订购提示信息和订购交互格式框。当客户填完订购单后，通常系统会回复确认信息单来保证订购信息的收悉。订购信息也可采用加密的方式使客户和商家的商业信息不会泄漏。

（四）网上支付

电子商务要成为一个完整的过程，网上支付是重要的环节。客户和商家之间可采用信用卡帐号实施支付。在网上直接采用电子支付手段将可省略交易中很多人员的开销。

（五）服务传递

对于已付款的客户应将其订购的货物尽快地传递到他们手中。而有些货物在本地，有些货物在异地，电子邮侧一将能在网络中进行物流的调配”。最适合在网上直接传递的货物是信息、产品，如软件、电子读物、信息服务等，它能直接从电子仓库中将货物发到用户端。

（六）意见征询

电子商务能十分方便地采用网页上的表单来收集用户对销售服务的反馈意见，使企业的市场运营能形成一个封闭的回路。客户的反馈意见不仅能提高售后服务的水平，更使企业获得改进产品、发现市场的机会。交易管理整个过程将涉及人财物多个方面，企业和企业、企业和客户及企业内部等各方面的协调和管理。电子商务的发展，将提供一个良好的交易管理的网络环境及多种多样的应用服务系统，能保障电子商务获得更广泛的应用。

第二节　农产品电子商务交易模式及电子交易方式

一、农产品电子商务交易模式

（一）电子菜箱”模式

2012 年“电子菜箱”在武汉悄然流行，上午在网上点击鼠标选好菜，在线支付后，下午就可以在家门口的菜箱里取菜。这种无人交付式的“电子菜箱”蔬菜直销零售方式，目前已经进入武汉市 240 多个小区，每天为 3 000多个家庭提供生鲜配送。由于减少了中间流通环节，网上买菜不但更加快捷方便，而且比超市便宜 20%。

（二）智能菜柜模式

以 B2C 电子商务平台为载体构建网上超级生鲜市场，采用“产地直供 + 电子商务 + 智能货柜”模式，如扬州智能菜柜，通过物联网技术实现“产销直达”“农宅对接”，在社区免费安装“智能菜柜”（客户可通过刷用户卡、输入密码或远程开箱等方式在便民菜箱取货，冷链保鲜），市民只需轻点鼠标（www. atky-shop. com）或一个电话就能收到干净优质的生鲜农产品，为市民提供生活便利。

（三）中国地理标志产品商城—C2B 模式、B2B2C 模式

该商城是国内首家销售国家认证（注册审定的）地理标志产品的网上商城。商城面向地理标志产品生产经营者和终端消费者，提供线上销售服务，同时还建成了国内首个地理标志文化博物馆。2013 年 8 月销售昌平久保大桃 6 000多箱，受到城乡居民好评。

（四）“产地 + 平台 + 消费者”的模式

这一模式实际上是 B2B2C 模式，将电商平台商与农村合作组织（或者其他经济组织）形成合作关系，将农产品销售给消费者或者用户。如京东商城、沱沱工社、1 号店、我买网、顺丰优选、本来生活、菜管家、优菜网、全农汇（通威集团）等。

（五）“平台 + 自营 + 直销”模式

农民在淘宝网上建网店，销售自己生产的农副土特产品，省略了中间环节，也就是产销直接见面，但是，产销直接见面还需要中间物流和配送服务商，或者其他服务商，这里衍生出新的服务业出来。

（六）跨境生鲜电商模式

近几年以来，许多电商探索生鲜农产品跨境电子商务模式，如 1 号店、顺丰快递、亚马逊、我买网等开展了一些生鲜跨境交易的探索。2013 年 1 号店已引进了全球近 70 个国家的 2 万种进口商品，进口量非常大，以进口食品为例，1 号店售出的进口食品件数高达 2. 5 亿，截止到 2013 年 11 月，1 号店进口牛奶的销售量已经占到全国海关进口总额的 37. 2% 。

（七）移动农产品交易平台模式

“上海一叶扁舟实业有限公司”是一家多元化经营的创新型企业。2013 年我国手机用户超过 12 亿，手机网民超过 5 亿人，“一叶扁舟”迅速选择了与移联主办的“大变革”工程合作，打造“中

国农产品”手机平台。这使得它在移动互联网上打造了一个大型农产品网络交易第一门户平台。主要采取了 B2B、B2C 模式。

（八）河北国大集团“36524”模式

“36524”是“四网合一”模式，即由实体店铺网、互联网、电话网、人力营销网等四网并行的混合体。“36524”不仅仅是国家级注册的商标品牌，而是可以为无数消费者提供小到油盐酱醋，大到租车，囊括六大类 30 多种服务的家庭生活的“O2O 模式”。

（九）O2C 模式

2013 年 11 月，在四川省双流县的一些小区、临街商铺等地出现了储物柜一样的“绿箱子”。这些箱子背后，是一种全新的消费模式—O2C（Office to Customer），即从原产地（或基地）直接将产品送到消费者厨房的预订消费模式。

（十）农产品流通电商化新模式：P2C2B2F 模式

P2C2B2F 模式是指从农产品传统流通模式出发，深入分析农产品流通电商化一般模式以及存在的问题，创造性的提出了解决问题的新模式—P2C2B2F 模式，以期为解决农产品流通的问题做出应有的贡献。

二、农产品的电子交易方式

（一）网络期货交易

2013 年我国农产品期货品种达到 16 个，农产品网上期货交易额达到 31.53 万亿元，比上年下降 12.2%。在新品上市的同时，“期货僵尸”也相继出现，许多品种交易额惨淡，从目前来看，大商所的豆二，郑商所的普麦、菜籽成交量都十分低迷，甚至有几个品种的日成交量保持在个位数，对经济和社会发展作用有限。

（二）大宗商品电子交易

2013 年我国有各类大宗商品交易市场 538 家，其中农产品大宗商品电子类交易市场有161家，大宗农产品电子交易额达到10万亿元。大宗商品交易模式归纳起来主要有13种，如买方挂牌交易、卖方挂牌交易、电子竞买交易、电子竞卖交易、托管储销交易、RAT交易、双向竞价交易、在线洽谈交易、现货递延交易、集合竞价交易、招标拍卖（买）交易、专场交易、中远期交易（其中包括期现货式、准期货模式、渤海模式、糖网模式等）

（三）粮食电子商务交易

2012年全国有亿元以上粮食交易市场111个，交易额达到1 641.26亿元，2013年国家粮食局系统有粮食市场65家（国家粮食交易中心25家，其他各类粮食交易市场有40多家），网上交易额接近2 000亿元，其中，“中华粮网”交易粮食近500亿元，郑州粮食批发市场交易量达1 193万吨，比上年增长106%，2013年黑龙江粮食交易市场网上粮食成交数量达187万吨（其中小麦20万吨，大豆167万吨），交易金额72.4亿元，温州网上粮食市场2010年至2013年，积极吸纳全市网上交易粮源，共组织了318场次的网上粮食交易，成交量42.14万吨，成交额10.83亿元，交易成功率91%。中国网上粮食市场等也表现突出。其主要模式是G2B（政府抛售）或者G2B（政府采购），具体模式是网上竞价交易、撮合交易、招投标交易等形式。

（四）商务部等网上产销对接会交易

2013年政府部门组织农产品网上购销对接会交易额达到840.54亿元：商务部先后在夏季、冬季两次组织农产品网上购销对接会，据统计，截至2013年9月，2013年夏季农产品网上购销对接会，累计帮助农户销售农副产品2 200多万吨，成交额达820亿元；截至2014年1月11日，2013年冬季农产品网上购销对接会，商户数9.1894万家，供应信息71.1241万条，求购信息10.1095万条，实际成交额19.33亿元，意向成交额16.99亿元。

第三节　农产品网络营销

一、农产品网络营销的涵义

农产品网络营销，指在农产品销售过中全面导入电子商务系统，利用计算机技术、信息技术、商务技术对农产品的信息进行收集与发布、依托农产品生产基地与物流配送系统，开拓农产品网络销售渠道，以达到提高农产品品牌形象、增进顾客关系、改善顾客服务、开拓销售渠道的一种新型营销方式。开展农产品网络营销可以使得农产品营销空间更广阔，实现交易双方互动式沟通，进而提高客户关系管理水平并降低营销成本。然而我国农产品的网络营销才刚刚起步，还有许多地方不完善，没有形成一个完善的体系。研究如何构建农产品网络营销体系从而促进农产品的高效流通，进而解决农产品卖难的问题，具有重要的现实意义。

二、开展农产品网络营销的制约因素

（一）农村网络基础设施薄弱

快速的网络传输速度和畅通的网络传输渠道是实施农产品网络营销的基本条件，这依赖于农村网络基础设施建设。近年来，我国农村的网络基础设施建设虽然取得了很大的进步，但总体上仍然处于落后状态，大多数农户的计算机和网络配备水平不能保证农产品网络营销的顺畅进行。据调查，互联网用户中农、林、牧、渔业用户仅占 1.9%。这些问题如果得不到解决，将会阻碍我国农产品网络营销的发展。

（二）信息网络不完善

其一，农产品网络营销信息收集与发布网络不完善，不同地区、不同领域之间的信息无法实现交流与共享，没有一个完善的体系负责农产品信息的采集、汇总、发布、共享；其二，现有的农业信息网站实用性较差，信息共享度低、时效性差、利用率低；其三，信息网络的分布不均匀，一些较发达的地区已建立较完善的农业信息网络，但是一些偏远的地区尚未建立；其四，信息网络的覆盖面小，许多农户和小型农产品生产基地尚未接触到农业信息网络。

（三）物流配送落后

其一，物流配送系统和服务体系不完善，我国还没有建立全国范围内有效的物流配送系统和服务体系，更没有专门的农产品网络营销物流体系；其二，物流技术落后，我国目前的农产品物流仍是以常温物流或自然物流形式为主，技术比较落后；其三，农产品物流通常被不同的物流主体所分割，缺乏对物流环节的有效整合，导致物流效率低，损失率高。

（四）农产品标准化程度低

我国农村面积比较大，生产经营分散，不易形成规模化和标准化生产，虽然也有一些农民通过承包土地达到了较大的生产规模，但是大多数农户还是各自独力经营，这就导致各个农户之间生产的产品在种类、品种、种植方法等方面都有很大差别，标准化生产很难实施。

（五）农村网络营销人才缺乏

目前，我国农村人口文化水平普遍偏低，对电脑和互联网的认知很少。2007 年一项对农户文化素质的调查显示，绝大多数的农户仅停留在知道“有互联网存在”这个事实的水平上。因此，农村缺乏农产品网络营销人才制约着农产品网络营销的发展。

三、我国农产品网络营销体系的构建

农产品网络营销体系建设是实现农产品网络营销的保证。针对网络营销的优势以及我国开展农产品网络营销的制约因素，完善的农产品网络营销体系主要由信息共享体系，流通市场体系，物流配送体系，保障体系和支撑体系组成。

（一）农产品网络营销信息共享体系的构建

目前我国农产品信息网络系统主要存在于一些批发市场，如四川成都龙泉聚和（国际）果蔬交易中心、川北农产品批发市场、广汉西部禽苗批发市场等，它们通过建立信息采集、发布系统与信息平台，已成为四川省农经网的信息联系点。但仍存一些不足，主要表现为硬件建设跟不上和信息资源不能实现共享，其主要原因在于信息网络建设落后，各市场主体间合作意识较差。为了实现农产品营销的全程信息服务，需要建立农品网络营销信息共享体系。

1. 构建基于电子商务网站的信息网络系统

建立了一批优秀的农产品电子商务网站，一方面，可借助电子商务中多功能接口平台等专业技术和政府的力量将各个网站的农产品市场信息、供求信息等汇总发布并与生产基地、批发市场、物流企业间信息采集与交换网络实现信息共享。

另一方面，可通过引入信息中介服务作为实现上述系统的补充。所谓信息中介是一种新型中介形式，充分运用和发挥互联网的优势，推动市场信息资源的开发，并通过信息服务等方式提供内容、信息、知识及经验的代理，从而为某一特定电子商务领域增加价值。值得注意的是，在农村地区，这一新型中介的建立可以从现有的农业组织发展形成，如供销社、农业合作组织等。

2. 构建基于信息中心的信息网络系统

该网络的作用是实现各生产基地、批发市场间信息（包括农产品生产供应信息、需求信息、价格信息等）的整合。首先，产地信息中心在各生产基地与产地批发市场间完成信息采集，将采集来的信息上传至区域信息中心。信息经过区域信息中心整理之后有 2 个流向：一是在本区域内，指导农户和生产基地的生产活动；二是上传至中心城市虚拟批发市场。中心城市虚拟批发市场将价格与供求信息整理后，在同城市场间进行信息交流与共享。该信息采集与交换网络的另一个功能是，根据所整理的信息预测农产品近期价格走势及未来需求，用以指导农户和农产品生产基地合理地安排生产。

（二）农产品网络营销市场体系的构建

网络营销环境下，构建农产品网络营销市场体系的核心在于农产品虚拟批发市场的建设。从宏观层面上讲，农产品虚拟批发市场的工作分为计划和实施 2 大版块，计划版块包括协议约定体系和在线计划体系；实施版块包括联合预测体系、在线交易体系、虚拟物流体系、供应协调体系。需要注意的是各个体系是紧密联系，缺一不可的，只有保证各个体系的工作都顺利进行才能实现整个虚拟交易。

虚拟批发市场进行虚拟交易的工作流程如下：通过农产品虚拟批发市场的各个参与主体，包括生产服务商、消费服务商、物流服务商与农产品批发市场签署在线联合协议形成基于农产品虚拟批发市场的协议约定体系。为了实现农产品虚拟批发市场的功能、提高其运作效率，农产品虚拟批发市场的主体之间制定各种商业协作计划，包括实施动态合作计划、联合预测计划和联合物流计划，建立虚拟批发市场的在线计划体系。

根据从生产端到消费端和流通各层次收集的信息以及各个不同阶段的历史统计数据，研究农产品供应、需求以及价格体系的变化规律，建立农产品虚拟批发市场的动态预测体系，分别作出生产、消费和物流的订单动态预测；各交易主体可以通过虚拟批发市场在线洽谈体系进行业务洽谈，生成电子合同，并据此建立虚拟批发市场的虚拟物流体系和在线供应协调体系。经过上述 4 个步骤，完整的虚拟交易得以完成，农产品虚拟批发市场和物流配送中心使商流和物流分离开来。

（三）农产品网络营销物流配送体系的构建

1. 加强物流行业标准化建设

首先，加强农产品物流标准化建设。由于历史原因，我国农产品物流有多头管理的现象，这就需要政府部门出面组织，将多个物流相关领域各自的标准整合为统一的国家标准，并协调好各部门的利益，实现均衡可持续的发展。其次，加强信息标准化建设。网络营销环境下，信息是企业的命脉，企业对信息的掌握程度直接关系到农产品物流服务水平，加强信息标准化建设有助于企业间进行信息交流与共享，具体包括单据的标准化、标识的标准化、数据交换接口标准化、信息传输的标准化等。

2. 加强物流企业之间的合作

加强物流企业之间合作可以通过建立动态联盟的方式。在互联网的环境下，建立动态联盟有助于解决条块分割问题。动态联盟是一种以业务为导向，以互联网为依托的物流企业之间的合作方式。具体到农产品网络营销体系中，物流动态联盟的参与者应该是专业从事农产品物流的物流企业，在合作期间不同企业的硬件设施和软件资源可以共享，以提高物流服务质量与效率。该联盟不是实体组织而是依托于互联网的虚拟组织，在具体建设方面：物流企业可以通过互联网建立一个专门的社区，通过注册和资格审查成为会员；会员进入社区后将本企业的业务方向、地理位置等资料填写完整，建立一个数据库；会员与该联盟签署一个格式合同，表明愿意在有业务的时候参与动态联盟的组建；当业务机会出现时，企业可以通过该社区发布合作意向，迅速找到合作伙伴。

3. 加强第四方物流建设

第四方物流是指物流服务商通过网络信息平台，收集了仓储、运输、第三方物流服务提供商等合作伙伴，并根据企业的需要为其选择各个不同环节最优的合作伙伴，建立客户定制的一体化的虚拟供应链。建立专门为农产品网络营销服务的 4PL 组织，除了具备一般的 4PL 组织应具备的条件以外，还要注意以下几点：其一，技术方面。农产品网络营销范围广，在偏远地区进行业务对技术的要求更高，4PL 应该通过应用高科技来提高效率；

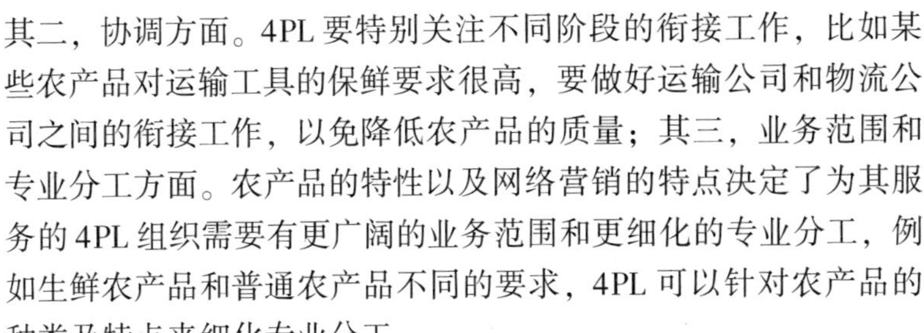

其二，协调方面。4PL要特别关注不同阶段的衔接工作，比如某些农产品对运输工具的保鲜要求很高，要做好运输公司和物流公司之间的衔接工作，以免降低农产品的质量；其三，业务范围和专业分工方面。农产品的特性以及网络营销的特点决定了为其服务的4PL组织需要有更广阔的业务范围和更细化的专业分工，例如生鲜农产品和普通农产品不同的要求，4PL可以针对农产品的种类及特点来细化专业分工。

（四）农产品网络营销保障体系的构建

1. 资金保障

其一，政府要积极发挥引导和扶持作用，利用信息化的专项资金，建设农村网络基础设施，提高农村网络的覆盖率，建立和完善地方农业信息网络；其二，要制订相应的优惠政策，通过多种渠道筹集资金，允许和鼓励个人、集体和企业涉入网络营销体系的投资，坚持建立以市场为导向，企业为主体的多渠道投资体系，共同推进农产品网络营销体系的构建。农户、龙头企业和营销组织是农产品网络营销的主体，要挖掘他们自身的潜力，让他们积极参与到农产品网络营销体系的构建。

2. 人才保障

其一，要建立有效的农业信息化培训制度。把农户、龙头企业和营销中介组织等农产品网络营销主体作为培训的主要对象，使他们能够利用网络进行信息的搜集发布和掌握安全便捷的网上交易方法。其二，加强与高校的交流沟通，建立专家咨询系统，为农民提供具体指导。其三，建立激励机制。鼓励高校毕业生、农村知识青年、农产品网络营销高级人才到基层农村为广大农民提供指导，并给他们提供一定的支持。

（五）农产品网络营销支撑体系的构建

1. 加强网络基础设施建设

其一，政府要承担起完成网络基础设施建设的重任，加大对农村网络基础设施的财政投资力度，积极引导民间资金流向农村网络基础设施建设；其二，农产品网络营销的其他参与者，如农户、农民合作组织、龙头企业等应积极参与，尽自己所能完成各自发展网络营销所必需的设备配置。此外，农业信息网络的建设是一项重大工程，需要进行科学的规划，制定一段时期内农业信息化发展的目标任务与建设内容，尤其要注重统一的技术指导，以便于日后的管理以及资源共享。

2. 提高农产品标准化程度

农产品网络营销要求网上交易的农产品品质分级、标准化、包装规格化以及产品编码化，加强农产品标准化可以从以下几方面着手：一是着力建立农业标准化基地。二是以优惠的政策、适当的政府补贴调动龙头企业执行国家制定的农产品生产标准的积极性。三是要加强对种养大户的培训，让他们掌握农产品标准化知识，实现对小农户实施标准化生产的带动作用。四是要建立农产品标准化的服务站点，以便及时对农户进行指导，加快标准化普及速度。

3. 实施农产品的品牌战略。在网络营销中，消费者无法现场检验农产品的质量，大多情况下是依靠经营者的信用和农产品的品牌，所以网络营销要重视农产品品牌建设，实施农产品品牌战略，首先要重视农产品的科技含量并不断创新；其次，要重视品牌的宣传工作；最后，品牌建设要重视商标注册和保护。

第四节　农产品电子商务成功案例分析

一、中粮网

（一）基本情况

北京新华国信公司于1996年7月开通中国粮食行业第一家商用信息互联网络——中国粮油食品信息网，简称中粮网。中国粮油食品信息网是以提供网上信息商情和咨询的电子商务中国粮油食品信息网是目前中国最完善的大型专业粮油食品互联网站。它通过因特网为网络用户提供全方位的信息服务。属于典型信息中介电子商务，由公司自己拥有，主要是新华国信公司自运作，为行业内用户提供信息服务，属于完全电子商务。

它的服务内容包括以下几大类：①粮油食品行业政策信息；②价格信息；③市场信息；④海关信息；⑤期货信息；⑥综合信息；⑦企业动态；⑧品种信息（包括粮油、饲料、食品等）。

（二）模式分析

农产品信息中介把农产品信息作为一种可进行网上交易的产品和服务，帮助农业企业及农户服务现实中存在的信息不对称现象。从组成农产品电子商务价值链、供应链流程和环节来看，该模式可以实现信息流、商流、资金流的流动，也使得中间环节减少，使得信息的传递更加的快捷。而从交易成本理论来看，该模式以专业化、中介方的身份为多用户提供的高质量的农产品市场信息、价格信息、政策信息、客户信息等不但降低了企业搜寻信息的成本，因为用户众多而分担了部分企业运作的成本（事后成本中的监督成本和转换成本等）。这种模式使信息中介和用户双赢。采用这种模式在农产品市场得到采用者的认可。该模式并不进行具体农产品的交易，是为实现农产品网上交易而提供信息服务，也属于电子商务的初级模式。

二、亿谷社区

（一）基本情况

亿谷社区是由北京新华国信科贸公司于 1999 年创办的，针对粮食、饲料、油脂、食品、加工机械等行业，为农业企业量身定制了投资小、见效快的电子商务平台，为农业企业建立基于国际互联网，符合其商务需求的网站。所有加入亿谷社区的用户都可以根据自身的特点进入不同的栏目，通过企业网站自助生成系统，建立自己的独立网站，发布政策信息、供求信息或进行企业宣传。

（二）主要功能及服务

亿谷社区为企业提供了一个集信息服务、交流为一体的一个多功能平台。在社区中各种企业按类型、需求等方式分类，方便用户在社区内进行活动。具体可以分为六类：粮油贸易、粮油加工、粮食储藏、批发市场、政府机构、科研院校。除具备一般虚拟社区的公告栏、群组讨论、社区内通讯、社区成员列表、在线聊天等功能外，还具备专业知识库（包括换算公式、各种农产品标准、农业常识、法律法规、期货知识、贸易知识等和企业网站自动生成系统。

亿谷社区最大的特色就是企业网站自助生成系统。它是具有全功能、个性化的服务平台。①亿谷社区提供的企业网站自助生成系统的特点。不需要高深计算机专业知识，任何人只要会用浏览器，就可以随时建设和维护网站。在线建设，面向内容，页面动态生成，更新即时方便，全自动，无需配置，无需编程。自动提供了信息发布、留言、链接等功能。②亿谷社区企业网站自助生成系统能给最终用户带来的优势。提供独立域名，降低成本，不必聘请或雇佣计算机专业人员，快速建立网站；方便省事，不需培训，随时可以修改和更新，可以不受时间和地点的限制；自动升级，随着技术的变化，社区随时增加新功能，网站的功能自动升级；稳定可靠，系统经过数万人的测试，稳定可靠。

目前亿谷社区已成为在粮食行业较大规模的虚拟社区，其注册的粮食食品企业，超过20 000家，形成广了泛的用户群。并在与北京新华国信科贸公司旗下以信息中介为主的中国粮油食品信息及专业的网上贸易平台一中国粮食贸易网紧密配合的基础上又推出了专业的网上展览平台一中国粮油食品网上展览，融合了客户的关系，为客户更好地展示形象更进了一步。

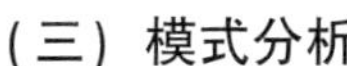

（三）模式分析

农产品虚拟社区模式虽然并不属于价值链上的任何一个元素，但是它能为整个价值链或价值链系统增加信息交换量，其主要涉及的是信息流和商流，它作为一种附加功能，主要用它为其他商业模式提供辅助功能。从交易成本角度来分析，农产品虚拟社区积聚成员（伙伴或客户）为社区提供的信息辅助交易，可使社区成员通过轻松交流，便利地获得农产品市场上价格、动态、政策、新产品、新技术等方面信息，从而降低获得信息的成本。与此同时，通过共同的平台，在交流沟通之余，还可以得到业内市场变动情况，结识新客户，巩固老客户，起到降低监督成本和转换成本的功能。

正是因为虚拟社区具有辅助交易的功能，因此在大部分农产品电子商务模式中，一般搭建虚拟社区。同时，虚拟社区还是倾听客户呼声，培养客户忠诚度，发现潜在机会的场所，因此要充分意识到虚拟社区的价值所在。但也要认识到，虚拟社区模式只能为其他模式起到辅助作用，还存在一定的局限性。

三、中农网

（一）基本情况

中农网是在农产品公司 1997 年建立的中国农产品信息网的基础上增资扩股而成，由国家农业部信息中心、深圳市农产品股份有限公司、深圳市深宝实业有限公司和泰克艾奇智能系统（深圳）有限公司共建。深圳布吉农产品中心批发市场是深圳菜篮子重点工程，于 1989 年 10 月以股份制形式集资兴建的大型农产品综合批发市场，建筑面积 25 万平方米。有固定档位 1 200多个，临时摊档 2 000多个，吸引了全国 30 个省、市、自治区 1 000多户国营、集体、私营和个体经销商设点经营。每日入场交易的机动车辆 5 000多辆。交易高峰期 2 万多辆，日均入场交易的人员 3

万多人次。市场按交易品类分别经营蔬菜、水果、粮食、副食品、土特产品和冻品以及山珍海味！海鲜等八大类 4 000 多个品种。

（二）主要功能及服务

中农网是农产品电子商务交易平台，拥有近 4 000家会员涉及国内农产品生产、加工、经销、消费以及农业科研、行政等单位，涵盖果蔬、粮油、食品、饮料、水产、肉禽蛋、花卉、饲料服务业等各领域。在中国农产品信息网已形成的丰富资源的基础上，中农网现每天发布近 30 万字的农产品市场动态、分析预测、全国各地价格行情和及时供求信息，为 4 000家会员企业和行业相关单位提供准确快捷的信息。在信息初步形成的基础上，网上交易是重要的一环。中农网交易平台的企业都按照严格规范的流程与中农网签订协议，对中农网和企业的双向约束提供法律保障，参与交易者均为注册会员，缴纳一定数额的保证金，并辅以严格的信用管理和质量检验服务，对交易者及网站本身均由权威的 CA 认证中心提供身份认证，对所有的交易数据采用先进的加密技术，保证数据在传输过程中的安全可靠，也保障了交易者的利益。在运输、配送、仓储等第三方服务上，中农网与国内大型的公路、海运、铁路等运输单位紧密合作，所有交易会员可直接在网上与自己需要的运输公司洽谈。而在电子商务最终的环节支付上，中农网提供了与农业银行、工商银行等商业银行的接口，交易会员可以在网上通过中农网提供的各商业银行直接向客户支付货款。中农网建立中国农产品网上交易市场，依托股东农产品股份公司十多年的经营实践，已经形成了集农产品的生产、加工、包装、储运、保鲜、批发、拍卖、直销、配送、连锁零售及进出口贸易等多功能纵向一体化的营运体系，专注于行业垂直细分和纵深发展，力争创造基于传统、实际和发展的有特色的第三方交易模式。

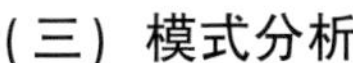

（三）模式分析

农产品第三方交易市场模式是由农产品中介机构建立的电子交易市场，提供运营平台和管理平台，自身不参与网上业务，只是为农产品企业和农户提供各种电子交易或增值服务。农产品第三方交易市场模式涉及农产品价值链、供应链每个环节，交易主体可以是农产品原料供应商、农产品加工企业，也可以是农产品批发、零售商，同样可以是消费者；农产品第三方市场交易过程的流包括：商流、物流、资金流和信息物流。该模式的应用是网络应用的专业化分工，价值链优化的内在要求。其特点是行业性较强，这表现在其作为一个行业供应链系统的聚集场所，链条的各相关方都可以在一个共用的平台上进行交易，不但可以增加交易渠道，同时，对于整个价值链相关企业来说，为具竞争力的供应方（或购买方）提供一个公平获胜的场所，其服务客户类型不受限制。由于其既可以是卖方驱动型，也可以是买方拉动型。农产品企业可以充分利用这种模式节约搜导户和交易成本，同时，接触更多的供应商、采购商。农产品供应商同样可以获得交易费用的节省和更大的客户群，增加销售渠道。

第九章 农村信息化及技术应用

第一节 农业信息及信息化概述

一、信息化与农业信息化的涵义

研究农村信息化离不开信息化这个概念，纵观中国信息化的发展，农村信息化是城市信息化的一个缩影，只有城市信息化建立起来了才可以带动农村信息化的发展，消除中国的数字鸿沟。信息化的概念最早是由20世纪60年代的日本学者梅棹忠夫提出来的他在题为《论信息产业》的文章中，提出“信息化是指通讯现代化、计算机化和行为合理化的总称。

(一) 信息化的定义和内涵

关于信息化的定义和内涵，在中国学术界和政府内部作过很长时间的研讨。1997年在深圳召开了首届全国信息化工作会议，会议明确提出了国家信息化的定义、组成要素、指导方针、工作原则、奋斗目标、主要任务，并通过了国家信息化“九五”规划和2000年远景目标。根据这次会议对信息化的定义：“信息化是指培育、发展以智能化工具为代表的新的生产力并使之造福于社会的历史过程。实现信息化的六个要素主要包括开发利用信息资源，建设国家信息网络，推进信息技术应用，发展信息技术和产业，培育信息化人才，制定和完善信息化政策。

完整的信息化内涵包括以下四方面内容：信息网络体系，包括信息资源、各种信息系统、公用通信网络平台等。信息产业基础，包括信息科学技术研究与开发、信息装备制造、信息咨询服务等。社会运行环境，包括现代工农业、管理体制、政策法律、

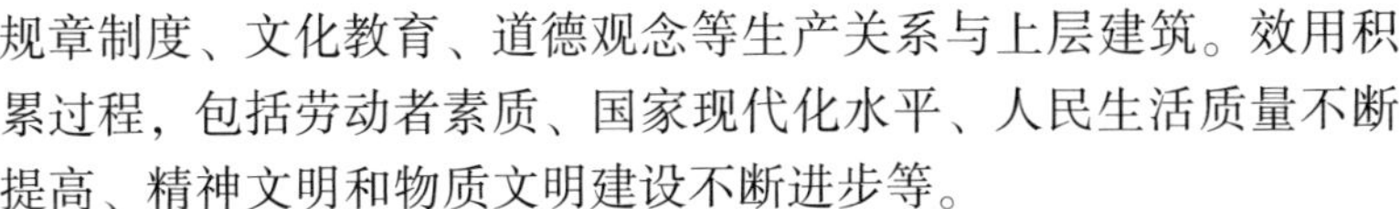

规章制度、文化教育、道德观念等生产关系与上层建筑。效用积累过程，包括劳动者素质、国家现代化水平、人民生活质量不断提高、精神文明和物质文明建设不断进步等。

（二）农业信息化的起源和涵义

农村信息化的发展主要起源与20世纪50年代欧美等发达国家，并且形成了一套较为完善的管理体系和运作模式。从欧美等发达国家来看，国外农村信息化的发展大致经历了3个阶段。

第一阶段是20世纪50—60年代，信息技术的应用主要集中在计算机的科学计算的起步阶段，这一阶段仅仅是运用计算机进行数据分析，缺乏精准精确。

第二阶段是20世纪70年代，随着互联网技术的兴起，此时可以展开大规模的农业数据处理和农业数据库开发，形成完成的农业数据库和资料库。

第三阶段是20世纪80—90年代，包括智能处理、自动控制、传感网络等技术的不断涌现，使得农村信息化的发展更具科学精准性，并且信息化在农村和农业的应用也十分广泛，覆盖了农村生活的方方面面。

在2006年以前，人们大多提的是农业信息化。2006年以后，不少学者和国家政府部门提出了农业农村信息化的概念。以李道亮教授为代表的学者将农业信息化和农村信息化的内容融合，又提出了广义的农村信息化的概念。这些概念从信息技术在农业生产过程和农业全产业链中的应用等不同角度阐述了农业农村信息化建设的内涵。特别是2010年在工业和信息化部、农业部、科技部、商务部、文化部制定的《农业农村信息化行动计划（2010—2012年）》中对农业农村信息化更明确的阐述。该行动计划指出：农业农村信息化是指信息及知识越来越成为农业生产活动的基本资源和发展动力，信息和技术咨询服务业越来越成为整个农业结构的基础产业之一，以及信息和智力活动对农业增长的贡献越来越加大的过程。强调了农业农村信息资源作为农业生产的基础资源及其对农业增长的重要性，并将农业农村信息咨询服务业作为农业的基础产业之一被首次提出来，为我国农业农村信息化的发展指明了方向。

二、农业信息化发展现状及特点

（一）国外农业信息化发展现状及特点

目前，在农业信息化方面处于世界领先地位的国家有美国、德国、日本等。美国是农业信息技术的领头羊；日本、德国等发达国家紧随其后；印度、韩国等发展中国家虽然起步较晚，但发展较快。

1. 美国

（1）发展现状：以政府为主体五大信息机构为主线，形成国家、地区、州三级农业信息网。同时构建了庞大、完整、规范的农业信息网络体系，形成了完整、健全、规范的信息体系和信息制度。在农业信息技术方面，以 3S 技术（即遥感技术、地理信息系统和全球定位系统）、计算机技术、自动化技术、网络技术等打造“精准农业”。在农业信息技术应用方面，农业公司、专业协会、合作社和农场都在普遍使用计算机及网络技术。

（2）发展特点：一是以市场化推动信息化发展。信息化靠市场运作，资本来源是政府投入和资本市场运营相结合。

二是以政策体系推动信息化发展。政府构建诸如政府辅助、税收优惠、政府担保等一系列优惠政策体系，刺激了资本市场的运作，推动了信息化的快速发展。

三是以科技创新推动信息化发展。政府加大科技创新和新技术研发投入，构建政府、企业、科研机构的合作创新体系。同时，建立了产权激励和合法收益的创新激励机制。

2. 日本

（1）发展现状：建立了农业技术信息服务全国联机网络，形成了国家、县、乡镇农业信息网络。农业信息服务主要由市场销售信息服务系统和“日本农协”两个系统组成。尤其乡镇级以及地方综合农协在信息通讯设施建设方面发展迅速。凭借着两个系统提供的准确的市场信息，每一个农户都对国内市场乃至世界市场每种农产品的价格和生产数量有比较全面准确的了解，由此调整生产品种及产量。但日本农业信息技术应用比工业落后，“精确农业”发展空间较大。

（2）发展特点：一是由政府投资，灵活运用计算机网络、有线电视、传真机等多种信息技术传播手段，建立不同地域特征的农业信息服务网络。

二是由企业运作，构建农产品电子商务服务网络。建立大型综合网上交易市场和综合性网上超市、网上商店等，加快农产品流通方式的变革。

三是采取产、官、学合作方式，引进和改造精确农业。注重在作物生长模型等精确农业和精确农业机械研究方面改进精准农业。

3. 德国

（1）发展现状：德国作为欧洲信息化发展的成功典型，其农业信息技术不断推广普及，正向农业全面信息化迈进。德国农业生产、科研、教学领域基本上通过计算机网络来进行。其农业自动控制、网络计算机辅助决策技术的应用、计算机模拟和模型技术、遥感技术、精确农业技术、农机管理自动化等方面都走在世界前列。

（2）发展特点：一是政府重视农业信息化的政策与环境、资金的支持和农业信息化基础设施的建设投入。

二是开发和利用农业信息和网络资源，信息量大，用户充足，农业信息网络持续快速发展。

三是以关键技术带动农业信息化的发展。紧紧抓住模拟模型技术、计算机决策系统技术、精确农业技术等关键技术的研发和集成，带动整个农业信息化发展。

四是重视信息技术培训与教育。所有学校开设计算机和网络技术课程，特别注意促进妇女信息技术的培训。

4. 印度

（1）发展现状：一是重视信息技术传输渠道建设。中央政府农业部门之间的开通网络，80%农业研究委员会可以通过拨号实现了连接，其他通过卫星实现了链接。国家网络信息中心与一个区级机构和一个地区的70个村庄实现了连接。借助中央——邦政府——地区农村发展部和村民自治组织的行政运行体系，在农村建立了21个信息中心，主要为Dhar地区的农村与部落服务。信息服务具有费用小、随时接收、没有时间限制。使得农民有很强的上网积极性。

二是重视数据库及网站建设。由国家农业研究委员会统管，将全国的研究机构和区域试验站、农业大学有机地组织起来，实行统一的软硬件和标准的录入格式，建立的7个数据库，实现全国资源快速传递和共建共享。一些农业网站已经开通并开始为用户提供服务。

（2）发展特点：一是在基础设施很不完善的条件下，采取公私共享的合作模式，充分利用村民自治组织，实现广大农民真正享受信息服务。

二是注重信息技术人才培养，加强对农民的培训。

三是鼓励和动员社会力量参与农村信息化建设。采用政府投入、私人投资和公私合营等灵活多样的融资渠道和投资模式，特别注意吸引私营企业加入信息化。

四是重视进行广泛国际交流合作。与美国麻省理工大学合作建立印度亚洲多媒体实验室致力于探索低成本易推广的信息系统、农村软件、实现数字农村等。

5. 韩国

（1）发展现状：韩国作为农业信息化起步较晚的国家，采取了农业信息化的“追赶型”模式，注重信息技术应用的实效，建立了比较完善的农业信息系统。新型农业技术信息数据库为农民和公众提供新的农业技术信息。农业土壤环境信息系统为农民提供详细的原始土壤图的制备、土壤详图数据库、稻田和旱地土样分析等信息。农场信息技术系统主要向农场主、农户发布作物生长条件、农场全方位技术、害虫预测信息、农业标准设备的设计规划、特殊地点农户实用技术和农村生活等信息。农场生产环境信息系统提供实时天气预报信息。牲畜出口产品管理系统提供畜产品价格动态分析信息。农民信息管理系统主要开发和提供农业管理项目。此外，韩国农业电子商务也极为发达。

（2）发展特点：一是利用多媒体远程咨询系统培训农民。政府采用先进的便携式摄像机和无线通讯设备进行田间演示教学，对农民进行技术培训，由专家现场解答农民提出的问题。政府还利用 Internet 会议系统实施农村夜校教育计划，每年约有 1 万的农民参加培训。

二是政府加大互联网基础设施投入。韩国已有 10% 的农民通过高速网络专线上网，设备费用由政府资助，上网费用由农民自己承担。没有家庭上网条件的农民，可以到附近的农业技术推广机构参加网上咨询。

第二节　农村信息化技术

一、精细农业

我国农业科技界在“九五”中期以来开始关注国外精细农业技术体系研究的发展。并结合我国国情和农业现代化建设的实际情况，将多种科学技术与农业相结合，设计并完成了如：“3S”（GPS、GIS、RS）地理空间信息技术的农业应用；农田空间分布信息快速采集先进传感技术与高效实时信息处理技术；农田土壤与作物生产精细化管理决策支持技术；智能化变量作业农业装备技术和系统集成与分析技术等多个应用领域的研究和发展。1999

年起，在北京、上海、广东、山东、东北农垦和新疆兵团等地先后着手开展有关试验实践。期间，由国家计发委和北京市计委支持立项，汪懋华主持建设的“北京小汤山精细农业示范工程”的一期建设计划已经基本完成，这也成为我国精细农业研究的领头羊工程。

二、农业专家系统

我国在农业专家系统方面的研究起步较晚，目前已研制出一批有影响的系统软件。国家科技部从 1990 年开始连续支持“农业智能应用系统”的研究与应用，已研制出棉花、水稻、芒果等多种作物的生育全程调控和农事管理专家系统，以及鱼病防治和苹果生产管理专家系统。合肥智能所的“施肥专家系统”在全国已推广了 100 多个县，节约化肥 30 多万吨，增产粮食十多亿斤(1 斤 =0.5 千克。下同)；中国农业科学院农业资源与区划研究所“禹城小麦、玉米施肥专家系统”已推广了 11.25 万亩，增产小麦 400 多万斤。此外还有长春市农业科学院的国家“863”课题玉米栽培专家系统、中国农业科学院作物科学研究所的“冬小麦新品种选育专家系统”和“玉米杂交种选育专家系统”等。厦门集美航海学院与集美区区划办合作，以土壤区划和普查为基础研究开发出数据系统；厦门大学与厦门市天马种猪场合作，运用数量遗传学、统计学和系统工程理论开发出“大约克种猪选育的计算机支持系统”，新增经济效益千万元以上。

三、虚拟农业

虚拟农业是农业信息化的一个很重要的研究领域，它可以在计算机辅助设计和模拟的环境下，将农业科学和信息技术相结合，开辟农业信息技术研究和应用的新途径。杨国才认为虚拟农业既是一个系统平台，也是一种研究方法和手段，并应建立起完整的技术理论体系。目前我国的虚拟农业技术主要研究方向是：

①虚拟农作物系统。使用户短时间内操作、观察、检测、获取数据成为可能；还可将现实世界观察不到的遗传基因、胚胎发育、作物吸收营养等内容，用可视化技术和虚拟现实技术变为人们可看见、可感知的过程。②虚拟农作物模型的研究。虚拟农作物模型是基于对现实世界农作物的研究而建立的，首先要对自然界生长的真实农作物的形态结构进行精确定量化研究，并总结出农作物的生长规律，然后再用适当方法对农作物形态结构和生长规则进行表达。

四、数字农业

“十五”期间，国家科技部等部门加大了对以“数字农业”为主要内容的农业信息技术应用研究，组织实施了“数字农业科技行动”。通过该项目的实施，突破了一批“数字农业”的关键技术，建立了数字农业技术平台，开发了国家农业信息资源数据库，研究开发了一批实用性强的农业农村信息服务系统，初步构建了我国“数字农业”的技术体系与框架，从而加速了我国农业农村信息化进程。2003 年，科技部“863 计划”在生物与现代领域启动实施了“数字农业技术研究示范”重大专项。这些项目以突破一批关键技术、研制一批数字农业产品、开发数字农业技术平台、集成示范应用为目标，构建了我国“数字农业”的科学技术体系及示范应用体系。在农田信息自动采集、农田植物生长模拟与数字化设计、稻麦品质遥感检测、数字化种植技术平台构建等方面取得了突破性进展。

五、农业信息管理与决策支持系统

由农软开发的农牧场管理系统、育种分析系统和目前尚待完善的实验室数据分析系统、专家系统、决策支持系统等已在部分科研管理部门和现代化农牧场推广使用多媒体小麦管理系统（WMS）和棉花生产管理系统（COTMAS）已经应用于农业生产我国与世界发达国家一样，养殖业信息化建设是从单机到网络的一个发展过程。在单机应用方面，主要用于生产管理和决策支持的应用。我国养殖业充分利用以计算机为核心的信息资源优势，走养殖业现代化和信息化的道路。

第三节　农村信息服务体系建设

我国农业社会化服务体系是围绕农产品生产和经营各环节的需要，提供的物质、资金、劳务、技术等服务，包括物资供应、生产服务、技术服务、信息服务、金融服务、保险服务以及农产品运输、加工、冷藏、销售等各相关主体组成的有机体。农业农村信息化服务体系是农业社会化服务体系建设中的一个重要组成部分。

具体来说，农业农村信息化服务体系包含农业生产管理、农业科学技术、农业经营管理、农村市场流通、农业资源环境、农民生活消费信息化等方面。概括地说，农村市场信息服务是指各级政府、有关部门在农村经济工作的决策与管理中和农村市场主体（即农产品生产者、加工者、经营者、消费者）在经济活动中所需要的全部信息。具体内容包括：有关理论、方针、政策，新品种、新技术、农业质量标准，农业生产资料的供求及价格、农产品供求及价格，农村劳动力，农村资金，农村土地，农村经济宏观情况、国民经济宏观情况、世界经济宏观情况等多方面多层次的信息。它可细分为种植业、畜牧业、渔业、林业、农垦、水利、气象、农机、农技、乡镇企业等行业方面的信息，也可细分为农产品生产、加工、经营、流通、消费、储藏等产业化各个环节方面的信息，还可细分为基础性、综合性、动态性、预测性信息。其关键技术包括以下几个方面。

一、顶层设计

作为信息化建设的两个阶段，信息化规划偏重理论，信息化实施则关乎实践，但是，从理论到实践需要途径，讲求方法。顶层设计正是途径、方法。如果说信息化理念需要一套方法来支撑的话，顶层设计就是这样一种方法论。顶层设计其实就是以信息化发展规划为指导而创建的信息化实施的总体框架。它是信息化发展规划与实施方案的延续和细化，也是信息化实施的前提与依据。因此，顶层设计是信息化规划与信息化实施之间的桥梁，将信息化理论与信息化实践相结合，顶层设计的成果就成了信息化建设的蓝图。

针对信息服务平台众多但集成服务水平不高的问题，将涉及云服务和顶层设计方法等关键技术。其中云服务技术将在下一节探讨，顶层设计是服务平台统筹规划和系统设计的重要途径与方法。

（一）顶层设计的涵义

农业农村信息化云服务平台的“顶层设计”是总体实施规划的一种实现手段，是一个具体地方农业农村信息化云服务平台总体规划具体化的体现，它所遵循的原则是从云服务平台的管理与提供服务的总目标上，对总体规划的细化。顶层设计对农业农村信息化云服务平台建设起着至关重要的作用。它将网络传输架构及所有涉及的软、硬件集合在统一的标准与规范的旗帜下，详细规划出了完成从信息采集（包括验证）、信息加工信息传输、信息存储、信息提供到信息安全保密等方面的具体目标与要求，也包括数据库设计方面等的细节。

（二）顶层设计的内容

顶层设计应该包括以下内容：信息资源调查；需求分析；编制数据库建设标准报告、信息系统体系结构报告和资源数据分布策略报告；建立标准体系和系统建模。系统建模中应包括对信息资源目录体系和交换体系设计方案。系统建模涉及：功能建模、数据建模、建立分类目录、系统体系结构模型、网络规划和应用系统开发计划等。而标准化则是顶层设计所要严格遵循的原则农业农村信息化云服务平台顶层设计包括三个主要部分：一是云服务平台的功能模型；二是云服务平台的数据模型（其中包括数据标准化）；三是云服务平台的体系结构模型。通过吸收国内外先进的理论方法和长期的探索积累，制定出农业农村信息资源规划、云服务平台顶层设计的有关规范和具体技术标准。包括数据接口、数据管理机制、数据存储及交互格式、系统集成等规范。实现平台或系统间的数据转换和接口，并统一新建系统的数据标准及管理。

二、农业农村信息知识组织与标准化

对于有效的农业农村信息服务资源匮乏的问题，涉及农业农村信息分类标准、农业本体及其知识库等农业农村信息知识组织与标准化的关键技术问题。农业农村信息已成为农业生产力的重要要素之一，参与并渗透到农业生产的各个环节，将从根本上改变我国传统落后的农业生产方式，是今后我国农业发展的重大战略选择。

（一）农业信息标准的重要性

农业农村信息化对信息的时效性、综合性提出了更高的要求。信息技术的推广普及和集成应用对农业农村信息的质量和数量具有极大的需求和依赖，必须建立专业化、标准化和共享化的现代方式数据采集体系、数据集成体系、数据处理体系。核心是实现农业农村信息标准化管理。

农业农村信息标准化是农业农村信息化的重要基础，只有统一标准和构建完善的农业农村信息标准体系，才能实现信息资源共享、信息系统互联互通、农业生产管理流程和业务部门之间的有效协同，进而推动农业农村信息化健康有序地发展。郭新宇、赵春江等围绕作物生产需要，通过提取土壤、农业气象、作物生育规律和生产管理的术语体系和基础数据元目录，用专业名词术语和标准数据元来描述和量化作物生产研究对象与管理行为，提出了规范化的信息获取方法，建立了标准化的信息表达方法和存储交换格式，明确了数据的值域和应用范围，从而实现了农业信息在语义上、标准上和内容上的统一。目前，国内学术界对于农业农村信息的标准化研究工作的重视程度不够。由于农业生产的区域性特点明显，针对具有地方特色的农业农村信息标准化的更是缺乏。导致了各地农业农村信息化资源交换、共享和有效利用的困难。

（二）农业信息的特点

首先，农业知识涉及的学科知识多，比如，生物、化学、医学、气象学、病理学等，这就加大了对农业知识处理的难度，如何使这些知识得到共享、重用，特别是在计算机间和计算机与人类之间通信，使信息得到有效的共享和应用，目前仍是一个重要的挑战。其次，农业农村信息知识量大，但以前这些信息知识都是一种自然语言的形式存于文本载体中，很难处理这些自由结构的信息知识，使信息知识无法得到有效的应用。要开发出有效的、具有智能的、高效的系统，离不开知识理论作为基础。然而，本体作为一种精粹的知识理论，能够帮助解决这些知识表达问题。对农村信息元数据标准框架、农村知识本体的构建及本体的存於技术等技术研究，其目的是构建农业智能搜索工具以提供信息分类及智能推理服务。目前，在农业农村信息化建设中农业本体知识库的研究仍然处于探索阶段，由于农业农村信息分类标准的缺乏，其应用受到一定的限制。但是作为一种新的研究思维方法，本体论在促进对农业农村数据的理解和整合、提高农业农村知识文本挖掘的效率等研究领域具有很大的潜力。

三、基于语义技术的农业农村智能信息服务

对于农业农村信息服务效能低下的问题，应用语义、个性化信息推送和用户网络行为定向等技术，是实现个性化、本地化和智能化农业农村信息服务的关键。当前国内外语义技术的研究主要集中于各专业领域的标准本体的建立与应用、语义内容生成与集成、语义推理、语义网络搜索以及语义知识发现等方面，语义技术在农业上的应用主要集中于农业农村信息智能检索、农业专家（智能）系统、农业信息管理与服务等方面。

（一）农业农村信息智能检索

通过综合应用语义网技术、本体的相关方法和技术以及信息检索关键技术，实现基于语义的农业农村信息的智能检索。在语义网环境下实现农业农村信息的智能检索，实际上就是要将农业本体所描述的农业农村信息知识的语义关系应用到对农业农村信息资源的标引和检索中，通过对农业本体文件的解析和语义推理，在语义层面上实现农业农村信息的智能检索，并以适当的形式和友好的界面与用户进行交互。

（二）农业专家系统也叫农业智能系统

是一个具有大量农业领域知识与经验的计算机系统，它依据一个或多个农业专家提供的特殊领域知识、经验进行推理和判断，模拟农业专家就某一复杂农业问题进行的决策。一方面由于不同的专家系统的农业知识表示不一、异构等特点，这就造成不同领域的农业专门知识不能有效的利用和形成知识的集成共享，专家系统本身对农业本体的构建需要语义技术，另一方面在农业专家系统数据库技术中也需要语义对象模型的支持。农业专家系统的核心就是推理机，在推理过程中通常有两种方法：精确推理和模糊推理。现阶段“模糊推理”是基于概率论和二维逻辑的，不够完善且有一定的局限性。因此有待于发展成未来的模糊逻辑

的推理方法，这就需要有语义技术中语义推理的支持。

（三）农业信息管理与服务

由于农业信息量大、信息复杂等特点，以及信息的不同的格式规范、概念术语，使得农业信息很难有效的管理，而运用语义网关键技术可以提高农业信息管理的效率和农业信息服务的水平。在农业信息管理有信息获取、组织、检索、表示、评价五个环节。在信息获取环节，基于本体论和语义网技术的信息获取。信息组织方面，利用元数据和本体论实现信息组织的方式和方法。信息检索方面，基于本体的信息检索方法。表示方面，基于本体的农业信息表示。信息评价方面，用数理统计方法建立领域本体和知识检索的评价模型。另一方面语义技术有信息数据库进行分类与聚类以及数据可视化的作用，从而有助于系统对信息的管理农业专家系统方面的研究起步较晚，目前已研制出一批有影响的农业专家系统软件。国家科技部从 1990 年开始连续支持“农业智能应用系统”的研究与应用，已研制出棉花、水稻、芒果等多种作物的生育全程调控和农事管理专家系统，以及鱼病防治和苹果生产管理专家系统。

四、云计算及其在农业中的应用

在传统计算模式下，农户或种养大户、涉农企业或专业合作组织要构建其农业农村信息化应用系统不但需要购买相关硬件等基础设施，还要购买相应软件的使用许可证，更需要专业的信息技术维护人员。当他们的规模进一步扩大时还要继续升级各种软件和硬件设施以满足应用系统扩展的需要。

（一）云计算的概念

自云计算的概念被提出以来，许多专家、学者以及相关企业都从不同的研究视角为云计算给出了定义，从而使得云计算的定义已经有近百种之多从根本上来讲，云计算是以虚拟技术为核心技术，以规模经济为驱动，以高速互联网为载体，由大量的计算资源组成的资源池为支撑，按照用户的需求动态地为用户提供虚拟化的、可伸缩的、灵活地信息服务。在云计算模式下，各类信息服务都按照各个用户的需求规模和要求动态地构建、运营和维护，用户一般以量入为出的方式支付其所使用资源的费用。所以，云计算的使能因素主要包括 3 个方面的内容：技术因素是云计算的技术使能支撑，如 Web2.0 技术、虚拟化技术、编程模式、全球化的分布式存储技术、网络服务以及面向服务的架构计费管理等；经济因素是云计算的商业化使能支撑，例如清晰的产业结构、合理的商业模式；政策因素是保证云计算的服务质量和合法性的社会使能支撑，例如各种健全的监管制度以及政府的支持政策。

（二）云计算的原理

云计算的基本原理是利用非本地或远程的分布式或集群计算机为互联网用户提供各种计算和信息服务（计算、存储、软硬件等服务）。云计算可以把普通的服务器或者个人电脑连接起来形成服务集群以获得超级计算机的计算和存储能力。云计算的出现使得高性能并行计算不再是科学家和专业人士的专利，网络普通用户也能通过云计算平台获得并行计算、分布式计算所带来的好处和便利。用户在使用云平台的资源时不需要知道真正的服务器在哪里，更不用关心云平台内部如何运作，通过高速互联网就可以透明使用各种计算和信息资源。通过这项技术，网络服务提供商可以在数秒之内处理数以千万计甚至亿计的信息，达到和“超级计算机”同样强大效能的网络应用服务。

（三）云服务在农业农村信息化中的应用

云模式降低了服务部门和企业构建农村科技服务平台的成本在农村科技服务领域率先应用云计算技术和统一通信技术建立了基于云模式的农村科技信息综合服务平台。主要是虚拟服务门户技术、多层次用户智能化管理的技术、代理计费技术、本地管理服务器技术、信道和终端硬件的虚拟化技术。实现农村科技信息服务软件的服务化、多信道与多终端接口硬件的虚拟化（信道：互联网、电话网、移动网。终端：微机、固话座机、普通手机、多媒体手机、智能手机、触摸屏、IP 机顶盒电视）；互联网软总线信道集成技术（将其他信道的信息接入互联网信道，实现多信道信息交流）、信态智能转换技术（数据到文字，文字到图片，图片到动画、文字到语音、超文本到多媒体等系列信息自动转换）、农村科技信息资源的标准化、多层次用户管理的智能化。

云服务降低了基层部门搭建服务门户的难度和维护难度。农信云是一套通过虚拟化技术虚拟出来的软件服务平台。它有两大类用户，一类是平台用户，即各级农技服务部门。为其提供县级服务中心农村综合服务系统，实现与农户互动、专家咨询、农户管理、信息资源更新、数据存储等业务。另一类是信息用户、农户和农村企业。以“县级服务中心农村综合服务系统”的名义，为他们直接提供农村科技信息服务。

第四节 我国农业信息化服务和利用

一、我国农业信息服务利用概述

（一）我国农业信息化服务利用发展历程

新中国成立以来，适应我国国情和农业农村经济发展状况，主要围绕信息体系建设和信息服务的农业信息化大体经过 4 个发展阶段。

第一阶段是从新中国成立初期至改革开放前。这一阶段的信息技术手段和具体工作内涵是常规、传统的，是电话传送和算盘处理的原始方式。

第二阶段是从 1978 年改革开放以来至 20 世纪 80 年代末。这是现代意义的农业信息化初始阶段。由于计算技术的发展，特别是计算机在农业统计和经营管理工作的逐步应用，数据处理能力得到了很大提高。1984 年，农业部为全国各省农业厅统一配备了长城 0520 微机，举办 3 期计算机培训班，有效推动了计算机在农业领域的应用，我国农业信息化出现了质的飞跃，应用主要是计算机数据计算和磁盘邮寄。

第三阶段是 20 世纪 90 年代。这 10 年间，计算机在农业领域的应用逐步得到重视，普及率逐年提高。更重要的是，这个时期信息技术的开发应用有了较快的发展，比如，利用计算机开展数据分析、点对点的信息传递发展到网络化传递、数据库和农业信息网站的建设等。这一阶段，伴随着世界信息化浪潮和网络时代的到来，我国农业信息化不论是在信息体系建设还是在信息服务方面都取得了较快发展。

第四阶段是进入 21 世纪以来至今。这一时期，各级农业部门适应形势发展的需要，全面贯彻党中央、国务院关于农业和农村工作的战略部属，农业信息化进入全面、高速发展时期，农业信息化在农业上全面应用，农业信息化建设成效显著。

（二）我国农业信息化服务利用的紧迫性和重要性

（1）加快推进农业信息化服务利用是建设社会主义新农村的迫切需要：没有农业农村信息化，就不可能有农业农村的现代化，也不可能实现新农村建设的目标。新形势下，增强农业农村综合生产能力、加快推进城镇化、实现城乡公共服务均等化、促进农村经济社会发展和进步，迫切需要信息化提供新动力和新手段。

（2）加快推进农业信息化服务利用是现代农业发展的客观需要：当前，我国农业正处于由传统农业向现代农业转变的重要战略机遇期。为农业生产经营活动注入新的活力，必须加快解决农产品市场体系不健全、农业生产组织化程度低、农业社会化服务体系不完善等方面的突出矛盾，将农业生产经营活动有效纳入社会主义市场经济体制，将现代信息技术应用作为农业生产经营连接市场经济体系的关键纽带，推动信息化与现代农业建设的紧密结合，实现农业产前、产中、产后的无缝结合，使广大农民享受现代科技进步成果，提升农业应对纷繁复杂的市场环境。

（3）加快推进农业信息化服务利用是实现城乡经济社会发展一体化发展的现实需要：长期以来，城乡差别一直是制约农村发展的瓶颈之一。构建功能完备、运转高效、反应灵敏的城乡一体化管理服务系统，促进家电下乡、信息下乡，激发农村消费需求，是建立城乡经济社会发展一体化新格局的重要着力点，是实现以工促农、以城带乡发展的重要途径。面对城镇化发展的新趋势，特别是不同区域的比较优势，应区分轻重缓急，推进农村文化教育、公共卫生、医疗救助、社会保障等方面的信息化建设，加快城乡公共服务均等化，切实缩小因受限于技术进步成果所产生的数字鸿沟，将深化农村信息化作为农村改革发展的重要机遇。

（4）加快推进农业信息化服务利用是培养新型农民的长远需要：农业农村改革开放不仅为社会主义新农村建设和现代农业建设奠定了坚实基础，而且为农业农村长期发展和繁荣提供了丰富的人力资源。加快农业农村信息化，将农民培养成为有文化、懂技术、会经营的新型农民必将为我国经济社会发展提供充足的人力资本和新的动力；抓住信息网络所能够提供的低成本、多样化、广覆盖的信息传播、知识扩散机遇，向广大农民传授各种先进适用的专业技术知识，提供多样化的信息咨询服务，必将在更大范围、更高层次、更多领域开阔农民视野、提高农民素质。

（三）我国农业信息化服务利用方向与任务

1. 指导方针

以邓小平理论、“三个代表”重要思想为指导，深入贯彻落实科学发展观，全面贯彻党的十七届三中、五中全会精神，按照在工业化、城镇化深入发展中同步推进农业现代化的要求，以保障农产品有效供给、农产品质量安全、农民增收为目标，以全面推进农业生产经营信息化为主攻方向，以农业农村信息化重大示范工程建设为抓手，完善农业农村信息服务体系，探索农业农村信息化可持续发展的运行机制，着力强化政策、科技、人才、体制对农业农村信息化发展的支撑作用，不断提高信息化服务“三农”的水平。

2. 基本原则

一是坚持政府主导，社会参与。农业农村信息化建设具有一次性投入大、投资回报周期长的特点。在当前农民信息消费能力较低，农业农村信息化市场运作机制不完善的形势下，迫切需要强化政府的主导作用，并积极鼓励引导电信运营商、IT 企业、高等院校、科研院所和农民专业合作社等各种社会力量参与，形成推进农业农村信息化发展的合力。

二是坚持创新发展，示范带动。注重把握信息技术和现代农业的发展趋势，创新农业农村信息化发展的技术、模式和机制，推动农业农村信息化快速、可持续发展。以工程带动为主要手段，在全国合理布局农业农村信息化重大示范工程，通过示范引入、中试熟化、以点带面，促进全国农业农村信息化的跨越式发展。

三是坚持协同共享、注重实效。统筹规划，加强部门、行业和企业的协调，积极探索农业农村信息化基础设施、信息资源、服务体系共建共享、互联互通模式，并立足当前实际，把握关键问题，科学设置建设任务，避免重复建设和资源浪费，确保各项工作取得实效。

四是坚持规范运作、安全可控。建立规范的农业农村信息化工作流程和监督机制，制定和完善相关标准，并强化制度和标准执行力度。坚持重大信息系统建设与信息安全建设并重，加强政策引导，坚持自主可控，强化对非自主信息安全技术与产品的管

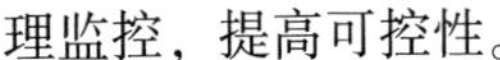
理监控，提高可控性。

3. 发展目标

一是农业农村信息化基础设施明显改善。在国家加快农村地区宽带网络建设，提高宽带普及率和接入带宽的前提下，促进农村电脑、电视、电话的进一步融合，逐步提高我国农村居民计算机的拥有量，每百户达到 30 台，提高农业领域的计算机应用水平。

二是农业生产信息化水平显著提升。种植业信息化建设稳步推进，设施农业、园艺业信息技术应用水平显著提高；养殖业信息化建设大力推进，规模化畜禽养殖业信息技术应用逐步扩大，渔业信息化迈上一个新台阶；农业生产信息化整体水平翻两番，达到 12%。

三是农业经营信息化水平明显提高。农业企业、农民专业合作社信息化快速推进，农产品批发市场信息化水平大幅提高，农产品电子商务快速发展，农业经营信息化整体水平翻两番，达到 20%。

四是农业管理信息化建设稳步推进。农业电子政务平台基本建成，农业资源管理、农业应急指挥、农业行政审批和农业综合执法等基本实现信息化，农产品质量安全监管信息化水平显著提升，农业行业管理信息化全面推进，农业管理信息化整体水平达到 60%。

五是农业服务信息化水平显著增强。部、省、地市、县四级农业综合信息服务平台基本建成，信息资源共建共享成效显著，信息服务专家队伍更加壮大，信息处理、信息服务能力进一步提高，信息服务机制更加灵活有效，农业服务信息化整体水平达到 50%。

4. 主要任务

“十二五”时期，我国农业农村信息化建设主要包括以下五项主要任务。

一是夯实农业农村信息化基础。

二是加快信息技术武装现代农业步伐。

三是助力农业产业化经营跨越式发展。

四是推进农业政务管理迈上新台阶。

五是开创农业信息服务新局面。

5. 重点工程

一是“金农工程”二期。主要包括完善“金农工程”一期建设、农产品供给安全信息系统建设、农产品质量安全信息系统建设、农业资源管理信息系统建设。

二是农业信息化建设工程。主要包括种植业生产信息化建设、养殖业生产信息化建设、农业经营信息化建设、农产品质量追溯信息化建设、农业安全生产信息化建设、农民专业合作社信息化建设。

三是农业信息服务工程。按照“资源整合，协同共享”的思路，重点建设部、省、地市和县四级农业综合信息服务平台体系，建设统一的运行管理标准规范，实现及时准确的针对性服务。主要包括部级农业综合信息服务平台建设、省级农业综合信息服务平台建设、地市级农业综合信息服务平台建设、县级农业综合信息服务平台建设。

二、我国农业信息服务新模式

（一）北京“221 信息平台”

北京“221 信息平台”（221 即“摸清市场需求和农业资源两张底牌、搞好科技和资金两个支撑、搭建一个信息平台”的代称）以资源整合和实际应用为重点，发展较为迅速。

1. 北京“221 信息平台”三大特点

特点一：政府支持、会员制运作。

特点二：统筹协调，联合共建。

特点三：农商对接，应用为主。

2. 北京“221信息平台”四大服务体系

体系一：农产品市场信息采集、分析与发布体系。

体系二：农业远程信息服务体系。

体系三：信息服务助农服务体系。

体系四：涉农信息公众网络发布体系。

3. 北京“221信息平台”七项服务功能

功能一：信息查询功能。

功能二：网上宣传功能。

功能三：促进农产品销售功能 。

功能四：即时通信功能。

功能五：个性化服务功能。

功能六：便民服务功能。

功能七：决策支持功能。

（二）上海“农民一点通”

2006年，上海开始实施“千村通”工程，逐步为各个行政村配备为民综合信息服务终端查询机——“农民一点通”。上海在郊区县1 400多个行政村建有农村综合信息服务站，每个服务站配备一台电脑和一台智能信息终端。

上海“农民一点通”五大服务新模式。

一是建立农业网上医院，实现农民与专家零距离咨询。

二是建立农民网上社会，实现农业信息化应用新模式。

三是制作个性化村级网站，实现城乡信息互通。

四是开发双屏机功能，实现图文音像并茂、实时联播。

五是实施定向远程授课，开拓专家服务新模式。

（三）浙江“农民信箱”

农民信箱系统是利用因特网和现代通信技术，为农民量身定制的信息工具。它以实名制注册使用并与手机相连，使农民群众能借助电脑和手机短信进行网上双向交流，是一个集通信联系联系、电子商务、电子政务、农技服务、办公交流、信息集成等功能于一体的面向“三农”的公共服务平台。

1. 农民信箱的五大特点

特点一：真名实姓注册。

特点二：手机信箱捆绑。

特点三：网上门牌号码。

特点四：农民坐等服务。

特点五：各级共同管理。

2. 农民信箱的六大功能

功能一：买卖信息对接。

功能二：信息资源集成。

功能三：农技110咨询。

功能四：网上信息调查。

功能五：写信常用词句。

功能六：外联邮箱。

3. 农民信箱的四大成效

成效一：建立起完善的农村信息联络体系。

成效二：解决了信息服务的“最后一公里”。

成效三：拓展了农业信息的应用范围。

成效四：提高了农民的信息意识。

（四）吉林“12316”新农村热线

“12316”新农村热线是一种整合了企业的网络资源和农业部门的信息资源，优势互补，开展农村信息服务的一种信息服务模式。

“12316”新农村热线的主要特点如下。

（1）采取“政府主导、企业参与、市场化运作”的运行模式。

（2）建立激励机制，注重服务质量。

（3）建立多层次、多途径的信息发布模式。

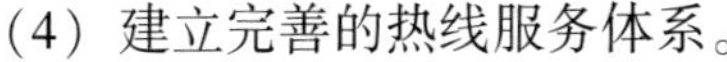
（4）建立完善的热线服务体系。

（五）江苏“农业物联网”

江苏省在加快推进农业现代化建设中，开展了物联网技术在现代农业生产领域的关键设备与应用技术体系的研发、应用与示范。

江苏“农业物联网“三大检测功能。

功能一：温室大棚智能化监测控。

功能二：畜禽养殖智能化监测控。

功能三：水产养殖水体环境智能监测控。

（六）云南“数字乡村”

云南省“数字乡村”工程是以自然村为单位，把乡、镇、村委会、自然村三级的图片、文字介绍、155 项数据报表指标、视频等资料采编后上传至服务器。乡镇子网 20 个栏目，村委会和自然村 10 个栏目，每个栏目都要有对应的文字说明，图片不少于 50 张。生成的基础信息资料客观、真实、科学、系统地反映出当地农业农村经济和社会发展变化情况，取得了五大成效。

成效一：采集了丰富的乡村信息，实现了乡村信息上网发布。

成效二：建成乡村基本情况数据库，进一步摸清了乡村“家底”。

成效三：建成了覆盖全省的“数字乡村”网站群，服务能力大幅提升。

成效四：拓展了建设内容，信息服务覆盖面不断扩大。

成效五：初步整合了“三农”信息资源，信息共享功能进一步增强。

（七）河北“三电一厅”

“三电一厅”指的是电脑、电视、电话和农业科技服务厅，是河北省建立的面向“三农”的信息发布与服务系统，属于河北信息化的基础性工作。这一系统利用“电脑”架设信息高速公路，利用“电视”举办农业专题节目，利用“电话”开通信息查询热线，利用“农业科技服务厅”设立信息服务窗口，以龙头企业、种养大户、专业协会、合作组织、农村经纪人、农业科技示范户等为主要对象，加快信息进村入户步伐，实现农村“户”联网，加强农业信息资源的开发利用，完善农业信息资源库。

（八）河北张家口市农业信息化服务

（1）张家口市政府创办了“农业信息网站”和“农业特色网站”，直接服务于全市农业生产。

（2）张家口市农业部门与中国移动通信公司张家口分公司联合建立了“12582”农业信息短信服务平台，通过发送短信使农业专家与农民进行互动。

（3）张家口市农业部门与中国联通公司张家口分公司联合建立了“12316”电话语音专家热线服务平台。

（4）张家口市与北京市农业部门合作，建立了“京张蔬菜产销信息服务平台”，采集、分析、发布蔬菜产销信息，使张家口市13个县的蔬菜信息采集中心直接与北京八大蔬菜批发市场相连接，实现了京张蔬菜产销信息一体化。

（5）张家口市农业信息进村入户工程。该工程由中国移动张家口分公司免费提供价值180万元的农村信息机1 200台，在全市209个乡镇和1 000个重点行政村建立乡村农业信息服务站，利用先进的无线网络通信技术，与市农业短信平台相结合，形成手段先进、反应灵敏、运行高效的信息采集、传输、发布的农业信息网络体系，以有效解决从县乡到农民的信息传递问题。目前，张家口市已在怀安、康保、张北、怀来等县投放农村信息机300多台，工程实施总体上起步良好。

（6）张家口承担国家推广实施的信息化试点“河北省新农村

信息综合服务体系建设”项目，由怀来县科技局与廊坊市大华夏神农信息技术有限公司（国家信息化试点工程单位）实施，将在该县建立县级示范服务中心1个，村级示范服务站1个，村级信息服务站10个。

第十章 “互联网+现代农业”行动计划

第一节 “互联网+”对于我国现代农业的影响

当前，我国农业正经受资源短缺、开发过度和污染加重的考验，面临国内生产成本攀升与大宗农产品国内价格普遍高于国际市场的“双重挤压”，农村在城乡资源要素加速流动中边缘化，农民在产业弱质和制度歧视的双重压力下增收难，迫切需要加大改革创新力度，加快农业现代化建设。

2015年，李克强总理在政府工作报告中提出“互联网+行动计划”，全国上下正在谋划推动新一代信息技术与现代产业跨界融合，打造新引擎，培育和催生经济社会发展新动力，形成一批具有重大引领、支撑作用的新业态、新产业。农业是“互联网+行动计划”的核心领域之一。“互联网+农业”是充分利用移动互联网、大数据、云计算、物联网等新一代信息技术与农业的跨界融合，创新基于互联网平台的现代农业新产品、新模式与新业态。以“互联网+农业”驱动，极力打造“信息支撑、管理协同，产出高效、产品安全，资源节约、环境友好”的我国现代农业发展升级版。

改革开放以来，我国经济高速发展，为农业现代化积聚了丰厚的物质条件和技术基础。然而，千百年来一家一户的小农生产从业人员数仍然占我国农业人数80%以上，并在短时间内很难改变，这严重阻碍了我国现代农业发展。“互联网+”开创了大众参与的“众筹”模式，对于我国农业现代化影响深进。一方面，“互联网+”促进产业化分工、提高组织化程度、降低交易成本、优化资源配置、提高劳动生产率等，正成为打破小农经济制约我国农业农村现代化枷锁的利器；另一方面，“互联网+”通过便利化、实时化、感知化、物联化、智能化等手段，为农地确权、农技推广、农村金融、农村管理等提供精确、动态、科学的全方位信息服务，正成为现代农业跨越式发展的新引擎。“互联网+农业”是一种革命性的产业模式创新，必将开启我国小农经济千年未有之大变局。

(1)“互联网+”引领智能农业和农村信息服务大提升：智能农业实现农业生产全过程的信息感知、智能决策、自动控制和精准管理，农业生产要素的配置更加合理化、农业从业者的服务更有针对性、农业生产经营的管理更加科学化，是今后现代农业发展的重要特征和基本方向。“互联网+”集成智能农业技术体系与农村信息服务体系，引领智能农业和农村信息服务大提升。

(2)“互联网+”引领国内外两个市场与两种资源大统筹：“互联网+”基于开放数据、开放接口和开放平台，构建了一种“生态协同式”的产业创新，对于消除我国农产品市场流通所面临的国内外双重压力，统筹我国农产品国内外两大市场、两种资源，提高农业竞争力，提供了一整套创造性的解决方案。

(3)“互联网+”引领农业农村“六次产业”大融合：“互联网+”以农村一二三产业之间的融合渗透和交叉重组为路径，加速推动农业产业链延伸、农业多功能开发、农业门类范围拓展、农业发展方式转变，为打造城乡一二三产业融合的“六次产业”新业态，提供信息网络支撑环境。

(4)“互联网+”引领农业科技大众创业、万众创新的新局面：以“互联网+”为代表新一代信息技术为确保国家粮食安全、确保农民增收、突破资源环境瓶颈的农业科技发展提供新环境，使农业科技日益成为加快农业现代化的决定力量。基于“互联网+”的“生态协同式”农业科技推广服务平台，将农业科研人才、技术推广人员、新型农业经营主体等有机结合起来，引领“大众创业、万众创新”。

(5)“互联网+”引领城乡统筹和新农村建设大发展：“互

联网+”具有打破信息不对称、优化资源配置、降低公共服务成本等优势，“互联网+农业”能够低成本地把城市公共服务辐射到广大农村地区，能够提供跨城乡区域的创新服务，为实现文化、教育、卫生等公共稀缺资源的城乡均等化构筑新平台。

第二节 “互联网+现代农业”行动计划总体方案

2015年7月4日，国务院发布《国务院关于积极推进“互联网+”行动的指导意见》（以下简称指导意见），提出了“互联网+”行动的发展目标及其保障支撑，并列出了十一个重点发展领域，现代农业位列其中。对于“互联网+”现代农业，指导意见提出“构建新型农业生产经营体系、发展精准化生产方式、提升网络化服务水平、完善农副产品质量安全追溯体系”4种结合方式以及发展目标。

一、物联网与现代农业

物联网是通信技术和互联网结合的产物，是二者结合的延伸，物联网利用智能感知装置对客观世界事物进行智能感知与识别，并将识别的结果，利用网络技术进行传输和连接，输送到终端设备上，在终端设备中通过智能的系统进行计算、加工、处理和智能挖掘，进而实现了人、物之间的智能连接和信息互动，实现了对客观物理世界实时监测、精确控制、智能管理和决策。物联网充分整合了计算机相关技术、网络通讯技术、智能软件技术、传感网络技术、无线通信技术等，对来源于客观物理世界的各种信息资源进行有效的获取、开发和利用，达到对信息世界的智能处理的目的，进而提高了某特定领域的发展质量，推动信息社会快效、有效地发展。农业物联网的主要架构主要有智能感知层、网络传输层、应用处理层构成，物联网的每个层次有效地协同与配合，完善实现了物与物之间的相连，并有效地为客观世界服务。

（一）农业物联网的生产模式

农业物联网是指在大棚控制系统中，运用物联网系统的温度传感器、湿度传感器、pH 值传感器、光传感器、CO_2 传感器等设备，检测环境中的温度、相对湿度、pH 值、光照强度、土壤养分、CO_2 浓度等物理量参数，通过各种仪器仪表实时显示或作为自动控制的参变量参与到自动控制中，保证农作物有一个良好的、适宜的生长环境。远程控制的实现使技术人员在办公室就能对多个大棚的环境进行监测控制。采用无线网络来测量获得作物生长的最佳条件，可以为温室精准调控提供科学依据，达到增产、改善品质、调节生长周期、提高经济效益的目的。农业物联网的生产模式主要有以下 3 个系统。

1. 农业专业智能系统

以开发利用智能专家系统为先导，对气候、土壤、水质等环境数据的分析研究，系统规划园区分布、合理选配农产品种，科学指导生态轮作。

2. 农业生产物联控制系统

基于物联网技术，通过各种无线传感器实时采集农业生产现场的光照、温度、湿度等参数及农产品的生长状况等信息，远程监控生产环境。将采集的参数和信息进行数字化转化后，实时传输网络平台进行汇总整合，利用农业专家智能系统按照农产品生长的各项指标要求，进行定时、定量、定位云计算处理，及时精确地遥控指定农业设备自动开启或者关闭，如远程控制节水浇灌、节能增氧等，实现智能化、自动化的农业生产过程。

3. 有机农产品安全溯源系统

通过在生产环节给农产品本身或货运包装中加装 RFID 电子标签，并在运输、仓储、销售等环节不断更新信息，从而搭建有机农产品安全溯源系统。有机农产品安全溯源系统加强了农业生产、加工、运输到销售等全流程数据共享与透明管理，实现农产品全流程可追溯，提高了农业生产的管理效率，促进了农产品的品牌建设，提升了农产品的附加值。

（二）农业物联网主要存在的问题

1. 资金制约严重

发展智慧农业需要投入巨额的资金，目前我国还没有把物联网技术的应用量化放在经济指标上。由于农业物联网相关监控设备和技术研发时间比较长，投入成本较高，短期内难以获得预期经济效益。农业物联网总体应用水平不高、效益低、以小农户分散经营为主的情况下，很多物联网设备因价格偏高很难大面积推广，限制了智慧农业的发展。

2. 关键设备与核心技术设备不足

我国农业物联网技术研发应用还处于初级阶段，农用传感器种类不到世界 10%，关键产品设备及集成体系成熟度较低。在农业信息传感方面，缺乏国产的、价格低的、运行稳定的传感器。比如，作物生理这方面的传感器就比较少。这种传感器可以查看植物内的径流量，即看出水分和养分传输规律，检测叶绿素含量。但缺少这一关键性技术产品，影响了对养分变化的了解、营养缺失情况的判断，以及化肥农药的科学使用。在农业信息采集方面，用于农业生态环境和动植物生长监测的传感设备种类不全，功能不完善，精确度和灵敏度不高，体积大小不合适。在农业自动化控制方面，远程调控设备自动化程度还不高。在农业智能化决策支持方面，数字化模型，智能专家系统大都没有建立完整，且缺乏统一的标准，使计算机分析缺乏参照。

3. 农业物联网人才缺少

我国智慧农业发展需要大批农业物联网人才，目前我国从事物联网技术研发的人才严重不足。农业物联网复合型人才的短缺影响也很大。传统农业和计算机专业分属不同领域，现有农学专家懂计算机技术的人不多，而物联网技术人员对农业领域不熟悉，这样的人才培养模式在农业物联网技术应用的结合点上存在

较大矛盾。

4. 顶层设计缺失

当前农业物联网的发展战略定位仍较模糊，其应用主要是示范工程，过多停留在试验和演示阶段，很少能形成产业应用项目。统筹规划缺位导致部门之间、地区之间、行业之间的分割情况较为普遍，资源共享不足。部分地区的农业物联网应用基本呈各自为战、散兵游勇的状态。在产业发展、重点领域、平台建设等方面缺乏顶层设计，信息孤岛和低水平重复投入问题比较普遍。

（三）我国农业物联网发展策略

1. 加大农业信息化的贴补制度

加快推动将农业物联网相关产品和装备纳入农机购置补贴目录，以此鼓励电信运营商、IT涉农企业、科研院校等社会力量的积极性，逐步形成政府引导下的投资主体多元化、运行维护市场化，合力推进农业物联网发展。

2. 推进农业无线传感网络技术及产品应用研究

提升农业物联网的自主创新能力，大力推进无线传感器网络农业应用研究，着力突破适于农业动态多变环境使用的网络信息传输多跳自组织、信息可靠传输、微功耗与节能设计等关键技术，节点模块与自主软件产品开发，发展基于3G和TD-LTE软件的无线宽带互联与农用移动智能终端产品开发，大力推进国产化产品示范推广应用，培育我国新兴产业发展。

3. 物联网发展应用应突出重点

物联网发展从基础好、规模化程度高的行业入手并应在水土资源开发利用、生产过程精细管理、农产品与食品安全监控系统等领域优先发展。围绕实现“高产、优质、高效、生态、安全”的现代农业要求，着力突破一批适用于农田土壤、水质关键理化参数、病虫草害、高危细菌与动物病毒、农产品品质安全监控的快速、低成本、环境适应性强和利于广域空间部署的先进传感器与产业化技术。着力构建以产学研技术联盟为主题，大力培育适于纳入网络信息传输的农用传感器集成节点，仪器仪表和过程控制装备新技术产品，引领具有我国自主产权的相关产业技术与应用服务市场发展。

4. 完善农业生产相关模型及物联网应用服务模式

着力突破建立完善农业生产过程中相关适用的各种模型，包括各种作物生长模型、估产模型、病虫害预警模型、气候灾害预警模型等，加快农业应用云计算服务平台研究；着力研究农业物联网应用服务模式，构建从农业数据中心到手持移动终端设备的数据交换宽带，支持农村“三网融合”和农业与农村智能信息服务产业发展。

5. 强化顶层设计，加强标准研究

加强农业物联网技术标准研究，做好产业构建、演进路线和技术体系等顶层设计，为农业物联网技术产品系统集成、批量生产、大规模应用提供技术支撑并掌握农业物联网技术标准制定的主动权与话语权。组建智慧农业专家团队，参与智慧农业规划编制、标准研究、技术指导工作。

6. 加强队伍建设，强化技术支撑

加快建立智慧农业建设人才的培养机制、激励机制和竞争机制。加强与高等院校、科研院所、物联网企业和运营商的合作与交流，积极开展农业物联网技术研究与开发，为智慧农业建设提供技术支撑。

农业物联网技术的推广应用，也是农业现代化水平的一个重要标志。在未来的农业生产中，农业物联网系统的应用将更加广泛，农民看到了运用先进技术带来的效益，将主动选择适合自己农业生产的智能化系统，以提高农产品产量，增加收益。数据处理系统更加精准化、智能化。在未来的农业数据处理中，随着云计算技术的不断成熟，农业数据更加精准、安全、智能。农业数据处理系统会主动分析出最适合当地种植的品种及各种品种的优

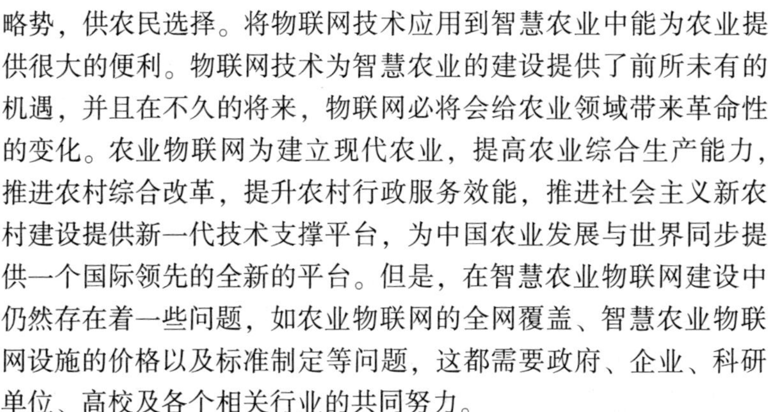
略势，供农民选择。将物联网技术应用到智慧农业中能为农业提供很大的便利。物联网技术为智慧农业的建设提供了前所未有的机遇，并且在不久的将来，物联网必将会给农业领域带来革命性的变化。农业物联网为建立现代农业，提高农业综合生产能力，推进农村综合改革，提升农村行政服务效能，推进社会主义新农村建设提供新一代技术支撑平台，为中国农业发展与世界同步提供一个国际领先的全新的平台。但是，在智慧农业物联网建设中仍然存在着一些问题，如农业物联网的全网覆盖、智慧农业物联网设施的价格以及标准制定等问题，这都需要政府、企业、科研单位、高校及各个相关行业的共同努力。

二、云计算与现代农业

云计算技术是为了满足不同用户对大数据处理的趋势而出现的，是分布式、并行计算、网格技术、虚拟技术、网络存储以及Internet 等计算机技术有效地整合为云计算技术，云是目前比较新的 IT 资源提供模式，是大数据处理的基础。云计算为我们提供了一种新的大数据存储机制，是一种通过网络技术作为一个虚拟的资源池对数据进行存储。用户可以透明、自由地获取和使用数据资源。

农业是产生大数据的无尽源泉，也是大数据应用的广阔天地。农业数据涵盖面广、数据源复杂。关于农业大数据，顾名思义，就是运用大数据理念、技术和方法，解决农业或涉农领域数据的采集、存储、计算与应用等一系列问题，是大数据理论和技术在农业上的应用和实践。农业大数据是大数据理论和技术的专业化应用，除了具备大数据的公共属性，必然具有农业数据自身的特点。

通常所讲到的农业，实际上应涵盖农村、农业和农民三个层面，具有涵盖区域广、涉及领域和内容宽泛、影响因素众多、数据采集复杂、决策管理困难等特点。狭义的农业生产是指种植业，包括生产粮食作物、经济作物、饲料作物和绿肥等农作物的生产活动等，不仅仅涉及到耕地、播种、施肥、杀虫、收割、存储、育种等作物生产的全过程各环节，而且还涉及跨行业、跨专业、跨业务的数据分析与挖掘，以及结果的展示与应用，乃至整个产业链的资源、环境、过程、安全等监控与决策管理等。广义的农业生产是指包括种植业、林业、畜牧业、渔业和副业五种产业形式，均应该包含在农业大数据研究的范畴中。

随着精准农业、智慧农业、物联网和云计算的快速发展要求，农业数据也呈现出爆炸式的增加，所以特别需要云计算技术对海量数据进行存储，这样通过“云”整合不同地域、不同部门的农业信息资源，并将其进行共享。对于使用者来说，云存储器好比是一个巨型网络服务器，它可以为用户提供海量数据服务。云网关是农业物联网云模式的枢纽及核心，由数据收集技术和云服务模式的结合构成了云网关技术，即规模较大的无线传感器网络设备连接云计算平台，可以管理终端的无线传感器网络，实现收集、存储和传输传感器设备所获取的数据，并为终端云平台提供云网关访问接口，将终端设备联合成一个整体形成物联网。

（一）农业云计算的主要应用

基于目前农业信息技术主要应用领域和产生数据的主要来源分析，云计算的主要应用领域包括以下几个方面。

（1）生产过程管理数据：设施种植业、设施养殖业（畜禽和水产等）、精准农业等。提高整个生过程的精准化监测、智能化决策、科学化管理和调控，是农业信息化的紧迫任务。

（2）农业资源管理数据：土地资源、水资源、农业生物资源、生产资料等。我国农业资源紧缺、生态环境与生物多样性退化，要在摸清家底的基础上，进一步优化配置、合理开发，实现农业高产优质、节能高效的可持续发展。

（3）农业生态环境管理数据：土壤、大气、水质、气象、污染、灾害等。需要进行全面监测、精准管理。

（4）农产品与食品安全管理大数据：产地环境、产业链管理、产前产中产后、储藏加工、市场流通领域、物流、供应链与溯源系统等。

（5）农业装备与设施监控大数据：设备和实施工况监控、远程诊断、服务调度等。在上述应用中，关键是农业环境与资源、农业生产过程、农业产品安全、农业市场和消费的监测和预测等。

（6）各种科研活动产生的大数据，如大量的遥感数据，包括空间与地面数据；大量的生物实验数据，如基因图谱、大规模测序、农业基因组数据、大分子与药物设计等。

（二）农业云计算的主要任务

基于大数据的理论和技术，不断推进农业大数据技术的创新与应用实践，结合国家农业现代化和农业信息化发展战略，突破农业大数据的一些关键技术，谋划和凝练一批农业大数据的示范和应用项目，将大数据提升到与物联网和云计算同等重要的地位，抢占大数据这一新时代信息化技术制高点，推进智慧农业不断发展。

在市场经济条件下，农业的分散经营和生产模式，使得在参与市场竞争中对信息的依赖性比任何时候都更加重要：信息和服务的滞后性，往往对整个产业链产生巨大的负面影响。由于市场经济的特点，农业生产很难在全国范围内形成统一规划，致使农业生产受市场波动影响颇大，而且农业生产很多方面是依靠感觉和经验，缺少量化的数据支撑。大数据时代，不仅可以通过建立综合的数据平台，调控农业生产，还可以记录分析农业种养过程、流通过程中的动态变化，通过分析数据，制定一系列调控和管理措施，使农业高效有序发展。

（三）优化整合农业云计算数据资源

我国农业信息技术在经历了多年的发展，研发了涵盖多层面、多领域的农业信息化系统，构建了很多不同级别、面向不同领域的数据资源，形成了庞大的信息资源财富。我国大量的涉农网站，汇集了很多信息资源。但由于体制和利益等原因，这些数据相互之间缺乏统一标准和规范，在功能上不能关联互补、信息不能共享互换、信息与业务流程和应用相互脱节，形成了所谓的信息孤岛。数据缺乏标准、难以共享，必然导致低水平重复建设、数据利用率低、信息资源凌乱分散和大量冗余等。基于云计算构架和大数据技术，整合数据资源、规范数据标准、统一标识和规范协议等，实现计算资源虚拟化建设，是消除数据鸿沟、发展农业大数据资源的关键所在，否则就构不成大数据，就会成为无水之源、无本之木，造成巧妇难为无米之炊的困境。通过构造虚拟化技术平台，实现 IT 资源的逻辑抽象和统一表示，将在大规模数据中心管理和解决方案交付方面发挥巨大的作用，是支撑云存储和云计算系统的基石。

农业物联网中的云网关是整个无线传感器网络的枢纽和核心，起着承上启下的连接作用，负责连接着无线传感器设备，并对有农业环境监测、土壤环境信息等传感器网络进行有效管理；实现对农业传感器设备实时采集数据、及时获得数据、智能处理以及有效的传输；扮演着底层传感器协议与高层 Internet 协议的转换的角色。物联网中的获取层和云模式网关平台进行连接，在云平台层需要对云网关进行虚拟化，提供给云平台访问接口可以让用户透明地对 IAAS 服务进行访问，底层利用 IE 浏览器等客户端对无线传感器网络和云网关管理及农业数据有效地采集。

三、互联网+现代农业的具体政策措施

“互联网+现代农业”是一项社会化、系统化工程，必须在政府的主导下，通过加强基础设施建设，发挥好市场带动作用，培育“互联网+现代农业”示范典型，加大“互联网+”人才培训等举措，加快发展。

（一）政府主导，加大投入，夯实基础

“互联网+”在农业上的应用还只是起步，政府要把“互联网+农业”作为现代农业发展的一项重点工程来抓。首先，要在政策上和资金投向上，加强农村网络基础设施建设，对农村农民专业合作社、家庭农场及农业产业化企业的互联互通予以资金扶持；加大财政支持力度，通过设立农业物联网、农业电子商务等农业信息化建设专项经费，向新型农业经营主体倾斜。其次，强化政府职能，加强涉农部门与电信部门的协调合作，通过整合资源、多方融资，集中建设、统一兼容、资源共享，搭建高效适用的网络中枢平台，实现电信网、有线电视网和互联网“三网融合”，提高农业信息化水平。第三，建议政府还要加大招商引资力度，把国内乃至国际有名的互联网企业吸引到太湖县投资兴业，加快“互联网+现代农业”发展进程。

（二）市场引导，典型带动，全面推进

在现有的农业物联网用户及农电商平台的基础上，选取基础条件好，应用效果突出的生产企业、合作社和家庭农场，进行试点示范，积极探索“互联网+农业”运用模式。当前，在县农业物流网应用企业中，发挥市场导向作用，围绕主导产业各选择1～2家进行重点扶持；对农电商要加快规划和建设县级农产品电子商务工业园（城），重点扶持特色农电商商家，发展冷链物流。通过把典型做大做强，总结经验，以点带面，再扶持一批，发展一批，在示范典型的带动作用下，推进全县发展。

（三）基地建设，提升品质，加快发展

农业现代化发展的终极目标是生产更多更好的优质农产品，以满足日益增长的社会需求，使消费者购买到优质、安全的农产品，让生产者过上富足美好的幸福生活。农产品标准化生产与基地建设是“互联网+现代农业”的基础，至关重要。为加强这方面建设，政府对基地建设的支持故然重要，农业部门更需加大对

生产质量的安全监管。这就要求加大对农业技术推广部门“互联网+农技服务”的建设力度，提高其服务能力。要在现有建设的农产品质量安全信息平台的基础上，充分把握住大好机遇，加快建设农产品质量检验监测管理系统，积极引导更多农产品生产单位入注产品质量追逆网络平台，创建县级“优质农产品品牌监管服务平台”“农产品标准化管理服务平台”等信息化服务平台，积极引导全县农业生产单位加强行业自律，构建一个安全、高效、开放、诚信的农业电商大环境。通过加强监管和产品质量安全检测，树立进入电商流通的农产品良好形象。

（四）人才培育，科技支撑，和谐发展

人才是决定现代农业走多远、走多好的关键所在，“互联网+”是一项新科技，更是一项科技集成与融合。目前，制约“互联网+”发展的一大因素，就是缺乏精尖人才。人才的培育，一要政府支持，各级政府和部门都要重视对“互联网+”人才培育工作，农业部门要利用一切培训机会，为“互联网+”人才培养提供条件，在现有“新型职业农民培育”项目实施中，增扩这方面的知识和内容，使培育的现代职业农民成为带头应用“互联网+”的新时代农民。二要营造人才培育的良好环境。加大“互联网+”教育的宣传，重视典型示范的宣传，营造良好的舆论环境；加大“互联网+”人才培育的扶持，政府出台培育“互联网+”人才扶持政策，鼓励支持“互联网+”人才就业和事业发展。当前重点是培育一批生产单位急需的物联网和电商技术人才，保证网建起能用，用后产生效益。

（五）宣贯政策，搭建平台，创新服务

2015 年，继中央一号文件后，国务院又出台了《国务院办公厅关于加快转变农业发展方式的意见》（国办发〔2015〕59 号），明确了把转变农业发展方式作为当前和今后一个时期加快推进农业现代化的根本途径，其中提出了“互联网+”融合现代农业的

发展目标和途径。农业部就贯彻文件制定了《关于扎实做好2015年农业农村经济工作的意见》，把加快农业信息化步伐，发展农业物联网，农产品电子商务纳入重点工作内容。此外，农业部还就加快推进现代植物保护体系建设和推进农业科技服务云平台建设下发文件，制订方案。各省（自治区、直辖市）也出台了相应文件，提出了具体方案举措。国家有政策，部（省）有方案，关键是地方贯彻落实与具体实施。各地党委政府主要领导要加强“互联网+”知识的学习，提高认识，加大宣传贯彻落实。各级农业部门要加快“互联网+”与农技推广工作的高度融合，当前重点是要贯彻落实农业部有关精神，整合农业部门信息网站资源，建设和完善“测土配方施肥专家系统”、“现代植物保护体系”和“农业科技服务云平台”，加强上下互联互通，为基层农业技术推广搭建快速通道，使先进的农业技术迅速转化为现实生产力。其次，建立基层农技人员利用“互联网+”的激励机制，鼓励农技指导员利用《农业科技网络书屋》《农业信息网》《新型职业农民网》等国家级信息网站，利用好“云平台”“大数据”，更新知识，提升能力，创新服务，为建成小康社会做出应有贡献。

第三节 未来农业发展的趋势与展望

展望未来，农业资源管理在我国经济社会发展中的作用将越来越重要，农业资源管理的研究领域将不断拓展，农业资源管理学科的发展前景广阔。

一、农业资源管理在我国经济社会发展中的作用将越来越重要

农业水土资源短缺问题需要通过强化资源管理来解决。我国人口占世界20%，仅拥有占世界5.18%的水资源和8.11%的耕

地。至2005年我国人均耕地面只及世界平均水平的40%左右。随着非农产业的快速发展，可用于农业的水土资源持续减少的局面难以扭转。在此情况下，要保障农业与农村经济可持续发展，就必须强化对农业资源的管理。我国一方面农业资源短缺，另一方面农业资源的利用效率又比较低。如我国氮肥当季有效利用率仅为30%～40%；渠灌区灌溉水有效利用率只有40%左右，井灌区也只有60%左右；农业副产物利用率不足30%，草原产畜量不足15个羊单位/公顷。强化农业资源管理，实现农业资源高效化利用，可以大大缓解我国农业资源短缺状况。

农业资源利用中的负效益需要通过强化资源管理来解决。人类的历史是开发和保护农业资源的过程。由于我们更多地重视开发，忽视保护，结果导致河流断流、地下水位过度下降、水土流失、土地荒漠化、土壤板结、面源污染、沙尘暴等问题的加剧，进而引发了生态安全和食物安全隐患，开发利用农业资源的负效益日益明显。农业资源管理的重要任务就是通过对农业资源开发利用的管理，在提升农业资源开发利用正效益的同时，降低甚至是克服负效益，保障农业与农村经济的可持续发展。

二、农业资源管理有可能发展成为教育部设置的独立的一级学科

目前农业资源管理已作为中国农业科学院的4个一级学科之一，而在教育部普通高等学校本科专业目录和授予博士硕士学位和培养研究生的学科专业目录中还未作为一级学科列入，只是作为相关学科的重要内容。但随着人们对农业资源管理工作的日益重视，农业资源管理学在不远的将来有可能发展成为管理学门类下独立的一级学科。其主要原因有：强化农业资源管理已成为人们的共识。随着我国农业、农村及整个国民经济发展中的资源约束问题的日益突出，强化农业资源管理已成为上至中央政府，下至平民百姓日益重视的话题。现有学科替代不了农业资源管理

学。在农学门类设立的农业资源利用学一级学科，其研究对象是自然资源利用问题，属于一门自然科学。在管理学门类设立的农林经济管理学一级学科，其研究的重点是农林资源的经济评价与政策管理，属于一门社会科学。在管理学门类中的公共管理学科中设立的土地资源管理学视土地为公共物品，从国民经济和社会发展整体视角，研究土地及其改良物的分配、利用及其相关权利的内在规律和系统效应，属于公共管理科学。

农业资源既包括自然资源，又包括社会资源；农业资源管理研究，既要研究农业资源的自然规律，又要研究农业资源的社会经济规律；既要研究农业资源自身的规律，又要对农业资源利用过程进行研究。所以，农业资源管理学是一个涵盖自然科学、经济学、管理学及社会学的综合性学科，它有别于属于自然科学的农业资源利用学，也有别于属于公共管理学的土地资源管理学，同时又别于属于社会科学的农业经济管理学。因为，农业资源管理学理应成为独立的一级学科。

三、农业资源管理的研究领域不断拓展

研究内容向其他领域与其他学科渗透。我国农业资源管理研究的内容已从过去偏重于水土、气候、生物等自然资源，向乡村文化、旅游资源、劳动力资源、农产品市场、农业科技、农业信息、农村信贷等多方面拓展，在发展现代农业、建设社会主义新农村过程中，乡村规划、产业布局和发展、农村能源、农村教育、农村养老和劳动力转移等问题也进入到农业资源管理研究的范畴，研究内容飞快地拓展。农业资源管理学科不是单一的理论和技术学科，而是集多种知识和技能为一体的综合性学科，涉及数学、物理、化学、地理、气象、水文、农业、生物、材料、机械、文化、宗教、经济、政策、法律等多方面的内容。开展农业资源管理研究就是要发挥集成创新的作用，使得有利因素的效益尽可能提高，将不利因素的危害尽可能减少，更好更快地实现农

业和农村发展的具体目标。

研究视野从国内向全球拓展。中国加入 WTO 以后，两个市场、两种资源已经成为发展经济必须的外在条件。我国水土资源较为贫乏，但是生物种质资源、科技资源、劳动力资源却比较富裕，如能够和水土资源较为丰富的国家和地区合作，也可为人类的基本生活所需作出贡献。近期主要是着眼非洲、拉美、东南亚国家，在帮助他们发展农业经济的同时，也为保障我国的食物安全和农业产业安全提供必要的保障。随着全球经济一体化程度的提高，解决我国农业资源问题，不仅要着眼于国内，还要面向全球。因此，研究视野必须向全球拓展。

四、农业资源管理研究更加需要高新技术的支撑

宏观研究对微观手段的依赖越来越大，加强宏观研究手段的装备已经成为国际趋势。据了解，发达国家对宏观科学的投入已经占 R&D（reseuarzh and development，研究与开发）投入的 5%～10%，主要是装备宏观研究的技术手段。当前我国农业和农村经济发展变化速度之快是人类历史上前所未有的，农业资源管理研究面临着最为艰巨的任务，已经进入到动态监测和实时监控阶段，先进的技术装备和研究手段已经成为深入研究的必备条件，3S 技术将广泛应用于农业资源管理研究领域，农业资源调查将更多地依赖于遥感技术和全球定位系统，农业资源管理决策也将更多地依赖于 3S 技术。

五、农业资源管理学科的发展前景广阔，急需强化研究团队建设

正如前面所述，农业资源管理在我国经济社会发展中的作用将越来越重要，农业资源管理学科具有广阔的发展前景。然而，目前我国农业资源管理学科研究力量还很薄弱，主要表现在：一是知识全面的农业资源管理研究者缺乏。目前农业资源管理研究者大多是由农学类、农经类和地学类专业人员转向而来的，受知

识背景所限，在农业资源管理研究中往往具有明显的偏向性。二是开拓型咨询专家不足。现代农业和新农村建设需要的农业资源管理咨询专家是在具体区域和具体项目中落实农业资源管理理念的综合性人才，这方面人才的缺乏对于具体的建设内容水平的提高影响非常明显。三是世界级大师缺少。研究视野比较局限，难以高屋建瓴设计项目，难以整合先进手段取得重大突破。为此，建议强化农业资源管理人才队伍建设。一是利用综合院校培养素质全面的本科学生，克服农业院校学生数理基础薄弱的问题，将农业院校的培养重点放在研究生教育上。二是建立阶段性充电制度，提高一般农业资源管理人员和咨询专家的业务水平，为具体建设把好脉。三是通过设立农业资源管理研究基金，高强度支持杰出人才，积极参加国际合作与国际交流，培养国际大师。

最后，物联网、云计算的推进及现代农业的高速发展，在未来的发展趋势中，物联网、云计算在农业生产中应用的关键技术将越来越成熟，这些技术将会更好的为农业生产环境监测服务，给农业生产重大的影响和技术的突破。应用在农业生产中的传感器设备越来越多，其传感器网络组建的规模也越来越大，其监测的智能化及低成本也在不断发展，云网关的作用更会显得尤为重要。随着物联网和云计算技术的不断发展，该模式还需要进一步的开发与完善，为智慧农业的发展发挥巨大的推动作用。

第十一章 “互联网+”现代农业案例——以北京市为例

第一节 “互联网+”农业技术转移与助农致富项目

一、项目实施背景及建设内容

基层农村的农民有两急：一急种不好（或养不好、或加工不了），二急种出的（养出的、或加工出的）农产品卖难，这种情形在农村普遍都有。究其农民心里两急原因，种不好（或养不好、或加工不了）的根本原因就是缺乏实用农业科学技术，涉及品种、各环节管理、防病防疫治病、设施、高效条件因素等，缺乏的多半原因主要有农民的需求信息零散外界不知、农民不知上哪找到对口的技术、若有技术又怕冒风险（怕技术失败造成赔钱）、手中资金不足、中介专业服务短缺、高端科技资源够不着落不到农民手中、农民本身文化素质理念局限等；卖难的原因就是销售处于被动地位，地位产生的原因主要是依靠就近市场销售量所限、依靠商贩上门收产品价格主要由商贩定、运往城里大型批发市场能有好价格但苦于没有摊位和运输工具、没有销售网络和固定销售渠道、若卖不了因没保鲜存储条件只能忍受贱卖、地处偏僻没有选择余地等。

农民心急的尚未解决的问题就是促进农业生产上新台阶的制约因素，为助推解决农民心急问题，通过调研京郊区县发现，农民从农资、农业生产技术应用到解决农民卖难的农业产业链全程对科技和解决卖难的专业科技服务有迫切需求，但存在基础设施不完善、资金不充足、科技信息不对称、服务渠道匮乏、服务不连续等问题，从农资、农业生产技术应用到解决农民卖难的农业产业链全程跟踪的科技服务是极为薄弱的。

针对上述问题，将互联网技术、理念思维和机制模式与现代农业技术转移、助农致富方式与内容有机融合，从农资、农业生产技术应用到解决农民卖难的农业产业链全程跟踪服务，实现互联网科技与农民区域生产紧密结合，帮助农户依靠科技增产又增收致富，促进区域农业产业的发展，实现科技引领区县经济发展，将会提升农村生产力发展水平。

二、建设内容

紧紧围绕农民种不好（或养不好、或加工不了）的技术问题和种出的（养出的、或加工出的）农产品卖难问题，通过搭建的“互联网+”农业技术转移与助农致富服务平台和建立的科技服务体系，将高端的科技资源（技术、成果和专家）通过基层服务网点进入农村乡镇农户，农户生产的绿色农产品又通过基层服务网点回收和手机（或电脑）所下的订单卖到消费者手中，农户通过现金、银行卡或微信支付收到所卖农产品的资金。

（1）筛选符合条件的农村专业合作社作为各区县乡镇、农村区域网下服务网点，将科技资源（技术、成果与专家）和专业服务及时、快捷、准确有针对性地通过专业合作社进乡落村入户，并依托各区域服务网点（农村专业合作社）的技术熟化与示范，通过宣传推广和技术培训，为广大乡镇的农户提供实用技术及其相关科普知识。

（2）搭建“互联网+”农业技术转移与助农致富服务平台（图11-1）：立足农业产业实际，通过“互联网+”，开展农业技术转移与助农致富信息化服务。

（3）建设“互联网+”农业技术转移与助农致富服务体系（图11-2）：集成应用信息技术建设互联网+农业技术转移与助农致富服务体系，实现农技与助农致富服务准入和评价管理、农

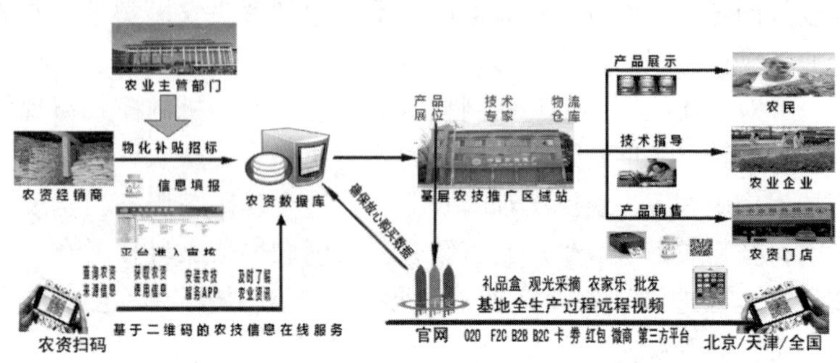

图 11－1　“互联网＋”农业技术转移与助农致富服务平台

资撮合、新技术新成果展示、农技服务和绿色生态农产品解决卖难服务等功能，推动农业产业全程服务体系规范化和信息化发展。解决农业技术转移主要问题及方式方法。

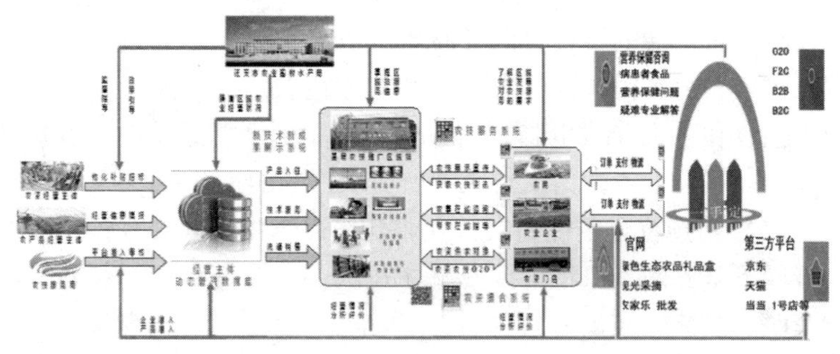

图 11－2　“互联网＋”农业技术转移与助农致富服务体系

北京技术交易促进中心在北京市科委的支持下，实施“信服通”示范工程，方法是从网下服务网点网站与首都农业技术转移平台（www. bjvillage. com）互联互通，平台采集网点网站需求信息，进行汇总筛选后，通过“互联网＋”农业技术转移平台（图 11－3）发布出去，同时专业的科技服务团队对基层科技需求展开全程跟踪服务，进行前期接洽对接，并依托各区域服务网点（农村专业合作社）的技术熟化与示范，以及通过结合基层农机推广站宣传推广、技术培训、田间地头学校等将实用技术及其相关科普知识传到农民手中。

图 11－3　农业技术转移服务平台

示范推广型农业科技转移模式打消农民对技术应用的疑虑。农民对新技术的接受能力和资金有很大局限性，以及在技术应用上是挣得起赔不起，抗风险能力脆弱，需要技术及其应用的风险要降为极低。技术成熟与否？技术应用效果实际如何？农村合作社就用技术应用示范做出答案，先投资示范，经过试养、试种或亲自技术熟化，合作社成为了种植或养殖技术的接受体，同时也承担了技术熟化和技术应用效果示范的功能。

若效果不好，技术风险损失仅局限在合作社的试验规模上；若效果好，合作社通过试验也基本上掌握了技术要领、应用各环节细节及其注意事项。耳听为虚，眼见为实，农户通过在示范点现场参观考察，甚至自己亲自参与，技术性能效果好坏、技术先进高低和技术风险大小来自亲身感受和体验，这“看得见摸的着”的示范回答，且试用过程的承担者是可以信任的知根知底的当地人，彻底打消了农民对技术应用的疑虑。

服务网点上接高端科技资源，下接基层农户，自身吸纳专业服务和科技创新，是信服通示范工程将科技资源进乡落村入户的中枢。

在农民应用新技术过程中，遇到的技术难题基本上绝大多数通过专业合作社的技术支持与服务就予以解决，只要少量的专业合作社的技术服务解决不了农户遇到的难题就通过专业合作社向专家咨询予以解决，这种方式极大地节省了科技专家的技术服务时间。

农业技术转移工作模式示意图如图 11 -4。

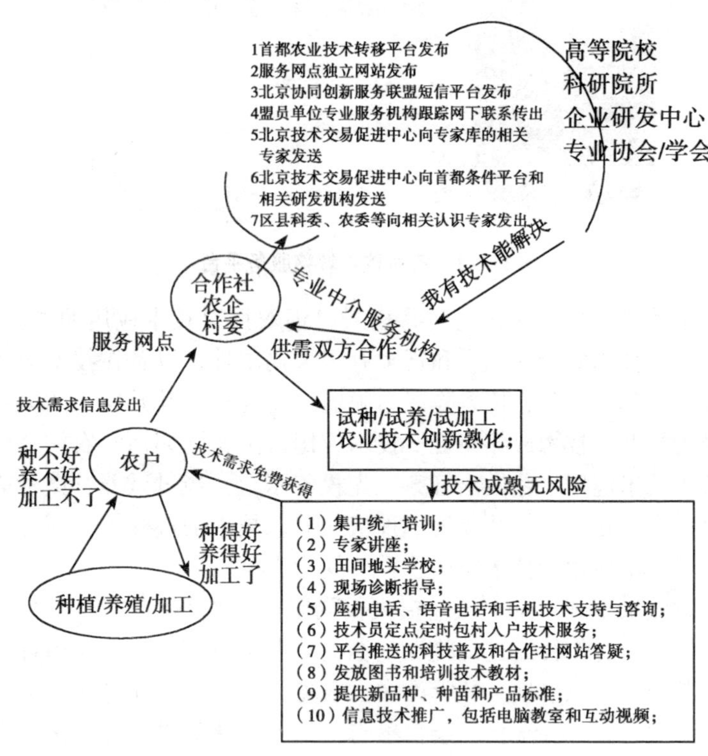

图 11 -4　农业技术转移工作模式图

具体互联网应用案例：

为了使北京得天独厚的科技资源惠及农村，北京市科委在探索新型农村科技服务体系做了一系列工作，北京技术交易促进中心自2008年起开展了“辐射区县的科技中介服务体系建设”工作，并分期实施了农业技术转移“信服通”工程，开展技术中介服务，在一定程度上缓解了农村科技服务“线断、网破、人散”的现象。随着农民专业合作社的逐步完善，农民不再是单兵作战，其对高端技术、信息、服务的需求也日益增多，迫切需要一个线上信息与线下服务有机对接的服务体系。

农业技术转移“信服通”工程通过组织筛选符合条件的农业技术转移机构，包括合作社、企业等，建设各区县、农业技术转移机构服务站点，将科技资源和专业服务及时、快捷、准确有针对性地进乡落村入户，为广大乡镇、农户提供科普知识、科技信息，促进科技资源和专业服务向京郊区县有效辐射。同时，利用中心现有的资源，组织北京协同创新服务联盟的成员，针对需求提供有效的对接服务，切实带动农业机构的发展。但是服务站点的推广、服务体系的有效运营、站点服务资源和服务需求的细化整合等工作仍需进一步探索。

涉农科技成果转化程度和效率是衡量一个国家或地区科技创新能力的重要标志，也是保障国家稳定发展和促进经济增长的决定性因素。我国“三农”的发展长期滞后，因此农业技术成果转移转化事业的完善与创新迫在眉睫、刻不容缓、革故鼎新、功在千秋。“信服通”农技转移辐射区县服务体系建设，是一次整合资源、完善高效实用型农技转移机制的积极探索，是一次着力基层、贯彻“科技兴农”基本国策的有益尝试，是一次缩差共富、促进中国区县科技型经济快速发展的模式创新。

农业技术转移“信服通”工程项目基层服务站点建设工作分别在大兴、房山、怀柔、密云、门头沟、顺义、通州、昌平、延庆、平谷展开，已经共建农村基层服务站点209家，其中农村专业合作社95家、涉农企业63家、服务中心与种（养）中心11

家、农村委员会21家、经济合作组织11家和苗圃2家。基层服务站点行业特点明显，涉及种植、养殖、林果和加工行业，是农业乡镇、村、农户的生存发展之本行业的缩影体现。通过挖掘技术需求总计开展服务项目189项，联系对接专家199人次，接洽高端科技资源单位122次，辐射服务农户69 609家，创造产值18亿元以上，促进了科技要素加速向农业和农村集聚，增强了科技对京郊农村产业发展的支撑能力，是体现保供给、增收惠民生、强基增后劲的一个举措。

农业技术转移“信服通”体系的建设，让农业技术转移中的每个环节落到了实处，它不单信息供给而且是专业服务到位，基层服务站点是农技转移的中枢，上接高端科技资源，下连基层农户，全程结着专业服务，中介服务机构是农技转移的推进器，技术转移服务队伍是农技转移的催化剂。基层服务站点、中介服务机构和技术转移服务队伍真正发挥了作用，突破了高端科技资源到农户手中应用的瓶颈。通过农业技术转移“信服通”体系，能够将服务体系延伸至农户一级，以有带动性的服务网点为节点，将服务资源的导入和服务需求的挖掘直接面向农户，是对辐射区县的科技服务体系的完善和深化，也是对中心面向区县农业技术转移领域的业务拓展和资源整合。同时，为区县科委及相关科技管理部门提供了整合区域内资源和促进科技服务的有效途径，也是农业机构对外宣传和面向农户进行科技传播的有效窗口，能够充分调动区县管理部门、农业机构、农户、中介服务机构的积极性，符合国家的重点发展方向。

三、实施过程中所做的具体工作

（一）主要工作内容

1. 建设农业技术转移“信服通”服务站点，完善科技服务体系

北京拥有得天独厚的农业科技优势，但与建设现代农业的新

要求相比，仍存在很多不足，如创新成果供给不足，农业科技总体水平不高；农业技术转移服务不足，专业化和社会化服务组织相对滞后，农业发展科技信息不对称、服务渠道不畅通等。北京京郊区县对科技资源和专业服务有迫切需求，但是苦于种植缺技术、销售缺渠道、市场缺信息、发展缺思路。针对上述问题，在北京市科委的指导和支持下，北京技术交易促进中心实施了农业技术转移“信服通”工程。通过筛选符合条件的京郊区县乡镇、农村，建设各区县乡镇、基层农业合作组织服务站点，为各基层服务站点建立专用的网络信息平台，并与农业技术转移服务总平台有效衔接，形成上下互动、彼此互通的农业技术转移服务信息网络。一方面成为各合作组织展示自身特色产品、特色技术的宣传平台，另一方面提供技术信息、科普知识等线上服务和专业化、个性化的线下服务，将科技信息和专业服务及时、快捷、准确有针对性地进乡落村入户，促进科技资源和专业服务向京郊有效辐射，实现科技引领区县经济发展。

农业技术转移“信服通”工程以网络信息化为手段，以农业技术转移服务为核心，以专业合作社服务站点为抓手，公益性服务和经营性服务、专向服务和综合服务有机结合，上接高端科技资源，下连基层农户，使基层服务站点、中介服务机构和技术转移服务队伍真正发挥作用，突破了高端科技资源到农户手中应用的瓶颈，改造传统小农经济模式，把先进适用的农业技术成果直接送到“田间地头”，有效解决农业增效慢、农民增收难这一难题，促进了合作组织的产品销路及服务拓展，得到了农户、区县科委和中介服务机构的一致好评。

2. 加强服务站点管理，搞活内部资源，促进体系运营效果

为了加强对服务站点的管理，中心采用了强化平台运营、扩大对外宣传、整合内部资源、加强线下交流等方式，充分整合和调动“信服通”服务体系的内部资源，促进农业技术转移服务体系的运营效果。

（1）强化平台运营：中心委托重庆孚威科技有限公司，进行全天8小时在线技术支持；定期督促协助服务站点进行平台更新管理；每季度对各站点平台运营数据（包括点击量、搜索量、关键词排名等）进行统计，提交“信服通”运营情况报告等。

（2）扩大对外宣传：为了进一步提升“信服通”工程的举措、动向、服务等有关报道的知名度，重庆孚威科技有限公司先后创建了“信服通”官方新浪博客、天涯博客、新浪微博以及腾讯微博，综合利用多种宣传媒介进行“信服通”的整体推广，并针对性地对服务体系内站点进行了分期分批推荐与介绍。制作“信服通”宣传电子杂志等，综合利用多种时下流行的宣传媒介进行“信服通”的整体推广，开通微信公众号与服务号，针对性的对体系内站点进行了分期分批推荐与介绍。

（3）整合内部资源：“信服通”工程现有服务站点221家，辐射10个区县，涉及种植、养殖、深加工、观光、农业机械等多个领域，可以说汇集了丰富的资源。为了更好地利用优势资源，在原有分农产品资源库、农产品精品库等基础上，又陆续建立了特色技术库、专家资源库、供需信息库、服务案例库等。

（4）加强线下交流：在平台、交流群等提供线上交流的同时，组织从事相同、相似、相关领域，服务的站点开展线下交流活动，互相借鉴经验、交流得失、加强合作，为服务体系内部资源的互补搭建了平台，创造了机会。如组织西瓜种植的服务站点赴大兴区老宋瓜王合作社交流考察，组织食用菌种植、深加工的企业开展交流等。

3. 进一步突出农业技术转移特色，继续完善信息服务平台

农业技术转移服务平台（www. bjvillage. com）作为“信服通”工程的门户，肩负着“统摄全局、上下呼应、资源共享”的任务。平台本身是一个集技术交易、信息发布、咨询与资讯为一体的综合性平台，它通过对北京市区县农业企业、合作社、村镇等的技术、产品、成功案例、特色服务等的宣传，在做好这些工

作的同时，还增加了平台外向型宣传，积极与外部平台开展对接合作工作，与湖北省129885农业科技平台、京东商城农品板块建立宣传渠道共享合作，来扩大原有的默默无闻的农企、合作社等的知名度，帮助他们走向强大、走向知名。

因此，平台的知名度、点击率和好评率对宣传效果起着决定性的作用。为了进一步扩大平台的知名度和点击率，平台（五期）主要完成了以下工作内容。

（1）优化程序：根据国内搜索网站的搜索机制，优化了平台程序，提高了平台在搜索网站的命中率，极大地提高了平台的点击率。通过“信服通”和“农业技术转移”关键词在国内主流搜索引擎中搜索均名列前茅。

（2）主动进行网页宣传：为了进一步提高平台的知名度，信服通服务团队主动对平台进行了黄页宣传，以便让更多的网络用户了解平台服务与内容，从而登录平台查找所需服务与信息。平台（五期）的点击率相对于前三期有了一个飞跃。在保持三期高点击率的同时，平台（五期）的月平均点击率达到了70 000次/月以上，比前期月平均点击率50 000次/月有较大的提升，这对于提高区县农企网站的点击率将产生重大影响。

（3）主动进行微信宣传：作为近年来兴起的自媒体宣传，总平台推出了“信服通农业推广”微信公众服务平台，目前微信公众平台关注人数500多人，还在进一步扩大中，公众平台向公众提供农业知识、农业动态、站点企业、站点产品等的宣传。

（4）继续线上线下相结合，推进技术转移服务：依托农业技术转移服务平台供需信息发布栏目、技术转移中介在线服务等实现线上的技术转移供需信息采集与发布、技术转移中介服务申请以及信息反馈，依托北京协同创新服务联盟服务团队实现线下的一对一专业服务，多途径、快速地响应企业需求，全程跟踪开展技术转移服务。

（5）对区域农业进行宣传：北京市制定了区域农业发展战

略，不同区县结合自身的地理条件发展不同特色的农业经济。农业技术转移服务平台为区县设置了单独的栏目和页面，集中凸显区域农业特色。第五期信服通建设中，农业技术转移服务平台又开辟了2个新的区县页面，覆盖了北京市所有远郊区县。

（6）加强企业宣传与服务：农业技术转移服务平台采取多种途径对企业/合作社进行了宣传和服务，以满足不同发展阶段的企业需求。农业技术转移服务平台上对企业及其产品、技术等进行单独的宣传与推广，并提供订购、留言等服务，方便消费者与其联系。

据统计，经过几年的运营，平台目前平均点击率达到50 000次/月以上，具有了一定的知名度，拥有了一批较为固定的用户。并利用博客、微博、微信等新兴的宣传手段，对“信服通”品牌进行推广；制作“信服通”电子杂志供服务站点参考阅读。

4. 扩大企业推广服务

“信服通”工程已经具有一定的知名度，也拥有了一批站点企业，深化企业服务成为今后的重要工作。

本期信服通建设中，利用农业企业推广服务系统，以强大的国内外技术与项目数据库为基础，采用搜索引擎等功能，以信息互动式查询、开放式发布、定向投放等方式，在延续对前四期100多家农产品网上推广的同时，为新增12家企业提供企业和产品信息黄页、短信、邮件推广信息，在400家黄页网站上发布推广信息，向企业库中的企业定向发送短信和邮件的产品推广信息，累计发送10 000多条黄页信息、500多条短信和3 000多封推广邮件。

5. 开展培训，培育科技服务队伍，提升科技意识和水平

中心开展了技术转移培训、政策宣讲、经验交流、种养殖技术培训等各种活动，同时通过专题培训、现场指导、长期合作等多种方式，使专家与服务站点的科技进步和企业发展建立密切联系，切实提升了服务站点的科技意识和科技水平，提升了服务站

点的辐射带动农户发展的能力。

中心委托重庆孚威科技有限公司进行服务站点信息员集中培训，采用现场教学配合详细培训教材模式，包括知识点讲解、案例演示、上机实训、课堂练习、一对一辅导等，共计开展培训2次，培训人员近50人，培训时间20时/人。

同时对于专家培训提供技术支撑服务，中心在方法上也进行了新的探索，按专业采取跨区连片专家常态化技术服务的方式来加以解决。如在昌平区，服务网点涉及樱桃的种植户有100多家，中心组织服务团队联系了北京市农林科学研究院果树研究所所长张开春研究员，所有跨区连片的樱桃种植户均与专家签订技术服务协议，约定服务内容、服务方式、专家费用分担等具体条款，每个协议3～5年期限，达到专家常态化技术服务，有专家常态化支撑，解决农民的技术后顾之忧，并及时采用到专家的新技术成果。

例如，延庆县蔬菜病虫害防治及其新品种推介共性技术需求解决，北京王木营蔬菜种植专业合作社与北京农林科学院石宝才、黄金宝、张宝海三位研究员签订了“连片专家常态化技术服务”协议书，对60多家蔬菜种植大户进行蔬菜病、虫害防治与蔬菜新品种种植技术提供专业服务，服务形式为技术培训、技术咨询、入户技术传授等。

在农业技术转移信服通工程服务体系中，服务站点是农业科技推广的重要节点和有效抓手，对服务站点作为农业技术转移服务机构的培育，能够促使农业合作社、科技中介服务机构与区县龙头企业在促进农业科技推广、推动区县重点产业发展等方面发挥更大的作用，推动各区县重点产业向规模化、效益化方向发展。

交易中心一直致力于加强对服务站点的培训，并在有条件的服务网点进行了示范。如在北京泰丰肉鸽养殖专业合作社建立了技术培训室、技术服务室和观摩室。在北京王木营蔬菜种植专业合作社蔬菜大棚附件建立了技术培训室，并装备了投影设备。这种举措符合“培育和支持新型农业社会化服务组织”，“扶持农民专业合作社等社会力量广泛参与农业产前、产中、产后服务”的要求，这样在农民应用新技术过程中，遇到的技术难题绝大多数通过专业合作社的技术支持与服务就能解决，只要少量专业合作社技术服务解决不了的难题通过专业合作社向专家咨询予以解决，这种方式极大地节省了科技专家的技术服务时间。

6. 针对重点企业服务需求，开展对接服务，促成技术转移合作

在深入调研的基础上，北京技术交易促进中心组织专家和服务团队深入挖掘服务需求 46 余项，依托北京协同创新服务联盟团队，开展服务项目 25 项，并对前期开展的项目进行了跟踪服务，推动项目进展，促进了农业技术的转化推广，提升了区县农业企业、合作社的技术水平，取得了良好的经济效益和社会效益。

总体上，农户需求分成共性与个性需求两部分，为了更好地对每部分需求展开对接中介服务，在服务手段上进行了创新探索。

一是共性技术需求解决以专家团队服务为主，个体专家入户为辅的手段。

以京郊单独的区县为一个服务范围单元，对每个区县的所属服务网点的共性技术需求进行归纳分类，由中介服务团队联系所需专业的专家组成服务团队，结合涉及共性技术需求的基层网点和农户的时间，组织专家团队进行集中技术培训服务，并现场答疑解惑为主。对于要求专家入户技术服务的农户，由农户邀请技术专家入户服务为辅，按专业采取跨区连片专家常态化技术服务方式解决，取得初步成效。

例如昌平区樱桃种植技术和延庆县蔬菜病虫害防治及其新品种推介共性技术需求，均采用“连片专家常态化技术服务”

方式。

二是个性技术需求。

对于不同区县的个性化技术需求，信服通工程主要通过网络和专业服务团队发布信息，收到反馈后由服务团队跟踪服务，并由该服务站点进行支持，包括资金上的支持。同时联系专家给予技术支持，或长期合作开展项目技术服务。

第二节 主要完成项目案例

一、延庆县连片蔬菜病虫害防治及其新品种推介专家常态化技术服务

2014 年 3 月 7—8 日，60 多名农民在为专家的讲课讲到自己心里所想要的技术和措施喝彩，其中家庭妇女有 20 多名，不乏种植能手。培训老师来自北京农林科学院石宝才、黄金宝、张宝海 3 位研究员，他们均是常年下基层，入大棚，富有实战经验，语言通俗易懂，措施既有理论基础又操作性强，十几种的病害、十几种的虫害防治措施令种植大户大为欢喜，提升了他们的种植、植保技术，同时十几种的蔬菜新品种令农民大开眼界，有的农民当场要种子试种，纷纷要授课老师电话。希望多组织像这样有针对性找对专家的培训活动，并把培训地点设在他们村里地头上。

北京王木营蔬菜种植专业合作社面对农民强烈的需要技术，通过北京技术交易促进中心协调服务，与北京农林科学院石宝才、黄金宝、张宝海三位研究员签订了“连片专家常态化技术服务”协议书，对蔬菜病、虫害防治与蔬菜新品种种植技术提供专业服务，服务内容包括一方面瓜类、茄果类、白菜绿叶类、豆类、葱蒜类、绿叶菜类，根菜类蔬菜的病虫害诊断技术、发生规律及综合防治技术，突出安全、环保、绿色。另一方面瓜类、茄

果类、白菜绿叶类、豆类、葱蒜类、绿叶菜类，根菜类蔬菜新品种推介。服务形式为技术培训、技术咨询、入户技术传授等。至今为56家种植大户的近300亩大棚蔬菜种植提高产量近10%，增收80万元以上。

二、农村实用技术转移到农户推广培训

针对北京凤山谷大枣专业合作社和北京云岭海润种养殖专业合作社需要面向1 000多农户进行尜尜枣病虫害防治、尜尜枣新品种嫁接、高产苹果种植、板栗新品种及其高产管理技术、柴鸡新品种及其配套生产管理、蜜蜂无抗蜜养殖和糯玉米新品种种植等技术进行普及推广，培训资金和相应专家服务需求迫切展开技术转移服务。

信服通服务团队协助联系相应专家，联系到怀柔园林局果树科苹果种植专家王建军、怀柔区果树研究所板栗种植专家李淑本、北京凤山谷大枣协会会长鲍品贤、怀柔区养鸡能手吴军玲、怀柔区园林局蚕蜂科养蜂能手郅景荣等专家能手，签订了合同，并提供了5万元资金补贴支持（其余所需资金企业自筹）实用科技转移到农户手中。本项技术转移服务分别在琉璃庙镇、渤海镇和桥梓镇的农村已经举办了20次技术转移到农户手中的活动，受惠农户1 000多人次，发放技术材料1 000多份。渤海村董立军书记决定嫁接500亩313板栗新品种，桥梓镇鲍品贤决定建100亩高效现代苹果示范园，近50个养蜂大户掌握新技术后能增加蜂产品产量5%等。

三、肉鸽新品种选育及扩繁技术服务

信服通服务团队通过入户调研获得北京泰丰肉鸽养殖专业合作社在肉鸽新品种选育及扩繁技术方面需求强烈：伴随着肉鸽产业的发展，肉鸽品种退化也渐显严重，主要表现是个体变小，个体间体重差异大，毛色杂化，生产、孵化、育雏性能较差，年产

乳鸽数量呈下降与上市体重不足趋势，抗病力下降，易发生疫情。主要原因是种性不纯，血缘关系杂乱，使品种的劣势基因重合概率大大增加，导致后代的生活力、繁殖力、生产力下降，造成品种退化。同时，没有科学选种、育种，盲目生产，追求短期效益，在留种和更新种鸽方面总是采用自繁、自养、自留、自配的方法，也加剧导致后代品种退化，肉鸽新品种引进与选育迫在眉睫。于是通过信服通服务团队推介，北京农林科学院畜牧研究所提供了技术解决途径：实施新品种选育及扩繁技术示范，引进法国4 个肉鸽新品系计8 个新品种2 600对，其中白色米尔蒂斯品系650 对、花色米尔蒂斯品系650 对、花白色米尔蒂斯品系650 对和蒂丹（超级重型）品系650 对。从而对肉鸽新品种选育更新以及引领地方鸽业健康发展具有保障作用。北京农林科学院畜牧研究所和北京协同创新服务联盟盟员单位为北京泰丰肉鸽养殖专业合作社撰写了《肉鸽新品种引进项目可行性研究报告》，在2013 年度列入北京种业规划重点项目。本项目总投资为800 万元，引进肉鸽新品种2 600对，可年选育新品种种鸽11 万对，实现收入2 200万元；带领近200 户农民养殖肉鸽致富，给养殖肉鸽农户创收实现近500 万元。

四、引进筛选新优品种技术和立体种植采摘技术服务

赵家场春华西甜瓜产销专业合作社成为北京科委“信服通”示范工程的服务网点，该社致力于发展有机农业，制定了有机生产过程，组织农民统一采用标准化种植，不使用农药、化肥，生产基地获得了国家有机产品认证。经入户调研，该社一直有引进西瓜新品种的需求。于是，专业服务团队经3 个多月的信息搜索和该社技术负责人的多次交流，从北京市农林科学院徐勇和北京市大兴区农科所卢金生专家处引进功能瓜（含丰富的高番茄红色素功能）、小无籽西瓜（皮薄、沙瓤、特别甜）和黑皮瓜的新品种进行试种，由合作社成员中种植技术好的农户进行试种，从中

筛选优质品种，积累种植经验，并逐步对选出的新品种进行推广。

在专家的指导下，合作社发展思路更加清晰，有力技术保障，信心更加足了。为迎合采摘销售的发展，合作社开展新的种植模式，根据旅游采摘的特点，进行立体种植。在一座温室大棚内种植多种瓜、菜品种，通过空中、地上、地下及错茬种植，形成空间、时间上的立体种植效果，探索大棚采摘超市的新型种植模式，从而极大的提高土地利用率，增加效益。通过试验，筛选适合立体种植的品种，并进行优化，探索最优的立体种植方案，并加以推广。在 2010 年，合作社采摘销售收入就达到 50 万元，占到总销售比重的 25%，合作社成员人均纯收入达到了 1.38 万元，比去年同期增长了 15%，取得长足进步。接下来合作社发展的目标是，逐步发展状大，成为永定河农业产业带的核心，带动永定河沿线的农民发展生产，集合当地农业产业的优势资源，推动农业产业向规模化、集团化发展。

五、信服通助力通州国际育种博览园

“信服通”工作小组陪同北京市科学技术委员会领导于 2014 年 3 月 27 号又来到了北京市通州区，通过此次对北京市通州区的“信服通”服务站点展开调研，与企业负责人深度对话，实地了解企业现阶段需求并将“信服通”精神传达到企业当中。

东昇农业的董事长助理黄芳向信服通团队成员表示，东昇农业现在开始做产业转型，从以前的单一种植转变为园区管理、育种、销售一体的综合农业科技公司，并与建立了通州国际育种博览园，为多个国家和外地省份的育种企业提供首都育种基地。并且向信服通工作组发出邀请，希望能借助信服通平台引入更多更好的国际育种企业，并提供相应的专家技术支持服务。

六、信服通实地调研为企业雪中送炭

北京金福艺农农业科技发展有限公司在 2006 年开始建设，主要经营农产品（蔬菜、水果）种植、包装、销售。荣获了“北京农业科技优秀示范户”“先进农民合作社”“北京设施蔬菜生产星级示范园”等光荣称号。

通过与金福艺农企业负责人的沟通获知在企业中，网络推广方面有很大需求。企业负责人希望在今后，“信服通”工程能为其在网站方面提供个性化的设计服务，将网站美化，添加生产视频，让更多的客户了解企业的生产过程，对企业的农作产品吃的更放心，更舒心；此外，还希望在网站上增加与浏览人群的互动性，使得更多的人了解企业，实地的到园区来观光；有机种植技术和有机肥使用技术是现在农业种植中面临的技术问题，信服通小组当场承诺为企业寻找有机种植专家，进行专业指导。

七、信服通团队探访北京延庆“北菜园”专业合作社

2014 年 3 月 21 日，北京技术交易促进中心带领信服通团队在延庆县开展“信服通”工程实地调研活动并展开深化服务，信服通项目团队一行下午来到了北京延庆北菜园专业合作社进行深入调研。

目前，合作社对于科技技术方面提出了如下需求。

合作社 ERP 升级预库存的处理；物流配送问题目前选用第三方顺丰优选冷链物流，成本高，占总成本多达 15% 该如何解决这一问题；目前客服应接不暇，想要建立自己的客服中心；实现农产品的绿色履历，消费者可以通过扫描包装上的二维码获知农产品的生产，加工、包装过程信息；对于合作社内部的有机技术，有机产品想尝试申报国家专利，强化专利产权；申报主体公司，实现合作社利益的最大化。

信服通团队认真听取并记录了合作社的这些农业科技需求，

希望以自己的优势和企业对自己的信任尽最大力量帮助企业解决实际问题，以加快农业科技成果转化，尽快使科技成果产业化，促进产业发展。

八、京郊大地花果飘香

2014 年 3 月 21 日，北京技术交易促进中心带领信服通团队在延庆县开展“信服通”工程实地调研活动并展开深化服务，信服通项目团队一行中午来到了北京花果飘香果品专业合作社进行深入调研。

信服通团队经与花果飘香负责人友好沟通了解到其对农业科技方面有一些需求。

希望信服通团队能够为其提供微信或 APP 软件开发；希望能帮助联系北苑社区供菜点的事宜；希望能将合作社的果树种植技术推广；希望能将营养液应用推广。

信服通工作组表示将在未来一年的时间为企业在微信、APP 软件开发、菜蔬进社区等工作中，帮助企业对接相应的技术公司和商务部门，争取解决企业的实际困难。

九、绿了市民菜篮子，鼓了农民钱袋子

2014 年 3 月 21 日，在延庆县科学技术委员会的大力支持下，北京技术交易促进中心带领信服通团队在延庆县开展“信服通”工程实地调研活动并展开深化服务，重点调研了北京绿富隆农业股份有限公司。

通过此次调研，信服通团队获知绿富隆有以下技术方面的需求：需要专家对蔬菜种植过程中的有机肥使用方法该进行指导；生产种植过程中有机种植技术的引进需要专家指导；科技政策指导，如何申报政府科技项目等需要科技专家指导；对电商营销、微信营销比较感兴趣，需要专家指导。

信服通工作组承诺在未来的 2 个月的时间将为有共同种植技

术和有机肥需求的企业在绿福隆组织培训，同时为企业提供科技系统内的科技项目申报资料，并且将绿福隆的特色产品放到今后的电商平台上，为其推广产品。

十、延庆信服通服务网点开展农村技术转移服务取得成效

2014年4月10日，在北京市科学技术委员会和延庆县科学技术委员会的大力支持下，北京技术交易促进中心组织信服通团队组织有机种植专家付延庆，针对北京绿福农农业股份有限公司、北京北菜园蔬菜专业合作社和北京金福艺农农业科技有限公司三家单位，进行有机蔬菜种植技术和有机肥使用技术展开培训对接。

信服通团队成员—北京融信华泰软件技术有限公司多方联系到国内知名有机蔬菜种植专家王振兰和有机肥专家朱安妮两位老师针对三个网点的共性问题进行培训，培训内容包括国内有机种植常见问题、有机种植在多种蔬菜种植中的通用技术、有机肥在追肥时的使用方法、田间轮作、间作种植技术、如何提高有机肥肥力等专业技术。

通过本次培训三个农业合作社对六合有机肥技术产生了浓厚的兴趣，北菜园当场带两位专家到种植基地进行现场指导，并决定使用六合有机肥进行对比种植，达到预期效果后进行大面积使用。

本次培训将国内外先进的种植和肥料技术带入了信服通网点，对提高农产品产量和质量，帮助助农户通过科技增收致富，打造区域优质、特色农产品品牌，提高市场竞争力起到了积极推动作用；对农村区域经济的发展、主导产业的打造、农民增收和新农村建设将具有现实意义；对网点间技术转移起到了立竿见影的效果。

十一、科技项目可行性报告撰写和立项申报科技服务

公司专业服务团队联系了北京海淀诚信科技发展中心安琴博士、中国农业科学院信息中心周从章博士、北京理工大学黄平教授、北京市农林科学院畜牧兽医研究所杨玉环、潘玉华和步卫东专家等与胡秀峰博士一道，历时近 5 个月给予北京泰丰肉鸽养殖专业合作社的“肉鸽新品种引进项目”、北京乐平西甜瓜专业合作社的“御瓜园提升”项目、北京爱农星食用菌专业合作社的“大学生创业园农产品营销推广”项目可行性提供了技术咨询和帮助，并协助撰写了《御瓜园提升项目可行性报告》《肉鸽新品种引进项目可行性报告》，内容包括项目总论、背景分析、需求分析（市场分析；社会需求；生态改善；经济发展）、条件分析(资源条件；交通运输；经营机制及技术支持情况)、项目实施方案设计（目标；实施地点与范围；实施内容；实施计划；支持环节；组织形式；效益分析（成本效益分析；财务效益分析；国民经济效益分析；生态效益)、项目资金筹措、项目投资估算和可行性研究结论等。

此类科技服务加快科技项目产业化的步伐，降低了企业决策的技术风险，同时加快立项进度，北京乐平西甜瓜专业合作社的“御瓜园提升”项目获得北京市发改委立项 210 万元资金支持，北京泰丰肉鸽养殖专业合作社的“种鸽引进及其繁育”项目获得北京市种业工程专项支持资金 400 万元，就此企业获得新发展机遇。

十二、“京蒙共建西瓜生产基地”中介跟踪服务

公司服务团队通过首都农业技术转移平台获知内蒙乌兰察布市化德县恒利农业综合开发有限责任公司希望与北京有市场、有品牌的单位合作，引进西瓜新品种扩大产品市场的需求，去内蒙古三次进行对接中介服务考察接洽，至今北京庞各庄乐平农产品

产销有限公司冯乐平总经理及其技术人员已经完成了赴乌兰察布市对恒利农业的土壤、设施条件、产品品质等进行考察，负责提供种子及其种植技术指导及产品收购。确定第一年西瓜种植面积为50亩，供应量为15万~20万千克，分期播种，供货时间：7月25日至9月10日交货。种子在今年11月已经送到了内蒙乌兰察布市化德县恒利农业综合开发有限责任公司张恒经理，育苗工作正在进行中，至今现在育苗已经成功，长势喜人。

十三、京津冀名胜文化休闲旅游年卡项目中介服务

北京庞各庄乐平农产品产销有限公司，地处北京南郊，素有"京南门户""绿海甜园"之称的大兴区庞各庄镇，是集文化展示、科技示范、观光采摘、生态温室、展览销售、餐饮会议、旅游接待、生产配送为一体的农民专业合作组织。社员由建社初期的6户增加到现在的800多户，辐射带动周边3 000余户农民走上了致富道路。建立了20 000多亩的绿色西甜瓜生产基地，产品远销全国各地。

为了加大北京庞各庄乐平农产品产销有限公司乐平御瓜园的宣传力度和增加批量游客前来旅游休闲，提高知名度和增加经济收入，"信服通"服务团队通过与北京市特智诚科技有限公司前期接洽，得到该公司的经理和专家技术支持，为了显示效果和宣传资源实力，北京市特智诚科技有限公司和北京庞各庄乐平农产品产销有限公司通力合作，在7月10日，引来法国、瑞士、瑞典、巴基斯坦、塞尔维亚等驻华使馆及联合国粮农组织的12个驻华使馆及国际组织驻京机构的22名外交官来乐平御瓜园参观考察，旅游服务活动和优良品质的西瓜，以及御瓜园的景观给外国游客留下了深刻印象。通过示范活动的成功，在2014年10月北京市特智诚科技有限公司与北京庞各庄乐平农产品产销有限公司建立了合作关系，签订了加入《京津冀名胜文化休闲旅游年卡》合作协议书。北京市特智诚科技有限公司提供与《京津冀名

胜文化休闲旅游年卡》发行相关项目投资，加大在媒体宣传、新闻发布、组织销售年卡发行工作，对票卡进行精心设计以及安装验票设备安装、维护、更新升级等工作。

此举将增加批量游客前来旅游休闲，不仅提高乐平御瓜园的知名度，还将带来年创收约200万元经济收入。

十四、内蒙恒利有机肥打入北京市场中介服务

化德县恒利农业综合开发有限责任公司拥有羊粪发酵有机肥生产厂区，年生产羊粪生物菌发酵有机肥2万吨。迫切将有机肥打入北京市场。北京技术交易促进中心指定完成中介服务单位北京中技惠民科技发展有限公司进行对接服务。

胡秀峰博士与张恒总经理通过研究策划了营销方案，在北京设立恒利农业综合开发有限责任公司北京办事处进行长期营销。于是协助张经理找办事处地址，在2014年7月正式在北京马家堡蓝光云鼎925室成立了驻京办事处，并招聘了2位营销人员。

胡秀峰博士与王润和工程师一道帮助联系大兴区、顺义区和怀柔区进行示范营销。通过信服通服务团队前期接洽，在顺义区华祥顺通花卉科技公司订购了20吨，每吨售价800元。通过示范辐射推广，在2015年5月，北京宅食锦电子商务有限公司订购了120吨进行示范应用。若示范成功，北京宅食锦电子商务有限公司是一家中国最先开展“现代生态农业全产业链+会员制私人农场托管服务”的创新型企业，年农产品生产基地需要8000吨以上。通过中介服务，化德县恒利农业综合开发有限责任公司有机肥初步对接北京市场，解决了初期人生地不熟的局限，示范营销初见成效。

十五、中国农业科学院西红柿新品种落户内蒙包头服务

内蒙包头市土右旗明石农业专业合作社，建成占地750亩蔬

菜种植基地，共100栋大棚，可年产各类蔬菜200万千克，西红柿是主打产品之一，有引进西红柿新品种的需求。

北京技术交易促进中心指定完成中介服务单位北京中技惠民科技发展有限公司进行对接服务。

针对内蒙包头气候和土壤条件，信服通服务团队多方联系接洽，最后联系到中国农业科学院蔬菜中心，筛选到了2个抗寒性、抗病性强又早熟的西红柿新品种，于2014年10月21日快递到内蒙包头市土右旗明石农业专业合作社吴斌手中。

通过内蒙包头市土右旗明石农业专业合作社试种示范，结合包头市气候、土壤与栽培等现有条件，聘请专家进行技术培训与指导，将获得西红柿绿色有机栽培新技术标准化生产规程1套成果，每亩西红柿增产10%以上，增收近800元，从而带动周边菜农生产技术的提高，对发展区域经济和主导产业的打造具有现实意义。

十六、花青素加工化妆品技术中介服务

内蒙拓孚林化制品有限公司与北京林业大学合作研制了用树皮提取花青素的技术。然而在国内市场还面临销售难题，为了拓宽销售渠道，需要花青素加工技术。信服通服务团队经过多方了解，接洽到北京工商大学理学院何教授，将花青素作为高级化妆品原料的加工技术一旦成功，不仅将拓宽花青素销售渠道，还能提高产品价值。在今年4月，内蒙拓孚林化制品有限公司已经就花青素样品标准与何教授交换了资料，花青素加工化妆品技术项目已经启动进行中。

十七、北京房山食用菌精深加工产业化基地跟踪深化服务项目

北京利民恒华农业科技有限公司是北京信服通工程的房山区服务网点，属农业高新技术企业，是房山区有机农产品生产的龙

头企业，通过中介服务将北京利民恒华农业科技有限公司需要菇汁、菇精、蘑菇酱和蘑菇蛋白粉的深加工技术对接成功后，在2012年6月至今，中介服务团队继续提供深化服务，北京利民恒华农业科技有限公司新建立了两条食用菌深加工生产线。

房山区食用菌产量每年在3 000吨左右。利民恒华公司每年加工食用菌数量约260吨，生产的菇汁、菇精、蘑菇酱和蘑菇蛋白粉市场销售情况良好，收到大众喜爱，在房山区独树一帜。每吨食用菌新增价值60 000元，解决了房山区食用菌附加值低、综合利用水平低和产业链短等问题，进而促进房山区食用菌产业加工的技术升级和可持续发展，为农民增收和扩大就业创造了条件。

参考文献

[1] 陶武先. 现代农业的基本特征与着力点 [J]. 中国农村经济, 2004, 03: 4-12, 33.

[2] 徐晓鹏. 中国近现代农业现代化的发展历程及启示 [J]. 河南工业大学学报 (社会科学版), 2014 (04): 9-12.

[3] 陈淳. 考古学理论 [M]. 上海: 复旦大学出版社, 2004.

[4] 朱乃诚. 中国史前稻作农业概论 [J]. 农业考古, 2005 (1): 26-32.

[5] 梁伟, 汤瑛芳, 王恒炜, 等. 定西市都市农业发展研究 [J]. 安徽农业科学, 2009 (4): 1824-1826.

[6] 单吉堃. 促进都市农业规范发展对策研究 [J]. 经济纵横, 2006 (7s): 34-36.

[7] 杨卿. 关于实现我国都市农业可持续发展的思考 [J]. 商业时代, 2008 (34): 93-94.

[8] 许林, 张彩江, 刘静. 广州市都市型农业发展现状与对策研究 [J]. 华南理工大学学报, 2009, 11 (1): 57-60.

[9] 葛永红, 王亮. 我国都市农业的发展模式研究 [J]. 经济纵横, 2009 (2): 87-89.

[10] 曹林奎, 陆贻通, 李亚红. 都市农业的基本特征与功能开发 [J]. 农业现代化研究, 2002 (04): 270-273.

[11] 樊长科, 吴雨. 我国都市农业发展现状及问题研究 [J]. 商业时代, 2010 (27): 113-114.

[12] 方志权，吴方卫.论都市农业的基本特征与功能作用[J]．上海农村经济，2007（09）：15－18.

[13] 蒋黎，江晶.京津冀都市农业的发展现状与战略选择[J]．农业经济与管理，2014（05）：32－39.

[14] 尹昌斌，周颖.循环农业发展的基本理论及展望[J]．中国生态农业学报，2008，16（6）：1 552－1 556.

[15] 尹昌斌，唐华俊，周颖.循环农业内涵、发展途径与政策建议[J]．中国农业资源与区划，2006（1）：4－8.

[16] 尹昌斌，周颖，刘利花.我国循环农业发展理论与实践[J]．中国生态农业学报，2013，01：47－53.

[17] 周颖，尹昌斌.河北省唐山市山前平原区循环农业实践模式研究——以迁安市“乐丫”种、养、加结合型模式为例[J]．河北农业科学，2008（11）：92－95.

[18] 母爱英，何恬.京津冀循环农业生态产业链的构建与思考[J]．河北经贸大学学报，2014（06）：120－123.

[19] 陈熙隆.国内外农业信息化文献综述[J]．河北农业科学，2010，14（9）：163－165.

[20] 张文龙.农业专家系统研究进展[J]．种子，2007（4）：12－13.

[21] 管媛辉.基于农业信息系统教学研究[J]．农业与技术，2006（8）：22.

[22] 周鸿铎.信息资源开发利用策略[M]．北京：中国发展出版社，2000.

[23] 赵继海，张松柏，沈瑛.农业信息化理论与实践[M]．北京：中国农业科学技术出版社，2002.

[24] 管媛辉. 基于农业信息系统教学研究［J］. 农业与技术，2006（8）：22.

[25] 钟卫华，谢志忠. 我国农业信息化研究综述［J］. 安徽农学通报，2007（13）：15.

[26] 梅方权. 农业信息化带动农业现代化的战略分析［J］. 中国农村经济，2001（12）：22.

[27] 韩建新. 信息经济学［M］. 北京：北京图书馆出版社，2004.

[28] 王川. 我国农业信息服务模式的现状分析［J］. 农业网络信息，2005（6）：22－24.

[29] 王丹，王文生，闵耀良. 中国农村信息化服务模式选择与应用［J］. 世界农业，2006（8）：18 －20.

[30] 喇娟娟，张学军，郝晓薇. 推进农村信息化服务新农村建设［J］. 科技管理研究，2008，28（6）：217－218.

[31] 陈兴华. 农业信息化的演变与对策［J］. 科技管理研究，2009（7）：437－438.

[32] 李曼. 基于社会资本理论的农村信息化发展研究［J］. 科技进步与对策，2009，26（18）：56－59.

[33] 王振，张越杰. 关于加快我国农业信息化建设的思考［J］. 经济纵横，2009（5）：42－44.

[34] 龙从霞. 欠发达山区农村信息化建设策略［J］. 情报杂志，2009，28（2）：187－189.

[35] 龙从霞，刘禹，张阳. 欠发达地区农业信息化建设与经济超常规发展研究［J］. 现代情报，2008，28（11）：42－44.

[36] 刘跃，董爱君. 走农产品物流信息化之路，构建和谐社会主义新农村［J］. 江苏商论，2007（3）：62－64.

[37] 舒桂珍. 农村信息化服务的创新与保障机制 [J]. 求索, 2007 (11): 73 – 74.

[38] 丁杰, 李莹, 夏英成. 发展农业信息服务业 推进农业信息化建设 [J]. 现代情报, 2007, 27 (11): 61 – 62.

[39] 胡晋源. 农民主体地位视角下新农村信息化建设策略研究 [J]. 农业现代化研究, 2007, 28 (5): 575 – 578.

[40] 周应萍. 对推进农村信息化建设的探讨 [J]. 现代情报, 2009, 29 (3): 56 – 58.

[41] 谷春梅. 我国农业信息化存在的问题与对策 [J]. 现代情报, 2006, 26 (12): 53 – 54.

[42] 杨成洲, 余璇, 何树燕. 对加快我国农业和农村信息化建设的整体思考 [J]. 农业经济, 2009 (3): 3 – 5.

[43] 李尚民. 新农村建设中的农业信息化问题探析 [J]. 河北农业科学, 2008, 12 (10): 136 – 137.

[44] 王利民, 陈道江. 农业信息化: 发展现状与对策思考 [J]. 农业网络信息, 2006 (3): 4 – 6.

[45] 朱玉春. 我国农业信息化建设的问题与策略研究 [J]. 生产力研究, 2005 (2): 31 – 33.

[46] 蔡东宏. 提高农民信息化接受程度的信息机制探析——以海南为例 [J]. 情报科学, 2006, 24 (8): 1160 – 1164.

[47] 赵燕杰, 李海燕. 我国农村基础设施对农业信息化发展的制约与对策分析 [J]. 现代情报, 2006, 26 (12): 55 – 56.

[48] 胡大平, 陶飞. 农村信息化的基本内涵及解决对策 [J]. 科技进步与对策, 2005, 22 (3): 159 – 161.

[49] 赵锦域. 我国农业信息化建设问题及对策建议 [J]. 农业科技管理, 2005 (4): 12 - 13

[50] 梅方权. 农业信息化带动农业现代化的战略分析 [J]. 中国农村经济, 2001 (12): 22.

[51] 邓燕萍, 杜茂琼, 赵静. 中国农业信息化文献定量分析 [J]. 图书馆理论与实践, 2009 (1): 41 - 44.

[52] 杨诚. 我国农村信息化政策的演进与完善 [J]. 现代情报, 2009, 29 (3): 42 - 46.

[53] 刘金爱. 我国农业信息化发展的现状、问题与对策 [J]. 现代情报, 2009, 29 (1): 61 - 63.

[54] 贺文慧, 杨秋林. 国外农村信息化投资发展模式对中国的启示 [J]. 世界农业, 2006 (4): 18 - 20.

[55] 杨艺, 刘雅文. 韩国农业信息化发展的特点及启示 [J]. 经济纵横, 2007 (7): 62 - 64.

[56] 赵静, 王玉平. 国内外农业信息化研究述评 [J]. 图书情报知识, 2007 (6): 80 - 85.

[57] 王恒玉. 美国农业信息化的特点与启示 [J]. 生产力研究, 2007 (23): 94 - 96.

[58] 万忠, 郑业鲁, 望勇. 国内外农村信息化比较分析 [J]. 南方农村, 2008 (1): 21 - 24.

[59] 张忠德. 美、日、韩农业和农村信息化建设的经验及启示 [J]. 科技管理研究, 2009 (10): 279 - 281.

[60] 单玉丽. 台湾农业的信息化管理及启示 [J]. 农业经济问题, 2010 (1): 18 - 22.

[61] 许爱萍, 朱红. 农业信息化测度指标体系研究 [J]. 情报杂志, 2004, 23 (04): 46 - 47.

[62] 杨洪强. 无公害农业 [M]. 北京: 气象出版社, 2009.

[63] 安建, 张穹, 牛盾. 中华人民共和国农产品质量安全

法释义［M］. 北京：法律出版社，2006.

［64］ 金发忠. 农品产品质量安全概论［M］. 北京：中国农业出版社，2007.

［65］ 杜相革. 有机农业导论［M］. 北京：中国农业大学出版社，2006.

［66］ 吴大付，王锐，李勇超. 现代农业［M］. 北京：中国农业科学技术出版社，2014.

［67］ 周泽红. 中国生态农业和有机农业的理论与实践［M］. 北京：中国环境科学出版社，2004.

［68］ 刘建华. 无公害农产品认证现状及发展的理性思考［J］. 中国农业资源与区划，2008，29（5）：72-75.

［69］ 孙鸿良. 我国生态农业主要种植模式及其持续发展的生态学原理［J］. 生态农业研究，1996，4（1）：15-22.

［70］ 代玉洋，白静静，贾兆颖. 河北省生态农业旅游的发展现状及对策研究［J］. 乡村旅游，2015，26（3）：78-79.

［71］ 乔洁，乐腾. 河北省生态农业旅游的发展现状与对策分析［J］. 生态经济，2016，32（2）：131-138.

［72］ 赵秋义，朱桂香，张桂兰. 河南省生态农业模式设计与建设研究［J］. 地域研究与开发，1995，14（2）：71-74.

［73］ 黄进勇，王兆骞. 我国生态农业模式建设的区域性［J］. 经济地理，2001（增刊）：174-177.